Jahrbuch 2020

Prognosen zur Zukunft der IT

Die IT-Fakten der 120 größten deutschen
Konzerne, Banken und Versicherungen

Die wichtigsten IT-Anbieter und Berater

Impressum

Herausgeber:
IDG Business Media GmbH, München

Redaktion:
Wolfgang Herrmann, Julia Lamml, René Schmöl,
Henriette von Wangenheim, Saskia Winkler

Layout: Karin Reitberger, Erika Schönberger,
stroemung GmbH

Lektorat: Dr. Michael Schweizer,
Christoph Hoffmann, Erwin Ziegler

Verkauf: IDG Business Media GmbH, www.idg.de

Redaktionsschluss: September 2019

Druck und Bindearbeit:
Strauss GmbH, 69509 Mörlenbach

Sämtliche Porträtfotos wurden von den Unternehmen zur Verfügung gestellt. Wir bedanken uns für ihre Unterstützung.

Weitere Informationen zu den im Buch genannten Unternehmen finden Sie im Premiumbereich auf www.cio.de/top500.

Alle Angaben in diesem Buch wurden mit größter Sorgfalt zusammengestellt. Trotzdem sind Fehler nicht ausgeschlossen. Verlag, Redaktion und Herausgeber weisen darauf hin, dass sie weder eine Garantie noch eine juristische Verantwortung oder jegliche Haftung für Folgen, die auf fehlerhafte Informationen zurückzuführen sind, übernehmen.

Das Werk, einschließlich aller seiner Teile, ist urheberrechtlich geschützt. Jede Verwertung ist ohne Zustimmung des Verlages unzulässig. Dies gilt insbesondere für Vervielfältigungen, Übersetzungen, Mikroverfilmungen und die Einspeicherung und Verarbeitung in elektronischen Systemen.

© 2019 IDG Business Media GmbH

ISBN: **978-3-942922-72-2**
Printed in Germany
1. Auflage Oktober 2019
Erscheinungsweise jährlich

Bibliografische Information der Deutschen Nationalbibliothek: Die Deutsche Nationalbibliothek verzeichnet diese Publikation in der Deutschen Nationalbibliografie; detaillierte bibliografische Daten sind im Internet über http://dnb.d-nb.de abrufbar.

Jahrbuch 2020

Prognosen zur Zukunft der IT

Die IT-Fakten der 120 größten deutschen Konzerne, Banken und Versicherungen

Die wichtigsten IT-Anbieter und Berater

Inhaltsverzeichnis

Vorwort ... 8

Kapitel I

Prognosen zur Zukunft der IT im Jahr 2025 ... 10

Klaus Straub von BMW
Die DevOps-Prozesse des bayerischen Automobilbauers
werden 2025 vollständig automatisiert sein. ... 12

Dorothée Appel von der Zurich Gruppe
Erfolgreiche Firmen werden in fünf Jahren
agil auf Basis von Daten gesteuert. ... 18

Frank Riemensperger von Accenture
Der CIO wird zum Ecosystem Officer, die Wertschöpfung
verlagert sich auf geteilte externe Plattformen. ... 22

Christa Koenen von der Deutschen Bahn
Im Jahr 2025 wird es in Deutschland höchstens zwei oder
drei bedeutende Mobilitätsplattformen geben. ... 26

Hanna Hennig von Osram Licht
Autonome Vehikel als Cobots (kollaborative Roboter) werden
eher in unseren Alltag einziehen als selbstfahrende Fahrzeuge. ... 30

Florian Kronenbitter von MHP Management- und IT-Beratung
Unternehmen, die bis 2025 nur unterdurchschnittlich in IT
investieren, werden in der nächsten Krise scheitern. ... 34

Helmuth Ludwig und Juraj Dollinger-Lenharcik von Siemens
Die Machtverhältnisse zwischen IT-Profi und Anwender
werden sich deutlich in Richtung Anwender verschieben. ... 38

Gerd Niehage von B. Braun Melsungen
Telemedizin und E-Health werden 2025 die Regel sein, mit
Smartphones, Wearables und vernetzten Medizinprodukten. ... 42

Tobias Rölz von Komax
Erfolgreich werden nur solche Unternehmen sein, die das
Informationsmodell ihrer Kunden und Lieferanten verstehen. ... 48

Timo Salzsieder von Metro
Die Formel für erfolgreiche Unternehmen lautet 2025:
„Umsetzung + Strategie + Kultur = Erfolg". ... 52

Roland Schütz von der Deutschen Lufthansa
Digitale Airline – Informationstechnologie wird
zum Schlüsselfaktor im Wettbewerb. ... 56

Nils Urbach, Peter Hofmann und Dominik Protschky
von der Universität Bayreuth
Die Verankerung im Unternehmen wird zur Herausforderung
in der erfolgreichen Anwendung von künstlicher Intelligenz. ... 60

Inhaltsverzeichnis

Kapitel II
Die IT-Fakten der größten deutschen Konzerne
Die 100 umsatzstärksten Unternehmen in Deutschland

TOP-100-UNTERNEHMEN	64
Volkswagen AG	66
Daimler AG	67
Schwarz GmbH & Co. KG	68
BMW AG	69
Aldi Gruppe	70
Siemens AG	71
Robert Bosch GmbH	72
Uniper SE	73
Deutsche Telekom AG	74
BASF SE	75
Deutsche Post DHL Group	76
Rewe-Zentral-AG	77
Audi AG	78
Edeka Zentrale AG & Co. KG	79
Continental AG	80
Deutsche Bahn AG	81
Bayer AG	82
Innogy SE	83
ZF Friedrichshafen AG	84
Metro AG	85
Deutsche Lufthansa AG	86
ThyssenKrupp AG	87
Fresenius SE & Co. KGaA	88
E.ON SE	89
BP Europa SE	90
Traton SE	91
Phoenix Pharma SE	92
Dr. Ing. h.c. F. Porsche AG	93
Hochtief AG	94
SAP SE	95
Adidas AG	96
Ceconomy AG	97
McKesson Europe AG	98
EnBW Energie Baden-Württemberg AG	99
Heraeus Holding GmbH	100
Henkel AG & Co. KGaA	101
TUI AG	102
Opel Automobile GmbH	103
HeidelbergCement AG	104
Bertelsmann SE & Co. KGaA	105
Boehringer Ingelheim GmbH	106
Schenker AG	107
BayWa AG	108
Evonik Industries AG	109
Merck KGaA	110
Covestro AG	111
Schaeffler AG	112
Amprion GmbH	113
Adolf Würth GmbH & Co. KG	114
Otto Group	115
BSH Hausgeräte GmbH	116
RWE AG	117
Marquard & Bahls AG	118
Vattenfall AB	119
Mahle GmbH	120
Brenntag AG	121
Lekkerland AG & Co. KG	122
Hapag-Lloyd AG	123
VNG AG	124
Airbus Defence and Space	125
MAN Truck & Bus SE	126
dm-drogerie markt GmbH & Co. KG	127
Aurubis AG	128
Vodafone GmbH	129
50Hertz Transmission GmbH	130
Dirk Rossmann GmbH	131

Inhaltsverzeichnis

Freudenberg SE	132
Salzgitter AG	133
Helios Kliniken Gruppe	134
DKV Mobility Services Group	135
Stadtwerke München GmbH	136
Helm AG	137
Benteler Deutschland GmbH	138
Kion Group AG	139
Remondis SE & Co. KG	140
Infineon Technologies AG	141
Tengelmann Warenhandelsgesellschaft KG	142
Telefónica Deutschland Holding AG	143
Beiersdorf AG	144
Knauf Gruppe	145
Lanxess AG	146
Dr. August Oetker KG	147
Real GmbH	148
Noweda Apothekergenossenschaft eG	149
Hella KGaA Hueck & Co.	150
B. Braun Melsungen AG	151
Klöckner & Co. SE	152
Südzucker AG	153
Globus SB-Warenhaus Holding GmbH & Co. KG	154
Tönnies Lebensmittel GmbH & Co. KG	155
Knorr-Bremse AG	156
Agravis Raiffeisen AG	157
Vonovia SE	158
Bauhaus Gruppe	159
Brose Fahrzeugteile GmbH & Co. KG	160
Rheinmetall AG	161
Unternehmensgruppe Theo Müller S.e.c.s.	162
Carl Zeiss AG	163
EWE AG	164
Stadtwerke Köln GmbH	165

BANKEN 166

Deutsche Bank AG	168
DZ Bank Gruppe	169
KfW Bankengruppe AöR	170
Commerzbank AG	171
Unicredit Bank AG	172
Landesbank Baden-Württemberg (LBBW)	173
Bayerische Landesbank	174
ING-DiBa AG	175
Norddeutsche Landesbank (Nord/LB)	176
NRW.Bank AöR	177

VERSICHERUNGEN 178

Allianz Gruppe	180
Munich Re	181
Talanx AG	182
Hannover Rück SE	183
Ergo Group AG	184
R+V Versicherung AG	185
Generali Deutschland AG	186
Debeka-Gruppe	187
Axa Konzern AG	188
Versicherungskammer Bayern (VKB)	189

Kapitel III
Beratungsunternehmen und IT-Anbieter stellen sich vor

BERATER UND IT-ANBIETER	190
Accenture	192
Appian	194
Bechtle AG	196
BROCKHAUS AG	198
Capgemini	200
CHG-MERIDIAN-Gruppe	202
Computacenter AG & Co. oHG	204
Controlware GmbH	206
Deloitte	208
DXC Technology	210
Fujitsu RunMyProcess	212
Google Cloud	214
Horváth & Partners	216
HP Inc.	218
Kaspersky	220
Lufthansa Industry Solutions	222
Materna Information & Communications SE	224
Matrix42	226
Ratiodata GmbH	228
Rittal GmbH & Co. KG	230
SAP SE	232
Software AG	234
think about IT GmbH	236
zetVisions AG	238
Zscaler	240

Vorwort

Die IT-Branche ist berüchtigt für ihre Buzzwords. Einige davon finden Sie auch in diesem CIO-Jahrbuch. Wer über die Zukunft spricht, kommt um künstliche Intelligenz, **agile Methoden,** Data Analytics, die Potenziale von Blockchain, **Quanten-Computing** und vielem mehr nicht herum. CIOs und prominente Vertreter der ITK-Branche werfen für uns einen Blick in die Glaskugel: Worauf müssen sich IT-Entscheider im Jahr 2025 einstellen? Welche Technologien und Konzepte setzen sich durch und welche Konsequenzen hat das für die eigene Organisation?

Unsere Autoren aus der CIO Community, darunter Klaus Straub von BMW, Christa Koenen von der Deutschen Bahn und Roland Schütz von der Lufthansa, berichten aber auch, wie aus den vielen Buzzwords ganz **reale Initiativen** entstanden sind. Dabei geht es längst nicht mehr nur um verbesserte Prozesse und Arbeitsmethoden, sondern um innovative digitale Produkte, Plattformen und ganz neue Geschäftsmodelle.

Wolfgang Herrmann
Editorial Manager CIO Magazin

Was die IT-Chefs angestoßen haben, ist bemerkenswert. Und die Entwicklung geht mit erhöhtem Tempo weiter: Siemens-CIO Helmuth Ludwig etwa erwartet eine **Demokratisierung der IT** durch Low-Code-Plattformen. Minimum Viable Products (MVPs) würden künftig ganz ohne Zutun der IT in den Fachabteilungen entstehen (Seite 38). Dorothée Appel, CIO und CDO der Zurich Gruppe Deutschland, nennt ihre Zukunftsvision „**Data-driven Everything**". Erfolgreiche Firmen werden nach ihrer Einschätzung in fünf Jahren nur noch agil auf Basis von Daten gesteuert (Seite 18). Gerd Niehage, CIO der B. Braun Melsungen AG, prognostiziert, dass **Telemedizin** und E-Health in fünf Jahren die Regel sein werden (Seite 42).

Dass sich mit den Umbrüchen auch die Rolle der CIOs verändern wird, dürfte eigentlich niemanden mehr überraschen. Die Frage ist nur: in welche Richtung? Accenture-Chef Frank Riemensperger wettet: Der CIO entwickelt sich zum **Ecosystem Officer**, die Wertschöpfung verlagert sich aus dem Unternehmen heraus in gemeinsam genutzte Plattformen (Seite 22).

Auch in diesem CIO-Jahrbuch finden Sie zudem wieder die **IT-Fakten** der 120 größten deutschen Unternehmen, Versicherungen und Banken sowie Profile von IT-Anbietern und Beratern.

Viel Spaß beim Lesen!

SPOT – DER DATENHÜTER
SUPERKRÄFTE FÜR IHR STAMMDATENMANAGEMENT

Keine Chance für fehlerhafte Daten in Ihrem Unternehmen. SPoT verleiht Ihrem Stammdatenmanagement Superkräfte, um die Verschwender in der Datenherde zu identifizieren und dauerhaft zu verbannen. Das Ergebnis: Eine konsistente Datenbasis für Ihr Master Data Management.

WWW.ZETVISIONS.DE/SPOT

Prognosen

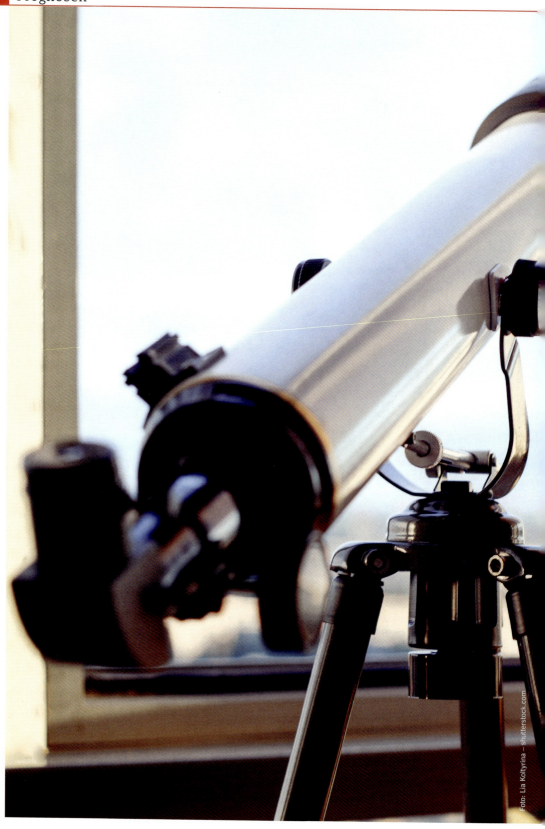

Prognosen | 11

DIE ZUKUNFT DER IT

CIO BOOK: IT UND DIGITALES BUSINESS IN 2025

Klaus Straub, CIO und Senior Vice President Information Management, BMW Group

„Ich wette, dass im Jahr 2025 unsere DevOps-Prozesse zu 100 Prozent automatisiert sind."

Während die Welt im Umbruch ist und die digitale Transformation vom Wertewandel von Hardware zu Software unterstrichen wird, hat sich die BMW Group bereits auf diese Veränderungen eingestellt. Der Transformationsprozess in Richtung einer Tech Company spiegelt sich unter anderem in der aktuellen IT-Strategie des Unternehmens wider.

Verschiedene Maßnahmen verdeutlichen den Wandel von einer zentral organisierten IT-Welt hin zu agilen Arbeitsweisen und zeigen auf, wie die IT sich bis 2025 weiterentwickeln könnte und wie digitales Business zum Alltag werden wird. Diese Maßnahmen lassen sich in Struktur, Kultur, Technologie und Prozesse untergliedern. Sie zeigen, wie die notwendige Infrastruktur aufgebaut werden kann, um die Potenziale der Digitalisierung optimal nutzen zu können.

Agiles Arbeiten ist ein iterativer Ansatz der Inspektion und Anpassung. Anstatt den einzelnen Phasen der Planung, der Entwicklung, des Tests und der Freigabe von IT-Produkten zu folgen, werden kontinuierlich die Aktivitäten durchlaufen.

Um der agilen Transformation gerecht zu werden, hat sich die BMW Group IT bereits im Rahmen der Digitalisierung von BMW und der BMW Strategie Number One Next entschieden, Projektleitern die Möglichkeit zu geben, zwischen agilen und traditionellen Vorgehensmodellen zu wählen. Die strategische Ausrichtung folgte 2016 unter dem Namen „100% agile". 2018 wurde die Ausrichtung „BizDevOps" (steht für Business, Development und Operations und damit für eine engere Zusammenarbeit von Fachbereich und IT) auf produktorientierte Wertschöpfung durch den Vorstand bestätigt. Durch die Produktorientierung der gesamten BMW Group IT konnten Transparenz und End-to-End-Verantwortung erreicht werden. Diese Produktorientierung innerhalb der BMW Group IT kann als Wendepunkt bezeichnet werden, der auch die Zukunft des Unternehmens prägen wird. Dieser Wandel von hierarchisch geprägten Organisationen hin zu vernetzten, autonomen Teams wird auch die nächsten Jahre dominieren.

Expertenkarriere bei BMW

Gleichzeitig erfolgt ab diesem Jahr die Trennung von fachlicher und disziplinarischer Führung. Mit der neuen Expertenkarriere eröffnet die BMW Group einen zusätzlichen und gleichwertigen Karriereweg parallel zur klassischen Führungslaufbahn. Vor allem Talente aus Zukunftsfeldern interessieren sich heute weniger für eine klassische Führungslaufbahn mit disziplinarischer Verantwortung, sondern für moderne Arbeitswelten und kooperative Formen der Zusammenarbeit. Dies bietet die neue Expertenkarriere in der BMW Group. Dabei gilt: Experten- und Führungskarriere sind beide prinzipiell zulässig. Ein Wechsel zwischen den Entwicklungspfaden ist möglich. Diese Möglichkeit wird es uns auch in Zukunft erlauben, Talente je nach ihren Bedürfnissen zu fördern und unsere IT bestmöglich auf die Herausforderungen der Zukunft vorzubereiten.

OKR-Methode bringt Flexibilität

Die einmalige, jährliche Festlegung von individuellen Zielen für alle Unternehmensbereiche, die wiederum auf die einzelnen Abteilungen und Mitarbeiter heruntergebrochen werden, erscheint im Hinblick auf sich stetig ändernde Anforderungen und die daraus resultierenden agilen Arbeitsweisen nicht mehr zeitgemäß. Wir setzen uns daher mit „Objectives & Key Results" (OKR) auseinander. Diese wurden erstmalig vor 25 Jahren von Intel eingesetzt und die Methode kann von Unternehmen jeglicher Größe genutzt werden. Das Framework kann an Unternehmensgegebenheiten und sich verändernde Umfelder angepasst werden. Während die Ziele (Objectives) eine sehr anspruchsvolle Vision umfassen, die im Normalfall nicht zu 100 Prozent erfüllbar ist, zeigen die Hauptergebnisse (Key Results) den Grad auf, zu dem die Ziele erreicht wurden, und sind mit messbaren Zahlen versehen.

Die BMW Group IT verfolgt diesen Ansatz seit 2019 in Zusammenarbeit mit den relevanten Fachbereichen. Dies führt nicht zuletzt durch die flexiblere Zielsetzung im Quartalsrhythmus zu verbesserten Zusammenarbeitsmodellen über Organisationsgrenzen hinaus und unterstützt bei der Fokussierung auf derzeit relevante Themen. Durch diesen flexiblen Prozess können strategische Impulse direkt an Teams weitergegeben sowie Bottom-up-Anforderungen von den jeweiligen Teams in die Zieldefinition aufgenommen werden. Mittelfristig sehen wir hier, dass der OKR-Ansatz, mit dem wir optimal auf sich wandelnde Anforderungen und Unsicherheiten reagieren können, den etablierten Ziel-Management-Prozess ablöst.

Kultur unterstützt den Wandel

Für den digitalen Wandel von hoher Bedeutung ist die Kultur eines Unternehmens. Die Kultur der BMW Group baut auf die Werte Offenheit, Transparenz, Vertrauen, Wertschätzung und Verantwortung. Aus unserer agilen Transformation heraus ergeben sich darüber hinaus ein neues Verständnis von Führung sowie eine neue Bewertung von Erfolgsfaktoren innerhalb unserer IT-Organisation:

- **Individuen und Interaktionen** mehr als Prozesse und Werkzeuge.
- **Funktionierende Software** mehr als umfassende Dokumentation.
- **Zusammenarbeit mit dem Kunden** mehr als Vertragsverhandlung.
- **Reagieren auf Veränderung** mehr als das Befolgen eines Plans.

Gemeinsam mit den tief in der Unternehmensstrategie verankerten Werten verändert diese neue Denkweise nachhaltig, wie wir in Zukunft zusammenarbeiten, und unterstützt uns dabei, zu einer Tech Company für Mobilität zu werden.

Wir als BMW Group IT glauben an Kreativität, Leistungskraft und Motivation der Mitarbeiter, gleichzeitig auch an eine Fehlerkultur, in der die Teams aus Fehlern lernen und ihnen ein Anreiz geboten wird, Neues auszuprobieren. Der Lean Startup Approach führt dazu, dass wir frühzeitig Minimal Viable Products (MVPs) und Piloten testen können und damit schnell und effektiv auf die Wünsche unserer Fachbereiche eingehen können.

BizDevOps stärkt Kooperation

Aus diesen Gründen wird die Initiative BizDevOps auch in den kommenden Jahren fortgesetzt und gefördert werden. Nur durch agile Arbeitsweisen kann die Zusammenarbeit in Netzwerken ausreichend unterstützt und die Komplexität unseres Umfelds gemeistert werden. Wir glauben an eine agile Zukunft, die wir bis zum Jahr 2025 weiter perfektionieren möchten.

Jetzt und in Zukunft werden digitaler Wandel und Kollaborationen nur möglich sein, wenn wir mit Mitbewerbern und Kooperationspartnern einen Open-Source-Ansatz verfolgen sowie aktiv den Austausch von Wissen fördern. Während wir bereits heute auf Joint Ventures wie Critical TechWorks, unseren Softwareentwicklungsstandort in Portugal, sowie zahlreiche Kooperationen mit Universitäten weltweit setzen, möchten wir auch in Zukunft den Open-Source-Gedanken weitertreiben. Im Jahr 2025 sind wir über die BMW Startup Garage noch besser mit Startups vernetzt, wir werden Communities wie GitHub nutzen und wollen neue Kooperationen sowohl mit Corporates als auch Universitäten und neu in den Markt einsteigenden Partnern etablieren. Interne Maßnahmen wie unsere Initiative „Back2Code" unterstützen uns hierbei, indem wir Mitarbeiter qualifizieren, selbst Software zu entwickeln. Die Kombination von eigenen Entwicklerkompetenzen und firmenübergreifenden Initiativen wird die IT auch im Jahr 2025 bereichern und zur Selbstverständlichkeit geworden sein.

Die Fähigkeit, schnell interne wie externe Partner in Prozesse und Systemlandschaft zu integrieren und sich im Gegenzug selbst schnell integrieren zu können, steht hierbei im Vordergrund. Neben der kulturellen Komponente sind hier auch technische Aspekte von großer Bedeutung. Um diese Ebene zu erfüllen, werden in Zukunft unter anderem Cloud-basierte Plattformen eine große Rolle spielen.

Cloud-Einsatz nimmt zu

Das aktuelle Wachstum der Cloud-Nutzung bei der BMW Group beträgt 150 Prozent pro Jahr und wird in den nächsten Jahren weiter stark zunehmen. Die extrem kurzen Innovationszyklen der Public-Cloud-Anbieter und deren enorme Investitionen in neue Technologien forcieren auch bei der BMW Group eine kontinuierliche Weiterentwicklung und Anwendungsoptimierung. Der Plattformansatz der BMW Group erlaubt die Kombination von erstklassigen Technologien und Prozessmustern von verschiedenen Cloud-Anbietern. Dadurch können sich unsere BizDevOps-Teams auf die Kernwertschöpfung fokussieren und vom enormen Innovationstransfer der Public Cloud profitieren. Cloud-basiertes Arbeiten, verstärkter Cloud-Einsatz in Rechenzentren, hybride Lösungsmodelle und transparente Compliance sowie integrierte Sicherheitsstandards untermalen unsere Entwicklungsgeschwindigkeit auf dem Weg zur Tech Company für Mobilität. Der Schlüssel wird sein, die Cloud nicht nur als ein Technologieset zu betrachten – vielmehr gilt es ganzheitliche, kontinuierliche und elastische Services anzubieten, die Innovationen ermöglichen und unser Geschäftsziel mit maximaler Agilität unterstützen.

Wir sind der Überzeugung, dass revolutionäre Computing-Ansätze die nächsten Jahre signifikant prägen und im Jahr 2025 zur Normalität geworden sein werden. Edge Computing hat das Potenzial, durch Unabhängigkeit von Netzwerkinfrastruktur die Ausfallsicherheit deutlich zu steigern. Zudem können übertragene Datenvolumina und damit verbundene Übertragungskosten reduziert und die Datenübertragungslatenz deutlich verringert werden. Wir gehen davon aus, dass sich diese Technologie 2025 als Standard in der Produktion etabliert hat.

Quantum Computing

Immer komplexer werdende AI-Algorithmen (Artificial Intelligence) erfordern den Einsatz neuer Technologien. Dem Gehirn nachempfundene Chipsätze (Neuromorphic Computing) steigern die Performance bei geringerem Energieverbrauch. Die wohl größte Veränderung unseres heutigen Technologieverständnisses wird in unseren Augen jedoch Quantum Computing mit sich bringen. Während in den vergangenen Jahren Blockchain- oder Distributed-Ledger-Technologien als revolutionär gehandelt wurden, könnten gerade diese vor einer großen Herausforderung stehen, sobald Quantum Computing industriell genutzt werden kann. Quantum Computing bietet die Möglichkeit, sehr komplexe Algorithmen zu lösen, die mit klassischen CPUs nicht berechnet werden können. Hierdurch wird eine massive Performance-Steigerung in den Bereichen Optimierung, Datenbankabfragen und Machine Learning erreicht werden. Der Reifegrad dieser Technologie befindet sich aktuell in einer sehr frühen Phase.

Asymmetrische Kryptosysteme

Wir prognostizieren jedoch bis 2025 eine deutliche Steigerung, da nahezu alle IT-Giganten mit Hochdruck am Thema Quantum Computing arbeiten. Diese Rahmenbedingungen zeigen, dass die Technologie eine extreme Auswirkung beispielsweise auf Blockchain-Konzepte haben wird. Um sich auf diese Veränderungen schon heute vorzubereiten, spielt die Anwendung von Post-Quanten-Kryptografie eine wichtige Rolle: Sie verwendet asymmetrische Kryptosysteme, die selbst unter Verwendung von Quantencomputern nicht entschlüsselbar sind. Sollte sich die Industrie nicht rechtzeitig Gedanken über eine solche Kryptografie machen, sehen wir 2025 die Welt frei von Blockchain, dafür aber voll von durch Quantum Computing geprägten Innovationen.

Während sich unser Umfeld stetig ändert, ist unsere höchste Priorität weiterhin, den Kunden im Fokus zu behalten und seine Bedürfnisse an die oberste Stelle zu setzen. Um diese Kundenorientierung zu gewährleisten, hat die BMW Group IT bereits 2018 ihr UX Live Center eröffnet, das ein allumfassendes Kundenerlebnis ermöglicht. Interessierte Fachbereiche können hier praxisnahe Erfahrungen anhand von UX-Methoden machen und aktiv Einfluss auf die Gestaltung und das Design ihrer Anwendung oder ihres Produkts nehmen.

Um das Unternehmen auch in Zukunft agiler zu machen, ist es essenziell, Prozesse neu zu gestalten und grundlegend zu hinterfragen, ob bestehende Prozesse Unternehmensziele optimal abbilden. Hierbei spielen neben Automatisierung und Prozessintelligenz auch Digitalisierung, datenbasierte Steuerung und Predictive Analytics eine entscheidende Rolle. Während einige Prozesse mit einer Verschlankung optimiert und so Zeit und Kapazitäten verbessert werden können, müssen andere von Grund auf neu und effizienter gestaltet werden. So gab es bis 2019 noch 43 offizielle IT-Prozesse, die bis dato auf zehn reduziert werden konnten.

Data Steward treibt Use Cases

Um Entscheidungen datenbasiert zu treffen, wurde bereits ein Big-Data-Programm im Rahmen der IT-Strategie 2016 aufgesetzt, das durch strategische Initiativen finanziert wird. Es umfasst aktuell 100 Data Stewards, die für Data Analytics zuständig sind und auf einen gemeinsamen BMW Group Data Lake zugreifen. Dieses Jahr sollen 200 weitere Data Stewards in den Fachbereichen aufgebaut werden, die Data Transformation und verschiedene Use Cases vorantreiben sowie den Data Lake befüllen sollen. Unsere Vision ist es, dass im Jahr 2025 90 Prozent aller Entscheidungen datenbasiert getroffen werden und Predictive Analytics bei jedem Forecast eingesetzt wird. Entscheidungen und Evaluierungen sollen nicht mehr manuell gemanagt werden, sondern auf einer Infrastruktur basiert sein, die zuverlässige Prognosen und eine nachhaltige Digitalisierung ermöglicht. Langfristig möchten wir so zu technologie- statt prozessgetriebenen Entscheidungen übergehen.

Um unsere Prozesse nachhaltig zu stärken und agile Prozesse zu ermöglichen, vereinen wir seit 2016 Softwareentwicklung (Development, Dev) und IT-Operations (Ops) in gemeinsamen Teams (= DevOps). Durch eine Reihe von Praktiken zur Automatisierung von Prozessen zwischen Softwareentwicklern und IT-Teams wie Continuous Integration, Kundenintegration und flexibles Anforderungs-Management kann eine schnelle und zuverlässige Entwicklung, Testung und Freigabe von Software gewährleistet werden. Da wir DevOps als entscheidenden Erfolgsfaktor für die zukünftige Softwareentwicklung sehen, werden wir in den nächsten Jahren verstärkt auf DevOps Excellence hinarbeiten und erwarten, dass wir 2025 in diesem Bereich Vorreiter sind.

BMW wird zur Tech Company

Obwohl 2025 auf den ersten Blick nicht weit entfernt scheint, gehen wir davon aus, dass sowohl auf technischer als auch auf organisatorischer Ebene einige Änderungen das Bild der Zukunft prägen werden. Während Quantum Computing uns endlos neue Möglichkeiten eröffnen könnte, werden wir weiterhin nach Agilität streben müssen, um in Zeiten des unvorhersehbaren Wandels Kundenwünsche optimal erfüllen zu können. Im Jahr 2025 sehen wir uns als Tech Company, die im „War for Top IT Talents" mithalten und schnell und flexibel auf sich immer ändernde Anforderungen reagieren kann.

Hierbei werden uns unsere Lern- und Wandlungsfähigkeit, unsere technologische Innovationskraft und die Verantwortung unseres Unternehmens gegenüber der Gesellschaft stets begleiten.

Building a safer world

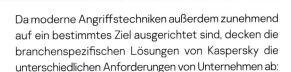

Anzeige

Wir leben in einer Welt, die sich rasant verändert. Menschen und digitale Systeme sind immer stärker vernetzt und Technologien verbinden uns über Plattformen und Grenzen hinweg. Für Unternehmen entstehen dadurch unzählige Möglichkeiten, um Potenziale auszuschöpfen und neue Geschäftsfelder zu erschließen – Voraussetzung ist jedoch ein zuverlässiger Schutz vor Cyberbedrohungen.

Cybersicherheit umfasst in der heutigen Welt allerdings mehr als nur den Schutz einzelner Geräte. Vielmehr geht es darum, ein ganzheitliches Ökosystem aufzubauen und alles, was darin verbunden ist, zu schützen.

Kaspersky Enterprise Cybersecurity

Endpoint Security ist eine solide Basis. Doch damit nicht genug: Unternehmen brauchen auch weitreichende **Sicherheitslösungen für komplexe und hybride IT-Architekturen**. Dazu zählt **Cloud Security** genauso wie der Schutz **kritischer Infrastrukturen** und **mobiler Geräte** oder die Sicherheit von **IoT-Umgebungen** und **Embedded Systems**.

Als Technologieführer mit einem fortschrittlichen Portfolio an Next-Generation-Schutzlösungen und hochentwickelter Threat Intelligence trägt Kaspersky dazu bei, eine Welt zu schaffen, in der Unternehmen die Vorteile der Technologien bedenkenlos nutzen können.

Bring on the future

Da moderne Angriffstechniken außerdem zunehmend auf ein bestimmtes Ziel ausgerichtet sind, decken die branchenspezifischen Lösungen von Kaspersky die unterschiedlichen Anforderungen von Unternehmen ab:

- Behörden
- Industrie
- Transportwesen
- Finanzdienstleistungen
- Einzelhandel
- Telekommunikation
- Gesundheitswesen

Cybergefahren werden transparent

Neben dem Einsatz von Security Software sollten CIOs und IT-Entscheider auch auf Dienstleistungsangebote zurückgreifen – auf Informationen zur globalen Bedrohungslage, neueste Erkenntnisse zu APT-Techniken, individuelle Schwachstellen-Analysen oder Cloud-Sandboxing zum Identifizieren bisher unbekannter Malware. So werden Cybergefahren durchgehend transparent.

Risiko Mensch

Viele Cybersicherheitsvorfälle werden durch falsches und unvorsichtiges Verhalten der Mitarbeiter verursacht. Die Lösung: interaktive Security Awareness Trainings – beispielsweise mit simuliertem Spear Phishing. Kaspersky bietet hier die Online-Schulungsplattform ASAP (Automated Security Awareness Platform) an, mit der Mitarbeiter lernen, worauf es beim IT-Schutz ankommt.

Machen Sie Ihr Unternehmen bereit für eine sichere Zukunft und schützen Sie es mit den Sicherheitslösungen und -services von Kaspersky: **www.kaspersky.de/cio**

DATA-DRIVEN EVERYTHING BRINGT DEN ERFOLG

Dorothée Appel, CIO & CDO, Zurich Gruppe Deutschland

„Ich wette, dass erfolgreiche Firmen in fünf Jahren agil auf Basis von Daten gesteuert werden!"

Daten sind Rohstoff und Währung. Sie sind die Grundlage, auf der Menschen und Maschinen Entscheidungen treffen. Daten sind der Wert, mit dem Anwender vermeintlich kostenlose Services bezahlen. Allerdings bedeuten mehr Daten nicht zwangsläufig mehr Wert. Erfolgreiche Unternehmen schaffen diesen Mehrwert erst durch ihre Analyse und ein datengetriebenes Vorgehen. Es gilt, etablierte Geschäftsmodelle von der lieb gewonnenen Disziplin der Prozessoptimierung auf eine datengetriebene, agile Form umzustellen. Das ist nicht einfach, lohnt sich aber.

Data-driven = Kulturrevolution

Unfassbare 33 Zettabyte – also 33 mal 10 hoch 21 Byte – wurden allein 2018 weltweit durch Unternehmen, Non-Profit-Organisationen und private Anwender erzeugt. Im Jahr 2025 soll die jährliche Produktion an Daten schon bei 175 Zettabyte liegen, für 2030 werden mehr als 600 Zettabyte erwartet. Wohlgemerkt, das ist kein kumulierter Wert, sondern jeweils die Datenmenge eines Jahres!

Tatsächlich werden Daten aber weder wie ein Rohstoff behandelt (mit der Sorge für deren nachhaltige Nutzung), noch wie eine Währung (über deren Existenz so genau Buch geführt wird wie in Financial Accounts). Während Einkäufer oder Controller genau berechnen, welche Rohstoffe benötigt werden und über welche Finanzen sie verfügen, ist das Wissen über den jeweiligen Datenschatz doch eher oberflächlich.

Einer der Hauptgründe für dieses mangelnde Wissen ist, dass bislang vor allem in Prozessen und Prozessoptimierung gedacht wurde. Vor allem die Hidden Champions haben bisher die Business Process Optimization zur Königsdisziplin erhoben. Sie zeichnen sich dabei weniger durch Produktinnovation als durch Prozessinnovation aus. Sie verändern nicht die Geschäftsmodelle (wie Startups), sondern lediglich die

Mechanismen darin. Doch Startups zeigen uns, dass Innovationen nicht mehr primär über Prozessinnovationen herbeigeführt werden. Innovative Unternehmen agieren mehr und mehr datengetrieben – sie stützen ihre Geschäftsmodelle nicht mehr auf starre Prozesse, sondern reagieren agil auf Informationen, die aus Daten generiert werden. Eine Organisation, die sich diesem neuen Paradigma nicht öffnet, sondern im Modell der starren Prozesse verharrt, wird sich in einem immer volatiler werdenden Markt kaum behaupten können.

Kundendaten sind der Schlüssel

Das bewährte Prozessdenken wird einer Gesellschaft, die auf Individualität, auf Sharing-Konzepte und Ökosysteme setzt, nicht mehr gerecht. Diesem gesellschaftlichen Bewusstseinswandel kann man nur folgen, indem man die Datenspuren analysiert, die Kunden versteht und das eigene Vorgehen konsequent anhand dieser Erkenntnisse agil ausrichtet.

Wenn jeder „Prosument" also sowohl Verbraucher als auch Produzent sein kann, wenn das Verbraucherverhalten unmittelbaren Einfluss auf das Produkt nimmt, reicht es nicht mehr, Prozesse zu optimieren, ohne die Daten aus der realen Welt in Echtzeit zu berücksichtigen. Der Prosument von heute ist – ganz anders als Alvin Toffler es 1980 in seinem Buch „The Third Wave" vorausahnen konnte – vor allem ein Produzent von Daten! Er wird erst durch ihre Analyse verstanden.

Dabei gibt es für datengetriebene Organisationen ethische Prinzipien, die die Privatsphäre des Einzelnen würdigen. Und selbstverständlich gilt auch, dass personenbezogene Daten unveräußerlich sind. Aber die Datenspuren, die durch das Verbraucherverhalten anfallen, helfen Anbietern, ihre Angebote weiter zu optimieren und zu individualisieren.

Data-driven Marketing

Dazu muss eine Organisation aber nicht nur ihre Außenwirkung revolutionieren, indem sie ihre Kundenkommunikation auf „Data-driven Marketing" trimmt. Der fundamentale Umbau von einer prozessgesteuerten zu einer datengetriebenen Organisation beginnt im Innern. Dazu ein Beispiel aus der Praxis: Um Unternehmen fit für die Datenschutz-Grundverordnung (DSGVO) der EU zu machen, haben viele Berater vor allem Guidelines auf rechtlicher Ebene und ein Step-by-Step-Modell auf Prozessebene geliefert: Finde einen datenbezogenen Prozess, dokumentiere den Prozess und sichere die darunter liegenden Applikationen und Daten.

Data Crawling statt BPM

Allerdings sollte, wer rein mit prozessorientierten Vorgehensmodellen arbeitet, keineswegs sicher sein, alle relevanten Datenfelder und Datenquellen identifiziert zu haben, wenn Prozesse, Applikationen und Datenbanken zukünftig dynamisch bei jedem „Sprint" verändert werden können. Die Prozessbeschreibungen dabei in der zur Verfügung stehenden Zeit mit einem wirtschaftlich vertretbaren Aufwand und einer 100-prozentigen Trefferquote auf dem Laufenden zu halten, ist kaum realistisch. Zusätzlich zu dem Prozessvorgehen sollten deshalb zukünftig mit Hilfe von Data-Crawling-Methoden alle Daten identifiziert werden können, die personenbezogene Inhalte bergen. Auf dieser

Basis kann man dann verifizieren, welche Prozesse und welche Anwendungen auf diese Informationen zugreifen, und auf diese Weise eine höhere DSGVO-Konformität herbeiführen.

Vom Prozess- zum Datenmodell

Dieser Shift von Prozessen zu Daten beeinflusst alle internen Bereiche des Unternehmens: Anstatt die Prozesse zu analysieren und zu optimieren, heißt es künftig, mehr und mehr datenorientiert vorzugehen. Dies gilt auch für die Anwendungsentwicklung selbst. Traditionell wurden neue Anwendungen nach dem bewährten Wasserfallmodell evaluiert, in dem Prozess für Prozess die bestehenden oder neu entwickelten Funktionen oder Geschäftsvorfälle getestet und live gestellt (oder an die Entwicklung zurückgegeben) werden. Inzwischen kommen vermehrt agile Methoden zum Einsatz, in denen die Entwicklung von einem Sprint zum nächsten verfolgt wird. Ein „Product Owner" priorisiert dabei, welche „User Stories" im nächsten Sprint bearbeitet werden (die Terminologie hängt vom verwendeten agilen Framework ab). „Co-Creation" beschreibt dabei die Integration beziehungsweise enge Zusammenarbeit von Fachbereich und IT, um sich Sprint für Sprint den Bedarfen anzunähern.

User Stories priorisieren

Das ist ein großer Fortschritt gegenüber der „Wasserfall"-orientierten Anwendungsentwicklung. Das fehlende Bindeglied – das evolutionäre „Missing Link" – zu einem wahrhaft kundenorientierten Vorgehen ist aber die Priorisierung der User Stories auf Basis von datengestützten Erkenntnissen über das konkrete Benutzerverhalten von internen und externen Kunden. Product Owner der Zukunft müssen unbedingt mit dem Wissen über das Kundenverhalten ausgestattet sein, um ein Backlog richtig priorisieren zu können. Diese „Data-driven Agility" ist die datengetriebene Fortführung der agilen Anwendungsentwicklung.

Mit dem Shift von Prozessen zu Daten verändert sich aber nicht nur die Vorgehensweise der internen IT. Auch das Verständnis von Informationstechnik und Business Intelligence im gesamten Unternehmen erfährt eine neue Sichtweise. Wo bislang Prozesse dominieren, werden evidenzbasierte Informationen auf Basis der verfügbaren Daten über Marktentwicklung, Kundendaten und soziodemografischer Informationen zusammengefasst.

Datenanalyse und KI

In einem datengetriebenen Unternehmen geht die Geschäftsmodellierung nicht mehr von der Prozessmodellierung aus, sondern von der Datenmodellierung und den sich daraus ergebenden Erkenntnissen. Dabei können auch Methoden der künstlichen Intelligenz zur Analyse großer Datenmengen und zur Entscheidungsunterstützung angewandt werden.

Ein datengetriebenes Unternehmen reagiert zeitnah auf veränderte Marktinformationen, soziodemografische Daten, historische Daten, Veränderungen in der Gesetzgebung oder veränderte Risikoabschätzungen. „Datengetrieben" bedeutet aber auch, dass sich Produkte und Services von einer statischen (prozessorientierten) auf eine agile (datengetriebene) Ausrichtung verändern – wie zum Beispiel beim Angebot „Zurich Smart Home".

Dabei handelt es sich um eine Erweiterung der Hausratversicherung, die vor Ort installierte intelligente Haustechnik mit smarten, datengetriebenen Services kombiniert. Denn Lautsprecher, Kaffeemaschine oder Kühlschrank liefern ebenso Daten über Status und Umgebung wie die Heizung oder Gas- und Wasser-Ableser. Die ausgefeilte Sensorik in jedem neuen Hausgerät liefert einen zusätzlichen Datenstrom und macht es möglich, ein Objekt besser zu schützen.

Datengetriebene Versicherung

So können Versicherte im Schadensfall nicht nur Push-Meldungen aus unterschiedlichsten Komponenten – also etwa Schalt- und Messsteckdose, Tür- und Fensterkontakte, Wassermelder oder Alarmsirenen – auf ihrem Smartphone erhalten. Sie erhalten auch Soforthilfe, über die ein Wach- und Sicherheitsdienst oder ein 24-Stunden-Handwerkerservice beauftragt werden kann. Eine datengetriebene Versicherung reguliert also nicht nur den Schaden, sondern hilft, ihn zu vermeiden.

Ein zweites Beispiel: Die Zurich Versicherung arbeitet mit Meteorologen zusammen, um frühzeitig vor Schäden aus klimabedingten Ereignissen warnen zu können. Denn Starkregen, Eisregen, Glatteis oder Stürme bis zu bislang eher seltenen Tornados können erhebliche Schäden verursachen. Datenbasierte Frühwarnsysteme sollen helfen, Schäden zu vermeiden.

Daten kommen aus allen möglichen Anwendungsfällen auf die IT-Organisationen zu. Es muss gelingen, sie zu bündeln, auszuwerten und in Entscheidungen umzumünzen. Dabei helfen klassische prozessorientierte Methoden nur begrenzt weiter, weil sie von einem konstanten Unternehmenskontext ausgehen. Nur eine datengetriebene Organisation kann hingegen den Herausforderungen der heutigen dynamischen digitalen Welt genügen. Es gilt dabei, die lieb gewonnene Königsdisziplin der Prozessoptimierung in Frage zu stellen, um prozessoptimierte starre Systeme zu datengetriebenen agilen Organisationen zu mutieren.

DER CIO WIRD ZUM CHIEF ECOYSTEM OFFICER

Frank Riemensperger, Vorsitzender der Geschäftsführung, Accenture

„Ich wette, dass sich die Anzahl der im Unternehmen vorgehaltenen Anwendungen reduziert, aber die Anzahl von Lösungen, die im Industrie-Ökosystem der Cloud betrieben werden, radikal erhöht. Der CIO wird zum Chief Ecosystem Officer und Branchen werden in Zukunft gemeinsame Lösungen schaffen, in denen sie nicht nur die Daten, sondern auch die Anwendungslogik teilen."

Wir haben keine Zeit zu verlieren: Aktuell erleben wir die Verschiebung von Wertschöpfungsanteilen vom Produkt zu über Plattformen orchestrierten Services. Der digitale Umbau unserer Leitindustrien nimmt insbesondere unsere CIOs in die Pflicht. Es ist ein Paradigmenwechsel erforderlich: Aus „Made in Germany" muss das digitale Gütesiegel „Operated by Germany" werden.

In Zukunft zählt der „Operate"-Ansatz, der Daten, ihre Auswertung und die Steuerung des Geschäfts in Echtzeit zusammenführt. Im Zentrum steht der Kunde. Die Erfüllung seiner Erwartungen erfordert zunehmend extrem kurze Entwicklungszyklen und hohe Agilität.

Operated by Germany

Die Realisation des „Operate"-Ansatzes macht neue Architekturen für Smart Products erforderlich. Die Plattformökonomie braucht speziell adaptierte intelligente Maschinen, die im Betrieb über Software und Daten permanent an die wechselnden Erfordernisse angepasst werden. Es ist die Fortentwicklung der Industrie 4.0 von der intelligenten Fabrik zu einem an Kundenbedürfnissen orientierten Wertschöpfungsnetzwerk. Ein Betriebslabor im offenen Ökosystem der Branche statt hinter den Türen einer geschlossenen F&E-Abteilung, verkürzte Entwicklungszyklen, plattformbasierte Netzeffekte, skalierbare Innovationen. Smart Products und die einbezogene installierte Basis – mit „Intelligenz" nachgerüstet – liefern Betriebsdaten für neue, datengetriebene Geschäftsmodelle.

Das Ziel sind branchenweite Ökosysteme mit Lösungen, deren Wirkung über das eigene Haus hinaus reichen. Mitbewerber werden zu Partnern, und ein effizientes Zusammenspiel mit übergreifenden Anwendungen schafft neue Potenziale. Branchenweite Lösungen bieten die Basis für neue Leistungsversprechen und sorgen für durchgängige Kundenzufriedenheit.

Dass eine Plattform Wertschöpfung generiert, ist nicht neu. Amadeus beispielsweise verbindet schon seit mehr als 30 Jahren verschiedenste Travel Player vom Reisevermittler über den Reiseveranstalter bis zur Unterbringung und verschiedensten Transportgesellschaften für Geschäfts- bis zu Pauschalreisen. Der Service diente 2017 über 1,6 Milliarden Passagieren. Aus dem Flugreservierungssystem machte die Digitalisierung einen weltweit agierenden Anbieter von IT-Lösungen für die Touristikindustrie, der die gesamte Bandbreite zwischen Reisebüros und Online-Buchungen abdeckt. Amadeus belegt, wie zweckmäßig es ist, paneuropäisch zu denken, anstatt die digitalen Anstrengungen in jedem Land zu duplizieren.

Wettbewerber kooperieren

Gegründet wurde Amadeus übrigens 1987 von vier europäischen Fluggesellschaften. Das zeigt, welches Potenzial darin stecken kann, wenn Wettbewerber gemeinsam agieren. Konkurrenten schlossen sich auch für HERE zusammen: Audi, BMW und Daimler erwarben den Online-Kartendienst 2015 zu je einem Drittel, inzwischen wirken unter anderen mit Bosch und Continental auch zwei Automotive-Zulieferer mit. Momentan nutzen vier von fünf aller eingebauten Navigationssysteme in Europa und Nordamerika Karten von HERE. Seit diesem Jahr bündeln Daimler und BMW ihre Ressourcen und Plattformaktivitäten gleich bei fünf Mobilitätsdiensten: ReachNow, ChargeNow, FreeNow, ParkNow und ShareNow. Ein wichtiger Schritt nach vorne, denn die Zukunft der Mobilität ist ohne die entsprechenden Plattformen nicht denkbar. Das Geschäft aber machen (wir sehen es seit Jahren bei den Consumer-Plattformen) letztlich nur die Unternehmen, die die Mehrheit der Nutzer oder zumindest eine – am Mitbewerber gemessene – relevante Zahl auf ihrer Plattform vereinen und halten.

Eine Milliarde Plattformnutzer

Branchenweites Engagement über Unternehmensgrenzen hinweg ist auch unter dem Gesichtspunkt der nötigen Marktdurchdringung unerlässlich. Statt dass Unternehmen ihre Ressourcen in Einzellösungen binden, bieten gemeinsame Projekte die Option, in Digitalmärkten schneller auf eine relevante Größe zu kommen. Wenn Daimler und BMW ihre Carsharing-Flotten vereinen, dann entstehen an dieser Stelle neue Plattformen. Wir müssen groß denken: Wer international ganz vorne mitspielen will, erreicht eine Milliarde Menschen, nicht 100 Millionen. Die Alternative zur Kooperation ist zuzukaufen, wie beispielsweise SAP, die 2012 den Cloud-basierten B2B-Handelsplatz Ariba erwarb. Heute beträgt das Handelsvolumen des Procurement-Marktplatzes 2,6 Billionen Euro im Jahr.

Deutschland kann mitreden

Unternehmen wie Wirecard, Zalando, United Internet oder Ströer, in denen die Digitalisierung neue, skalierbare Geschäftsmodelle hervorgebracht hat, machen deutlich, dass Deutschland im Plattformgeschäft mitreden kann – und wenn es um B2B geht, auch muss. Die deutsche Industrie hat noch immer die Chance, eine Führungsrolle als Schrittmacher der digitalen Transformation der Industrie in Europa und weltweit einzunehmen. Mit der Industrie 4.0 hat die deutsche Industrie weltweit vorgelegt.

Die Stärke der deutschen Wirtschaft zeigt sich nicht zuletzt daran, dass sie rund zwei Drittel der Ausgaben für Forschung und Entwicklung hierzulande trägt. Deutschlands Unternehmen denken durchaus an die Zukunft und sind auch bereit, hierfür Geld in die Hand zu nehmen. Es zeichnet sich die Perspektive ab, dass gemeinsame Investitionen auch in gemeinsame Lösungen münden. Im Zeitalter der Plattformen wird es weniger wichtig sein, welches Unternehmen Lösungen besitzt. Entscheidend ist vielmehr die Frage: Welchen Unternehmen kommen die Lösungen zugute? Branchen mit starken geteilten Plattformen tragen zur Wertschöpfung ihrer Unternehmen bei.

Gerade wenn es um neue Leistungsversprechen geht, sind gemeinsame Plattformen für alle Beteiligten unerlässlich. Um beispielsweise eine Zusage einzuhalten, dass der gelieferte Zug im Betrieb pünktlich ist, braucht der Zughersteller ein übergreifendes Ökosystem, in das alle Beteiligten mit ihren Daten einzahlen. Wie nützlich eine permanente Erfassung laufender Daten ist, zeigt das Projekt SmartRail 4.0 der Schweizerischen Bundesbahnen (SBB). Ziel ist eine höhere Auslastung des bestehenden Netzes, verbesserte Pünktlichkeit und durchgehende Kommunikation. Die Erprobung einzelner Funktionen beginnt 2020.

Optimierung mit Digital Twins

Doch längst schon hat das Informations-Management bei den SBB Einzug gehalten. Die adaptive Lenkung vermeidet Konfliktsituationen auf der Strecke, bei denen ein Zug anhalten muss, um einen anderen Zug vorbeifahren zu lassen. In die Datenanalyse einbezogen werden nicht nur die genaue Länge und geografische Gegebenheiten der Gleisstrecke, sondern Zugleistung, Länge und Gewicht, aber auch dynamische Daten wie Position und Fahrdynamik, die durch Sensoren in den Schienen erhoben werden. 20.000 bis 30.000 Nachrichten pro Sekunde müssen vom Trägersystem transportiert werden. Wie ich schon letztes Jahr an dieser Stelle zum digitalen Zwilling schrieb: Das virtuelle Abbild eines Produkts oder Service ermöglicht die fortlaufende Optimierung im Alltagseinsatz. Das schützt Ressourcen, spart Energie und schont das globale Ökosystem.

Daten konsolidieren

Wer sich vor Augen hält, was Unternehmen sich und ihren Kunden dank einer soliden Datenbasis an Kosten, Zeit und Umweltbelastungen einsparen und wie sie zugleich zusätzliche Wertschöpfung generieren können, erkennt, wie wichtig digitale Ökosysteme sind. Es ist Aufgabe der CIOs, als Ökosystem-Manager die Unternehmen auf diesen kulturellen Wandel vorzubereiten. Digitale Plattformen werden alles ändern. Was sich so schnell und einfach tauschen lässt, hat einen hohen Nutzwert, aber verliert als Statussymbol: So ist zum Beispiel Carsharing und nicht etwa das Elektroauto der große Game Changer in der Mobilität.

Nutznießer des Ökosystems sind Konzerne, aber auch mittelständische und kleine Unternehmen, die am System beteiligt sind. So ist beispielsweise die Dokumentation der termingerechten Abwicklung von Reinigungsarbeiten eine wichtige Stellschraube und entscheidend für die korrekte Einhaltung von Leistungsversprechen, gleichgültig ob es um die Pünktlichkeit von Verkehrsmitteln, die Hygiene von Krankenhäusern oder schlicht um die Sauberkeit des Arbeitsplatzes geht. Und der Reinigungsdienstleister profitiert andererseits davon, wenn er über Ereignisse, die sein Team betreffen, ständig informiert ist, gleichgültig ob es um Änderungen beim Einfahrtgleis, akute Einsätze in besonderen Hygienebereichen oder einfach um geänderte Öffnungs- und Arbeitszeiten im Office geht.

Das gilt branchenweit für alle Bereiche und Abläufe, die ineinandergreifen. Ob Zug oder Flieger, Leihauto oder Elektroroller, Behörde oder Konzernverwaltung, Circular Economy oder Energiewirtschaft, Sicherheitsdienst oder Gesundheitsvorsorge: Mit der Migration in die Cloud wird sich stets die Zahl der geteilten Anwendungen erhöhen. Und es wird neue Formen für alte Dienste geben. Vorstellbar also, dass LinkedIn die Aufgabe der Personalsysteme übernimmt. Beruflicher Lebenslauf und geschäftliche Verbindungen, Stellungnahmen und Beiträge, fachliche Qualifikationen und die Wertschätzungen von Kollegen, all das ist bereits abrufbar.

Cloud senkt Einstiegshürden

Mit der durchgängigen Verfügbarkeit von Public und Private Cloud sinken die einst hohen Einstiegskosten, und die Hürden werden niedriger. Das ermöglicht auch kleineren Unternehmen die aktive Teilhabe an neuen, datengetriebenen Geschäftsmodellen über Branchen hinweg. Ein wichtiger Aspekt, denn bei einer Partnerschaft schafft Geben und Nehmen Vertrauen. Und im Endeffekt handelt es sich beim branchenweiten Zusammenspiel von Daten und Anwendungen um eine Vertrauensfrage. Unternehmen, die sich hier öffnen und mitmachen, zeigen sich gleichzeitig verletzlich und stark. Auf jeden Fall wird man aber Teil einer Gemeinschaft, die zusammen im internationalen Wettbewerb an Bedeutung gewinnen kann.

Die Konsequenz: Es werden viele Spezialisten entstehen, die auf der gemeinsamen Plattform branchenspezifische Lösungen entwickeln und anbieten.

Der eigene Bestand wird kleiner, die geteilten Anwendungen werden mehr. Ein weitreichender Schritt, der mit einer gehörigen Portion Selbstvertrauen und hohen Ambitionen gegangen werden muss. Denn wer den Blick in die Zukunft richtet, erkennt Lösungen, die über die Grenzen des eigenen Unternehmens hinaus wirksam werden. Daher wette ich, dass sich der CIO zum Ecosystem Officer entwickeln wird und sich die Wertschöpfung aus dem Unternehmen heraus in gemeinsam geteilte Plattformen verlagert.

IT WIRD DER SCHLÜSSEL ZUM MOBILITÄTSMARKT

Christa Koenen, CIO Deutsche Bahn AG, Vorsitzende der Geschäftsführung DB Systel GmbH

„Im Jahr 2025 wird es in Deutschland höchstens zwei oder drei bedeutende Mobilitätsplattformen geben – darauf wette ich!"

Klimaschutz und Klimaziele, CO_2-Ausstoß, Feinstaub, Carsharing, Elektroautos, Fahrverbote – immer wieder gehörte Begriffe und Probleme, die sich alle auf ein zentrales Thema beziehen, die Mobilität. Und trotzdem: Die Nachfrage nach Mobilität wächst unaufhörlich. Urlaubsreisen ins In- und Ausland nehmen kontinuierlich zu; Geschäftsreisen ebenso. Der Online-Handel ist auf Rekordniveau und damit auch der daraus resultierende Lieferverkehr.

In Summe ergeben sich dadurch große Belastungen für Klima und Umwelt und natürlich auch für die Infrastruktur. Auch wenn durch gesetzliche Vorgaben und technische Verbesserungen die CO_2- und Feinstaub-Emissionen in den vergangenen Jahren leicht zurückgegangen sind, muss bei der weiteren Zunahme der Mobilität und der zu erwartenden steigenden Umweltbelastung gegengesteuert werden. Beim Klimaschutz ist die DB schon jetzt Vorreiter. Ende 2019 wird der Anteil erneuerbarer Energien im Bahnstrommix bei 60 Prozent liegen. Fahrgäste im Fernverkehr reisen bereits vollständig mit Ökostrom. Und die 15 größten Bahnhöfe Deutschlands werden schon jetzt zu 100 Prozent mit Ökostrom betrieben. Wer Bahn fährt, schont Klima und Umwelt. Deshalb wird das gemeinsame Ziel von Bund und DB, die Fahrgastzahlen bis 2030 allein im Fernverkehr zu verdoppeln, dem wachsenden Kundenbedürfnis nach ökologisch vertretbarem Reisen und dem dringenden politischen Handlungsbedarf hinsichtlich der Umweltbelastungen im Verkehr gleichermaßen gerecht.

IT ist der Schlüsselfaktor

Welche Rolle spielt die IT bei der Bewältigung der aktuellen und zukünftigen Herausforderungen? Kurz gesagt: eine sehr wichtige. Die unternehmerischen Ziele der DB, die in der „Agenda für eine bessere Bahn" – für unter anderem eine verbesserte Pünktlichkeit, eine bessere Reisendeninformation und eine Ausweitung des Angebots – festgeschrieben wurden, sind einerseits sehr ambitioniert und stellen andererseits letztendlich IT-getriebene Ziele dar. Denn bei diesen Themen, die sich die DB auf die Fahnen geschrieben hat, ist die IT der eindeutige Schlüsselfaktor.

Was heißt das konkret? Eine hochleistungsfähige IT-Infrastruktur legt den Grundstein dafür, die technischen Anforderungen auch in Zukunft zu erfüllen. Diesbezüglich hat sich die DB schon vor einigen Jahren auf den Weg in die Cloud gemacht. In Summe müssen ungefähr 800 DB-Anwendungen in die Cloud migriert werden – eine echte Mammutaufgabe. Je nach Anwendung sind teilweise umfangreiche Anpassungen notwendig, um die „Lauffähigkeit" in der Cloud sicherzustellen und um vor allem die Vorteile, die die Cloud bietet, ausschöpfen zu können: Geschwindigkeitszuwachs, mehr Flexibilität und eine höhere Wirtschaftlichkeit sind hier die Parameter. Das Migrationsprojekt kommt gut voran und kann voraussichtlich schon Ende 2020, zwei Jahre früher als geplant, abgeschlossen werden.

Daten, Daten, Daten

Per se wird bei der DB allein schon durch den Eisenbahnbetrieb jeden Tag eine riesige Menge Daten erzeugt. Dazu kommen die Kundendaten, die bei der Buchung von Tickets, bei Reservierungen, Anfragen etc. anfallen. In den Zeiten vor „Big Data" verfügte man im Bahnkonzern zwar über viele Daten – aber sie wurden nur wenig oder gar nicht genutzt, geschweige denn untereinander ausgetauscht.

Heutzutage sieht das anders aus: Daten sind zu einem unternehmerischen Erfolgsfaktor geworden. Der Besitz von Daten und der zielgerichtete Umgang werden zu den entscheidenden Faktoren für Erfolg oder Misserfolg werden. Deshalb hat die Konsolidierung der „Datenlandschaft" im Konzern – zur noch gezielteren Verwendung von Daten für bestehende sowie neue Prozesse und Angebote – höchste Priorität. Aus den früheren Daten-Silos werden aktuell und in Zukunft Data Lakes.

Alleskönner API

Das Thema API (Application Programming Interfaces, also Schnittstellen) hat sich zu einem nicht mehr wegzudenkenden Standard entwickelt. Denn APIs stellen moderne, interoperable Zugangswege zu den Leistungen eines Unternehmens dar und sind somit Kernbausteine der Digitalisierung. Sie ermöglichen es, dass man als Unternehmen innovative Lösungen schneller umsetzen, die Reichweite des eigenen Angebots erhöhen und sich in offene Wertschöpfungsnetzwerke und Plattformen integrieren kann.

Bei der DB wurde eine API-Strategie entwickelt, die sich an einer klaren Vision orientiert: „DB-APIs fördern die offene, konzernweite und externe Bereitstellung und Nutzung von Funktionen und Daten überall, wo geschäftlich sinnvoll. Die Nutzung von APIs steht im direkten Einklang mit der Digitalisierungsstrategie des Konzerns."

Bereits heute stellt die DB zahlreiche offen zugängliche APIs zur Verfügung – von Abfahrtstafeln über den Fahrplan bis hin zum Flinkster-Angebot, um nur einige zu nennen. Das Spektrum an Einsatzmöglichkeiten für APIs wächst ständig und sorgt bereits heute und zukünftig noch deutlich verstärkt für neue Angebote und Services, die den Reisenden zugutekommen und das Bahnfahren noch attraktiver machen.

Digitale Erfolgsmodelle

Wer kennt ihn nicht – den DB Navigator? Mittlerweile ist er hierzulande nach Google Maps die meistgenutzte App für unterwegs. Gestartet als reine Auskunfts-App, stellt der Navigator heute die Kundenschnittstelle Nummer eins für die DB dar – vor allem dank des kontinuierlich wachsenden digitalen Ticketvertriebs. So setzte die Bahn im Jahr 2018 via Navigator rund 75 Prozent mehr Fernverkehr-Tickets ab als im Jahr davor. Außerdem bietet der DB Navigator auch immer mehr Nahverkehrstickets und -informationen an, etwa Verbindungsauskünfte und U-Bahn-Fahrscheine. So wird der DB Navigator zu einem praktisch unverzichtbaren Begleiter für jeden Reisenden.

Predictive Maintenance

Ein immer wichtiger werdendes digitales Betätigungsfeld ergibt sich für das Thema „Predictive Maintenance" – die vorausschauende Instandhaltung von Zügen und Infrastruktur. Gerade bei der Deutschen Bahn mit ihrem riesigen Fahrzeugpark, dem über 30.000 Kilometer langen Schienennetz und unzähligen Komponenten wie Weichen etc. sowie den vielen Bahnhöfen mit einer großen Zahl von Rolltreppen, Aufzügen und anderen technischen Anlagen, fließen jährlich Milliardensummen in die Instandhaltung. Deshalb kommen bei der DB immer mehr IoT-Systeme (Internet of Things) mit hochmodernen Sensoren für Mechanik, Akustik, Optik und Thermik – je nach Anwendungsgebiet – zum Einsatz. Sie sorgen dafür, dass Funktionseinschränkungen oder -fehler früher entdeckt und behoben werden können – bevor es zu größeren und vor allem teuren Schäden kommt. Für die Reisenden bringt eine vorausschauende Instandhaltung spürbare Vorteile mit sich: Mehr Pünktlichkeit und verbesserter Komfort in unseren Zügen und an unseren Bahnhöfen.

Künstliche Intelligenz

Künstliche Intelligenz (KI) kommt bei der DB mittlerweile an vielen Stellen zum Einsatz. Jüngstes Beispiel ist ein Serviceroboter für intelligente Auskünfte; er informiert Reisende nicht nur über aktuelle Ankunfts- und Abfahrzeiten, sondern gibt auch Auskunft zu Wegbeschreibungen, nahe gelegenen Restaurants, Einkaufsmöglichkeiten, zum Wetter am Reiseziel und zu vielem mehr. Ein erster Test in Deutschland erfolgte im Juni 2019 im DB Reisezentrum im Berliner Hauptbahnhof. Zuvor war „Schwester" FRAnny bereits am Flughafen Frankfurt und im Rahmen einer mehrwöchigen Testphase am Bahnhof in Tokio tätig.

Auch wenn das Zugfahren klarer Schwerpunkt der DB ist und bleibt, hat man schon lange ein Auge auf die Mobilitätsmarkt-Entwicklungen über die Schiene hinaus. Carsharing, Ride Hailing, also Fahrdienste oder Angebote für die sprichwörtliche „letzte Meile", heißen definierte Themen, für die die Deutsche Bahn bereits digitale Geschäftsmodelle zu bieten hat: zum Beispiel Flinkster, die Carsharing-Flotte mit über 4000 Fahrzeugen, davon über 600 Elektroautos. Oder ioki, ein „On-Demand"-Service und sozusagen digitale Weiterentwicklung des Sammeltaxis – unter anderem konzipiert für die Verbesserung der Mobilität im ländlichen Raum. Und last, but not least: Call a bike – das App-basierte Fahrradangebot der DB, das aus keiner größeren deutschen Stadt mehr wegzudenken ist.

Ein Blick auf 2025

These 1: IT wird immer mehr zum Erfolgsfaktor für die Weiterentwicklung der Bahn.
Grundsätzlich wird die DB als umweltfreundlichstes Verkehrsmittel natürlich auch zukünftig eine Hauptrolle spielen, wenn es um die Mobilität in Deutschland geht. Dazu kommt, dass innovative Technologien wie Machine Learning, IoT und KI – insbesondere im Zusammenhang mit dem Programm Digitale Schiene Deutschland – einen großen Anteil daran haben werden, das Angebot der DB im Personen- und Güter-

verkehr kontinuierlich zu verbessern, auszubauen und die Verkehrsleistung der Schiene insgesamt zu steigern. Als Hauptrealisierer dieses Programms wird die DB die flächendeckende Einführung von neuer Leit- und Sicherungstechnik (ETCS) und digitalen Stellwerken vorantreiben. So trägt die IT massiv dazu bei, die Bahn zum Rückgrat einer klimafreundlichen vernetzten öffentlichen Mobilität zu machen, die dem Kunden künftig einen Grad an Freiheit und Flexibilität bietet, der früher nur dem eigenen Auto zugeschrieben wurde.

These 2: Datengetriebene Geschäftsmodelle werden den Mobilitätsmarkt der Zukunft massiv verändern.
Auf die immense Bedeutung von Daten und ihrer Nutzung wurde bereits hingewiesen. Projiziert ins Jahr 2025 sind hier weitreichende Veränderungen zu erwarten – gerade im Mobilitätsmarkt. Ein Trend im Konsumentenverhalten, der beispielsweise beim Thema Auto seit Jahren zu beobachten ist – insbesondere bei jüngeren Menschen –, wirkt sich in diesem Zusammenhang übrigens stark aus: „Benutzen statt Besitzen". Der auto-affine Individualverkehr wird an Bedeutung verlieren – zugunsten des Zukunftsthemas „Mobility on Demand".

So werden datengetriebene Geschäftsmodelle rund ums „Sharing" stark zunehmen; hier gibt es ja bereits heute eine ganze Reihe gut funktionierender Angebote. Und das nicht nur in puncto Auto – auch Fahrräder oder die neuen E-Scooter spielen eine Rolle. Für den Erfolg werden zwei Kriterien entscheidend sein. Zum einen die Qualität der Kundendaten. Wichtig ist, über ein möglichst genaues und aussagekräftiges Personen- und Verhaltensprofil der jeweiligen Kunden zu verfügen. Andererseits geht es darum, in welchem Maße solche Angebote in eine übergreifende Mobilitätsplattform integriert sind. Solch eine Mobilitätsplattform wird genau das bieten, was die Kunden möchten: Im Idealfall eine Smartphone-App, über die alle gewünschten Mobilitäts- und Serviceangebote gesucht, angeschaut, gebucht und bezahlt werden können. Technologisch wird es sich um eine Art „Digitaler Mobilitäts-Marktplatz" handeln. Ein Großteil des gesamten „Mobilitätsaufkommens" spielt sich in naher Zukunft über diese Plattformen ab.

These 3: Im Jahr 2025 wird es in Deutschland höchstens zwei oder drei bedeutende Mobilitätsplattformen geben – darauf wette ich!
Es liegt auf der Hand, dass der Mobilitätsmarkt in Deutschland mit seinem Milliardenvolumen gerade für Global Player wie Uber, Amazon und Google interessant ist – insbesondere im Hinblick auf das Thema Mobilitätsplattform. Die Deutsche Bahn wird aus dieser Situation heraus und unter Nutzung der zur Verfügung stehenden Technologien und Daten den Zugang zur klimafreundlichen vernetzten Mobilität so einfach und bequem wie möglich gestalten – wir werden der führende Vermittler von Mobilität sein. Ob DIE PLATTFORM in fünf Jahren noch eine App ist oder ein sprachgesteuerter Ärmelknopf, wissen wir nicht. Was wir wissen: Die Menschen wollen Mobilität flexibel kombinieren, klimafreundlich unterwegs sein und sich nicht zig-mal registrieren müssen. Deshalb bauen wir unser Technologie-Know-how in Sachen Plattform stetig aus: Wir entwickeln unsere eigenen Plattformen weiter, werden selbst zum Plattformentwickler und -betreiber und unterstützen Single-Sign-on-Plattformen wie Verimi. Egal, was sich wie schnell durchsetzt: Wir als DB werden es gestalten, weil wir den Markt und unsere Kunden kennen – seit über 180 Jahren.

COBOTS SETZEN SICH VOR AUTONOMEN FAHRZEUGEN DURCH

Hanna Hennig, CIO OSRAM Licht AG

„Ich wette, dass bis zum Jahr 2025 autonome Vehikel als Cobots (kollaborative Roboter) eher in unseren Alltag einziehen als selbstfahrende Fahrzeuge."

Künstliche Intelligenz (KI) ist in aller Munde, und doch versteht jeder etwas anderes darunter. Allgemein lassen sich drei Schwerpunkte der KI unterscheiden: Machine Learning, Natural Language Processing und Robotics. Letzterer ist einer der anspruchsvollsten Bereiche der KI, da er mehrere Technologien vereint: Sensorik, Machine Learning, Image Recognition, Language Processing und Kinetik.

Zu den einfachsten Robotics-Anwendungen gehören autonome Vehikel. Diese sind Vorreiter des autonomen Autos. Während wir auf die autonomen Fahrzeuge mit Reifegrad Level 5 noch warten dürfen, werden einfache Roboter in unseren Alltag einziehen. Diese Roboter werden als sogenannte Cobots (Collaboration Robots) die menschlichen Tätigkeiten erweitern und unseren Output multiplizieren. Die bereits bekannten Anwendungen sind schon seit Jahren als Industrieroboter in der Fertigungsindustrie sichtbar. Spätestens seitdem sich Kuka auf dem Weltmarkt einen Namen gemacht hat, wissen wir, dass Roboterarme in der Fertigung gang und gäbe sind.

Nun sehen wir erste Beispiele außerhalb der Fertigungsindustrie, wie zum Beispiel den Burger-Roboter „Flippy" von der Firma Miso Robotics aus Pasadena, Kalifornien, der Burger brät. Für einen Menschen ist das ein unangenehmer Arbeitsplatz: heiß, stickig und mit Verbrennungsgefahr verbunden.

Ebenso kann ein Roboter repetitive und monotone Aufgaben in der Produktion von Pizzen übernehmen. Während sich die Mitarbeiter auf die Rezepte und Gestaltung der Pizzen konzentrieren, verteilt der Roboter gleichmäßig die Soße und schiebt die Pizza in den Ofen. Diese Art des Robotereinsatzes ermöglicht auch neue Geschäftsmodelle. So hat etwa die kalifornische Firma Zume Pizza die „Pizza baked on the Go" eingeführt. Diese wird auf dem Weg zum

Kunden in einem Lieferwagen gebacken und ofenfrisch beim Kunden ausgeliefert. Das Unternehmen spart sich Ladenketten und Konservierungsstoffe im Essen, da das Essen direkt und frisch ausgeliefert wird.

Interessant wird der Einsatz von Cobots in Industrien, in denen wir auch heute schon an Mitarbeitermangel leiden, die aber wesentlich für unsere Gesellschaft sind: Landwirtschaft, Pflege, Hotelgewerbe. Im Bereich Landwirtschaft finden sich Roboter, die mittlerweile Salate oder Äpfel pflücken können. Im medizinischen Bereich können Roboter mit Language-Processing-Fähigkeiten ältere Menschen daran erinnern, dass sie ihre Tabletten nehmen, und prüfen, ob eine Medikation anschlägt. Mobile Roboter können sogar einen bettlägerigen Menschen umbetten, heutzutage eine sehr schwere Tätigkeit für Pflegekräfte, die sie ohne Einbußen ihrer Arbeitskraft nicht lange ausüben können.

Roboter im Hotelbetrieb

Interessant und neu ist der Einsatz von einfachen Robotern im Hotelbetrieb. Dieser unterliegt starken saisonalen Schwankungen, Arbeitskräfte werden daher flexibel angeworben. Das führt jedoch zu einer hohen Fluktuation. Das Versprechen, einen nachhaltig guten Service sicherzustellen, ist damit für manche Hotels eine Herausforderung. Roboter wie „Relay" vom Hersteller Savioke aus San Jose, Kalifornien, können hier einfache Aufgaben wie etwa den Zimmerservice übernehmen und damit den Mitarbeitermangel ausgleichen. Das Hotel-Management kann auf eine Stammmannschaft bauen, die in jeder Saison motiviert gute Arbeit leistet.

Humanoide Roboter

Schließlich wurden in den letzten Jahren auch sogenannte humanoide Roboter serienreif entwickelt. Humanoide Roboter haben, wie der Name schon sagt, ein menschliches Aussehen und können zusätzlich zur Motion-Technologie mit Hilfe von Natural Language Processing, Image und Voice Recognition Aufgaben in der Interaktion mit einem oder mehreren Menschen als autonome Vehikel übernehmen. Ein gutes Beispiel ist der von Aldebaran und Softbank entwickelte Roboter „Pepper". Er kann etwa auf Messen oder bei Führungen in Museen die Ausstellungsstücke erklären und auf Fragen der Besucher eingehen.

Verbunden mit einem oder mehreren Back-end-Systemen, kann Pepper auch eine gute Stütze für den Qualitätsingenieur sein, der einen Audit für seine Kunden vornimmt, um beispielsweise eine Zertifizierung einer Produktionslinie für ein Produkt zu erhalten. Diese Zertifizierungsprozesse sind sehr langwierig, und nicht immer können alle Fragen ad hoc mit allen dahinterliegenden Daten und Fakten beantwortet werden. Pepper kann mehrere Datenbanken durchsuchen, um die Informationen und die richtige Antwort zu finden. Natürlich muss aber auch Pepper „trainiert" werden, damit er entweder direkt oder mit einer abgewandelten Frage durch den Ingenieur die richtige Antwort findet. Die Anwendungsvielfalt von autonomen Vehikeln in der Form von Cobots ist also enorm und wird in zwei Jahren noch erheblich weiter vorangeschritten sein.

Autonome Systeme in Fabriken

In fünf Jahren erwarte ich die erweiterte Anwendung von autonomen Vehikeln. Einfache autonome Vehikel sehen wir bereits in Fabriken. Dort transportieren sie Material von einer Produktionsmaschine zur anderen, gesteuert durch Sensoren und Magnetstreifen am Boden. In Zukunft werden sie über 5G-Netz zentral gesteuert. Den Beweis hat OSRAM in seinem Werk Schwabmünchen unter Einsatz von 5G angetreten. Die Vorteile von 5G als privates Netz ermöglichen in Zukunft die schnelle Auswertung der Daten. Aus den Wegen der Fahrzeuge können Unternehmen etwa Erkenntnisse für die Optimierung der Produktionslogistik ziehen. Ähnlich verhält es sich mit autonomen Transportsystemen, basierend etwa auf der Technik der von Amazon aufgekauften Firma Kiva. Der E-Commerce-Konzern nutzt sie in seinen Lagerhäusern. Die Roboter holen Ware aus einem Regal oder transportieren das gesamte Regal zum Empfänger. Sie bringen ferner Waren vom Kommissionierer zur richtigen Lagerortstelle.

Autonome Fahrzeuge, wie wir sie gerne selbst hätten, werden zunächst nur in „einfachen Umgebungen" agieren. Was sind einfache Umgebungen? Es handelt sich um abgegrenzte Areale, in denen sich nur autonome Fahrzeuge bewegen und die eine einfache Struktur aufweisen, wie beispielsweise Vergnügungsparks oder Seniorenanlagen. Auch kleine Stadtstaaten wie Singapur könnten in diesem Sinn einfache Umgebungen sein.

Warum nur in begrenzten Bereichen? Das hat mit den Fähigkeiten von autonomen Fahrzeugen zu tun. Hier werden fünf Levels unterschieden, bis zu denen die Technologie eines autonomen Fahrzeuges entwickelt sein muss, um in jedem Bereich unseres Verkehrslebens einsetzbar zu sein. Die Herausforderung für die autonomen Fahrzeuge liegt nicht darin, sich in einem einfachen Terrain zu bewegen, sondern in der Umgebung von nicht autonomen Fahrzeugen und deren nicht prognostizierbaren Bewegungen. Der Verband der Automobilindustrie (VDA) beschreibt die fünf Levels wie in nebenstehender Grafik dargestellt:

Noch viele Hürden bis Level 5

Bis Level 5 erreicht ist, gilt es noch einige Hürden zu überwinden. Die Sensorik muss noch verbessert werden, das Reagieren auf Sensordaten in guten ebenso wie in schlechten Wetterlagen ist noch eine Herausforderung. Gleiches gilt für die Infrastruktur und die Rechtsprechung. Ob wir schon im Jahr 2025 autonome Autos für Privatpersonen auf unseren Straßen sehen werden, ist daher fraglich. Der Einsatz wird eher im öffentlichen Verkehr beginnen.

Wenn autonome Fahrzeuge eines Tages flächendeckend auf Straßen unterwegs sind, stellt sich auch die Frage, ob es dann noch Staus gibt, und wenn ja, wie sich die Fahrzeuge darin bewegen. Staus ließen sich beispielsweise verhindern, wenn eine Optimierung der Wege durch die Vernetzung aller autonomen Fahrzeuge reali-

AUTONOME FAHRZEUGE | Der lange Weg zu Level 5

Der VDA klassifiziert die Fähigkeiten von autonomen Fahrzeugen nach fünf Levels. Um Level 5 zu erreichen, bedarf es nicht nur besserer Technik, nötig sind auch Fortschritte in puncto Infrastruktur und Rechtsprechung.

	Stufe 0 Driver Only	Stufe 1 Assistiert	Stufe 2 Teil- automatisiert	Stufe 3 Hoch- automatisiert	Stufe 4 Voll- automatisiert	Stufe 5 Fahrerlos
Fahrer	Fahrer führt dauerhaft Längs- **und** Querführungen aus.	Fahrer führt dauerhaft Längs- **oder** Querführungen aus.	Fahrer **muss** das System **dauerhaft** überwachen.	Fahrer **muss** das System **nicht** mehr **dauerhaft** überwachen. Fahrer muss potenziell in der Lage sein, zu übernehmen.	Kein Fahrer erforderlich im spezifischen Anwendungsfall.	Von „Start" bis „Ziel" ist kein Fahrer erforderlich.
	Kein eingreifendes Fahrzeugsystem aktiv.	System übernimmt die jeweils andere Funktion.	System übernimmt Längs- **und** Querführung in einem spezifischen Anwendungsfall*.	System übernimmt Längs- **und** Querführung in einem spezifischen Anwendungsfall*. Es erkennt Systemgrenzen und fordert den Fahrer zur Übernahme mit ausreichender Zeitreserve auf.	System **kann im spezifischen Anwendungsfall*** alle Situationen automatisch bewältigen.	Das System übernimmt die Fahraufgabe vollumfänglich bei allen Straßentypen, Geschwindigkeitsbereichen und Umfeldbedingungen.

*Anwendungsfälle beinhalten Straßentypen, Geschwindigkeitsbereiche und Umfeldbedingungen

Quelle: VDA, September 2015, Automatisierung, von Fahrerassistenzsystemen zum automatisierten Fahren

siert wird. Gleichzeitig kann die Überlastung der Innenstädte und beliebter Strecken vermieden werden.

Denkbar ist beispielsweise, dass autonome Fahrzeuge selbständig Wege verhandeln und die Strecken mit Hilfe von Bitcoins bezahlen. Carsharing-Fahrzeuge hätten in diesem Szenario stets Vorrang auf einer Strecke. In Fahrzeugen mit nur einem Passagier müsste dieser entscheiden, ob er zu einem bestimmten Zeitpunkt die reguläre Zeitdauer verkürzen möchte, indem er für die Vorfahrt in Bitcoins bezahlt. Nach erfolgter Bezahlung gewähren die autonomen Fahrzeuge entsprechend die Vorfahrt. Liegen zum selben Zeitpunkt mehrere dieser Anfragen vor, verhandeln die autonomen Systeme nach vorher festgelegten Regeln untereinander und definieren, beispielsweise auf Basis eines „Marktpreises", eine Priorisierung der Fahrzeuge im Straßenverkehr.

Mit autonomen „Vehikeln" steht uns eine interessante Zukunft bevor. Egal ob mit Cobots oder mit vollständig ausgereiften Level-5-Fahrzeugen: Das Leben wird um einiges leichter, wenn wir den Alltag mit erschwinglicher Technologie verbessern können!

MIT IT DIE NÄCHSTE KRISE MEISTERN

Florian Kronenbitter, Head of IT der MHP Management- und IT-Beratung GmbH

„Ich wette, dass etablierte Unternehmen, die bislang unterdurchschnittlich in ihre IT investiert haben und bis 2025 ihre Investitionen nicht steigern, in der nächsten Krise vor dem Ende stehen werden."

Es ist ein wenig paradox: Auf der einen Seite ist es ziemlich unstrittig, dass IT nicht unerheblich zur Wertschöpfung beiträgt. Auf der anderen Seite werden Investitionen in neue Technologien und qualifizierte Mitarbeiter in vielen Unternehmen nach wie vor in erster Linie als Kostenfaktor wahrgenommen, bewertet und entsprechend behandelt. Heißt konkret: Bei der IT wird häufig gespart.

Aus meiner Sicht kann sich das als teurer Ansatz erweisen. Denn wer sich scheut, heute Geld für neue Technologien und Mitarbeiter auszugeben, verzögert die digitale Transformation auf diese Weise erheblich. Damit geht das Risiko einher, den Anschluss zu verlieren. Etablierte Unternehmen, die sich frühzeitig bewegt haben, könnten sich dann erhebliche Wettbewerbsvorteile verschaffen. Oder noch ungünstiger: Die digitalen Geschäftsmodelle der vielen jungen Startups wirken disruptiv – und gefährden die wenig beweglichen Player substanziell. Beispiele dafür gibt es mittlerweile genügend und in ganz unterschiedlichen Branchen. Wird eine solche Entwicklung zu spät erkannt und soll dann gegengesteuert werden, kann auch das schnell sehr kostspielig werden. Jetzt müssen in kurzer Zeit entsprechende Ressourcen aufgebaut werden. Das ist schon mit Blick auf die Technologien selbst nicht ganz einfach. Zu einer richtigen Herausforderung wird das aber in Bezug auf die Mitarbeiter mit den erforderlichen Skills.

Releases im Sekundentakt

Im digitalen Business sind schnelle Release-Zyklen der Schlüssel zum Erfolg. Während etablierte Unternehmen etwa zwei bis drei Releases pro Jahr ausführen, aktualisieren die neuen Digitalriesen ihre Systeme im Sekundentakt. Voraussetzung dafür ist, dass die Kultur, die Prozesse, die Methoden und die Technologie für diese enorme Agilität ausgelegt sind.

Mit der digitalen Automatisierung oder auch Digitalisierung ist nicht nur gemeint, Dokumente digital zu erfassen, also Aufträge und Rechnungen zu scannen. Die Digitalisierung bildet nur das Fundament, das vorhanden sein muss, um überhaupt das Thema Automatisierung anzugehen. Es reicht nicht, lediglich einen

Beleg zu digitalisieren und die dann digital vorliegenden Daten entlang des gewohnten Prozesses aus der analogen Welt zu bearbeiten – anstatt in Papierform. Denn genau hier kommt die Automatisierung ins Spiel, die beispielsweise mit Artificial Intelligence und vordefinierten digitalen Abläufen auch die komplette Abwicklung des Prozesses übernimmt und diesen direkt im System als erledigt verbucht. Die dabei entstandenen Daten werden entsprechend aufbereitet und dienen als Basis für Auswertungen und Analysen des aktuellen und zukünftigen Geschäftserfolgs. Aufgrund dieser datenbasierten Entscheidungen können durch neue Rückschlüsse Prozesse in der Zukunft immer weiter optimiert und dadurch nachhaltig und kosteneffizient im System etabliert werden.

Agilität erfordert aktuelle Daten

Ein Beispiel dazu: Ein Unternehmen, das heute in stationären Ladengeschäften Bekleidung verkauft, verzeichnet sowohl bei den Besuchern in den Stores als auch bei den Umsätzen rückläufige Zahlen. Als strategische Maßnahme beschließt das Management daher, in einen Online-Shop zu investieren, um damit in den E-Commerce einzusteigen. Das vorhandene Warenwirtschaftssystem ist stark veraltet und, wie so oft, monolithisch aufgebaut. Außerdem sind die Geschäftsprozesse bislang lediglich für den stationären Handel ausgeprägt und wurden noch nicht an den deutlich agileren E-Commerce angepasst. So sind beispielsweise die aktuellen Warenbestände in den dezentralen Stores unbekannt.

Um sicherzustellen, dass ein Unternehmen anpassungsfähig ist und schnell auf die Nachfrage des Marktes reagieren kann, benötigt es fundierte, aktuelle Daten. Dafür sind zunächst ein aktuelles Warenwirtschaftssystem und die dazugehörenden neuen Prozesse erforderlich. Diese einzuführen, verbraucht die knappen Ressourcen Zeit und Geld. Das sind Investitionen, die sich akkumuliert haben und nun um ein Vielfaches mehr zu Buche schlagen!

Viele Trends sind heute Alltag

Um sämtliche Potenziale entlang der Wertschöpfungskette aufzudecken, ist es wichtig, Abläufe transparenter und agiler zu gestalten sowie Trends frühzeitig zu erkennen. Technologien, die vor Jahren noch als zukünftige Trends gehandelt wurden, sind heute der Standard, an dem sich messen lässt, wie viel ein Unternehmen in IT und technologischen Fortschritt investiert hat. Trends wie Augmented und Virtual Reality wurden damals noch skeptisch und dennoch mit viel Entwicklungspotenzial gesehen. Auch Big-Data- und Cloud-Themen gingen Unternehmen eher zögerlich an. Doch wie sich zeigt, gehören die damaligen Trends heute zum Alltag von technologisch führenden Unternehmen.

Rückstand erhöht das Risiko

Jeder Tag, der hierbei verstreicht, vergrößert den Rückstand zu dem heute erforderlichen Technologiestand, lässt das Investitions-Gap wachsen und erhöht das Risiko, von einer Krise getroffen zu werden. Dann kann es auch für erfolgreiche Unternehmen heißen: „Wer nicht mit der Zeit geht, muss mit der Zeit gehen!"

Ein Technologiesprung, den die Vorreiter des Business mitgemacht haben, war die Etablierung einer Plattform. In vielen Branchen gibt es bereits etablierte Plattformen. Sich selbst als bedeutender Player zu positionieren, wird zunehmend schwierig – abhängig vom Fortschritt der Disruption in der jeweiligen Branche. Was ist der USP eines aus der alten Welt kommenden Unternehmens, das nun ebenfalls eine digitale Plattform aufbauen will, gegenüber einem bereits etablierten Plattform-Business? Selbst wenn es auf der neuen Plattform einige coole neue Features geben sollte, wird der Betreiber der bestehenden Plattform mit seiner wahrscheinlich deutlich überlegenen Entwicklermannschaft die Features im Nu abgewandelt oder verbessert auf der eigenen Plattform anbieten.

USP entscheidet über den Erfolg

Um in einer bereits disruptierten Branche mithalten zu können, benötigt man einen wesentlichen USP gegenüber den etablierten Plattform-Companies. Ansonsten bleibt lediglich die Nische, welche vermutlich geringere Umsätze als das bisher rentablere alte Geschäftsmodell abwirft. In dem oben beschriebenen Beispiel muss das etablierte Modehandelsunternehmen plötzlich mit neuen Playern wie Zalando oder Boozt konkurrieren. Aber auch mit bekannten Marktbegleitern, die in der Transformation weiter fortgeschritten sind.

Was im Handel die Online-Stores sind, sind in anderen Branchen andere Technologien. Wenn Big Data, Automatisierung und Industrie 4.0 aufeinandertreffen, ist der Zeitpunkt gekommen, bei dem von Smart Manufacturing gesprochen wird. Smart Manufacturing ist heute alles, nur schon lang keine Zukunftsmusik mehr. Im Prinzip gleicht das gesamte Konzept einer Pyramide, denn alle zuvor angesprochenen Technologien bauen hier aufeinander auf. Mit Hilfe von Smart Manufacturing wird ein Unternehmen extrem dynamisch und flexibel entlang der kompletten Value Chain – angefangen beim Einkauf von Rohstoffen bis zum Vertrieb der Produkte. Durch Transparenz und Big Data können Prognosen für das Marktverhalten in der Zukunft abgegeben werden und das Unternehmen kann dynamischer auf Schwankungen reagieren. Das bietet die Chance, sich mit der Nachfrage zu transformieren und neue Geschäftsmodelle zu entwickeln.

Dabei bildet ein Digital Twin die Spitze der Pyramide. Die Einsatzmöglichkeiten für einen solchen digitalen Zwilling sind nahezu endlos und oft kann er für enorme Reduktionen der Budgets sorgen. Mit Hilfe dieser virtuellen Umgebung kann anhand von Big Data der Computer ein detailliertes virtuelles Duplikat erschaffen und mit Daten aus der physischen Welt speisen.

Ein digitaler Zwilling ist somit in der Lage, anhand von Berechnungen Feineinstellungen vorzunehmen und zu testen sowie Prototypen zu entwickeln und am Ende des Prozesses die Daten in die physische Welt zu exportieren. Die Methode spart eine Menge Zeit, Geld und Rohstoffe und fördert eine nachhaltigere Produktion. Mit diesem Potenzial ist es für ein Unternehmen leicht möglich, die nächste Krise für sich zu nutzen, um sich gegenüber der Konkurrenz zu behaupten und Produkte kostenoptimal und marktgerecht anzubieten.

Employer Attractiveness zählt

Neue Technologien wie Digital Twin oder AI ziehen High Potentials an. Hochmotivierte Arbeitnehmer wollen zu Unternehmen, die die oben genannten innovativen Technologien verwenden und ausbauen. Der Arbeitsmarkt macht es nicht einfacher. Gewinner sind Unternehmen, die ihre Employer Attractiveness managen. Die anderen Unternehmen gehen nahezu leer aus. Es ist unabdingbar, qualifizierte und motivierte Mitarbeiter zu finden, die neue Technologien an bestehende Unternehmensherausforderungen anpassen.

Innovation und Organisation

Unternehmen mit veralteten und nicht mehr zeitgemäßen Systemen fehlen die Argumente, um die benötigten Experten zu rekrutieren. Das macht es schwieriger, aus der Abwärtsspirale auszubrechen, um Transformationsprojekte in der Praxis umsetzen zu können. Über Plattformen wie kununu machen sich potenzielle Bewerber schnell ein Bild von ihrem möglichen zukünftigen Arbeitgeber: Ist er der innovative Vorreiter in seiner Branche oder ist er eher als etabliertes Traditionsunternehmen einzuordnen?

Investiert werden muss auch in eine effiziente Verzahnung der beteiligten Teams. Die Transformation zu einer innovativen und agilen IT betrifft viele Dimensionen. In einer wirtschaftlichen Unternehmenskrise fehlen die Mittel und die Zeit, um über neue Wege der Zusammenarbeit nachzudenken. Deshalb ist es wichtig, früh in eine schlagfertige und verzahnte Unternehmensorganisation zu investieren. Die beteiligten Teams müssen einen Weg finden, um zu dieser neuen Agilität überzugehen. Neue Methoden müssen vermittelt und eingesetzt werden.

Chancen wahrnehmen

Sollte ein Unternehmen in den Jahren vor der Krise mehr in seine IT investiert oder gar bereits begonnen haben, sein Geschäftsmodell zu transformieren, kann das enorme Vorteile im Wettbewerb bringen. Durch die neu generierten USPs wird es möglich sein, sich besser am Markt zu positionieren. Das rückt die IT in ein ganz neues Licht: von der unterstützenden zur direkt wertschöpfenden Funktion. Gemeinsam mit dem Fachbereich können daher neue Geschäftsmodelle sowie disruptive Innovationen entwickelt werden. Oft entstehen bei einer solchen Synergie digitale Produkte als Endergebnis. Auch hier gilt: Wer bereits in das neue Mindset und die notwendigen Kompetenzen investiert hat, profitiert und kann konkurrieren. Der digitale Umsatz kann für ein Unternehmen eine gute Chance sein, ein zweites Standbein aufzubauen, das auch zur Risikostreuung beiträgt und Schwankungen abfedert.

Der richtige Zeitpunkt

Wenn ein Unternehmen jetzt feststellt, dass es bisher unterproportional in die IT investiert und die Disruption seiner Branche bereits begonnen hat, dann sollte es handeln. Abhängig von der Branche und deren Fortschrittsgrad der Digitalisierung bestehen durchaus noch Möglichkeiten.

Es ist noch Zeit, die IT voranzutreiben, zu modernisieren und damit das Rückgrat für ein digitales Geschäftsmodell aufzubauen. Um jetzt noch durchzustarten, werden das klare Commitment der Unternehmensleitung und eine schlagkräftige Strategie benötigt – getreu dem Satz von Leonardo da Vinci: „Die Zeit verweilt lange genug für denjenigen, der sie nutzen will" sollten Unternehmen also schnell handeln.

Wie eingangs schon erwähnt, etablieren sich neue Technologien immer schneller im Markt. Die Konkurrenz, seien es etablierte Wettbewerber oder Startups, schläft nicht. Ohne stetiges Investieren in die IT – von der Infrastruktur über die Automatisierung bis zu den Kompetenzen des Mitarbeiters – wird spätestens bis 2025 nichts mehr übrig sein, in das investiert werden kann. Investitionen in die IT sind Investitionen in ein solides Fundament für neue digitale Geschäftsmodelle.

DIE DIGITALISIERUNG DEMOKRATISIERT DIE IT

Helmuth Ludwig, CIO, Siemens AG (Foto),
Juraj Dollinger-Lenharcik, Head of Digital Incubations & Execution, Siemens AG

„Wir wetten, dass sich in den nächsten fünf Jahren die Mach(t)verhältnisse zwischen IT-Profi und Anwender deutlich in Richtung der Anwender verschieben werden."

Vielleicht erinnern Sie sich noch? Wer Anfang der 90er-Jahre eine Internet-Seite erstellen wollte, benötigte Programmierkenntnisse in HTML, PHP oder Perl und musste einen Webserver aufsetzen. Heute kann wirklich jeder innerhalb eines Tages einen Webshop erstellen und die eigenen Erzeugnisse – von den selbstgestrickten Socken bis zur Hightech-Lösung – einem weltweiten Markt zur Verfügung stellen.

Voraussetzung für den Siegeszug des Internets als Motor für die Schaffung von neuen Geschäftsmodellen war die Tatsache, dass auch Laien sehr einfach, schnell und kostengünstig im Web aktiv werden und individuelle (Geschäfts-)Ideen realisieren konnten.

Eine vergleichbare Entwicklung sehen wir für die digitale Transformation durch die Anwender von Enterprise-IT voraus. Den technologischen Boden hierfür bereitet zum Beispiel der Bereich Applikationsentwicklung mit Low-Code-Plattformen oder AI-„Demokratisierung" mit Hilfe von Machine Learning. Diese Technologien werden die bisherigen Wertschöpfungsketten der IT neu definieren und Veränderungen in Organisationen, Prozessen und Mindset erfordern. Bei Siemens nimmt diese Zukunft schon heute Gestalt an. In der Vergangenheit sah die Schnittstelle zwischen Geschäft und IT etwa so aus: In den Geschäftseinheiten wurden Spezifikationen geschrieben und dann an die IT-Fachabteilung übergeben, um die beschriebenen Anforderungen in IT-Lösungen zu übersetzen und in einem PoC (Proof of Concept) zu realisieren.

Mit zunehmender Beschleunigung und Komplexität in den geschäftlichen Anforderungen und in den IT-Lösungen endet der Versuch, alle Einflussfaktoren zeitnah in einer brauchbaren Spezifikation zu „verewigen", immer öfter mit dem „Burnout" einer Geschäftsidee.

Agiles Projekt-Management beschleunigt den Prozess und hilft, Komplexität zu managen. Ein Schritt in die richtige Richtung. Um die Verheißungen der digitalen Transformation in Ergebnisse im Geschäft umsetzen zu können, braucht es aber noch mehr Schub.

Wir erstellen schon heute in gemischten Teams mit Hilfe einer Low-Code-Plattform innerhalb von zwei bis drei Tagen MVPs (Minimum Viable Products), um die Möglichkeiten und Business Cases direkt im jeweiligen Geschäftskontext zu erproben. Einzelne Sprints können dabei von zwei Wochen auf zwei bis drei Stunden verkürzt werden. So hat etwa ein Team, das die Zusammenarbeit von Data Scientists und Mitarbeitern der Finanz-Community verbessern wollte, mit Hilfe von Low Code ein MVP für eine innovative Collaboration-Plattform implementiert und diese direkt dem CFO vorgestellt. Der CFO konnte auf dieser Grundlage den Ansatz und Mehrwert sofort nachvollziehen, hat ihn für wertstiftend befunden und das benötigte Budget für die Weiterentwicklung freigegeben. Über die traditionellen Powerpoint-Entscheidungsfolien wäre es aufwendig und langwierig gewesen, den Mehrwert zu vermitteln und auf einer abstrakten Ebene zu einer Entscheidung zu bringen. Ähnliche Beispiele beobachten wir inzwischen an vielen Stellen des Unternehmens.

Low Code bringt Agilität

Low Code macht uns agiler als nur AGIL. Schnell Ergebnisse zu sehen, macht Spaß, motiviert und setzt jede Menge kreative Energie frei. Mit zunehmender Erfahrung der Business-Kollegen im Umgang mit der Low-Code-Plattform sehen wir immer öfter MVPs auch ganz ohne Zutun der IT entstehen, zum Beispiel in Prozessen mit Digitalisierungspotenzial rund um Mergers & Acquisitions, Cybersecurity, Factory Shopfloor, Logistikplanung und Community-Management. Weil die zur Verfügung gestellten Plattformen bereits grundlegende Funktionen wie Cybersecurity, saubere Schnittstellen etc. „eingebaut" haben, kommen die IT-Spezialisten oft erst dann wieder ins Spiel, wenn das MVP weiter skalieren soll, Back-Office-Systeme eingebunden werden müssen oder noch komplexere Anforderungen vorliegen.

Eine vergleichbare Entwicklung sehen wir auch im Bereich AI (Artificial Intelligence) und ML (Machine Learning). Wer bisher eine Idee für eine ML-Anwendung hatte und erproben wollte, musste sich einen der sehr gefragten Data Scientists erkämpfen, eine entsprechende Infrastruktur aufbauen und die Datenintegration sicherstellen – ein zeitaufwendiges und mitunter auch nervenaufreibendes Unterfangen. Zugleich eine Hürde, bei der viele Chancen auf der Strecke blieben.

Vortrainierte Modelle

Eine Lösung bieten ML-Bibliotheken mit vortrainierten Modellen, die einfach „per Klick" und ohne Programmierkenntnisse zu bedienen und zu nutzen sind – von wirklich jedem. Das läuft dann so ab: Der Anwender bereitet die Daten auf, lädt sie hoch und beauftragt eine AI, für diese Daten und die jeweilige Fragestellung den besten ML-Algorithmus zu finden und diesen anschließend hinsichtlich der Ergebnisse zu bewerten.

So entstehen schnell Modelle und Ergebnisse und die Lösung oder der Ansatz sind auf das ganze Unternehmen skalierbar. ML wird so einfach wie die Excel-Makros von heute. Voraussetzung hierfür sind gut in die bestehende IT-Landschaft integrierte Plattformen. Dabei ist uns auch wichtig, dass dem Anwender die genutzten Modelle transparent und nachvollziehbar bleiben, also was die AI mit den Daten macht und warum. Das trägt zur wichtigen Vertrauensbildung bei der Anwendung von AI-Methoden bei.

KI in der Praxis

Ein Anwendungsszenario: Unternehmen wie Siemens haben weltweit oft mehrere Hundert Fertigungsstätten. In all diesen werden während des Fertigungsablaufs immer wieder visuelle Qualitätskontrollen durchgeführt. Eine zentral gesteuerte Digitalisierung dieser Kontrollen und ihre Betreuung im Lebenszyklus wäre extrem zeit- und ressourcenaufwendig. Durch die Demokratisierung des ML könnte jeder IT-affine

Fertigungsmitarbeiter solche Digitalisierungs-Potenziale ad hoc identifizieren, Bilder zum Training des Systems bereitstellen, den ML-Algorithmus generieren lassen und produktiv schalten. Das heißt, fast jeder Mitarbeiter hat die Möglichkeit, seine Verbesserungsideen direkt umzusetzen. Darüber hinaus können die lokalen Kollegen auch nötige Änderungen (zum Beispiel aufgrund von Produkt- oder Zuliefererwechsel) innerhalb weniger Stunden dem ML-Modell direkt in der Fabrik antrainieren und dann aktiv schalten.

Was wird aus der IT?

Wenn sich immer mehr IT-Wertschöpfungsanteile ins Geschäft verlagern, was macht dann die IT noch? Haben die CIOs ausgedient? Wie gestalten sich die Schnittstellen zwischen Business und IT in der Zukunft? „Die beste Möglichkeit, die Zukunft vorherzusagen, ist sie zu gestalten" – im Sinne dieses Zitats von Abraham Lincoln haben progressive Unternehmen in den letzten Jahren ihre Organisation systematisch umgestaltet: weg von einer stark zentralisierten und effizienzfokussierten Aufstellung, hin zu mehr Geschäftsnähe, Globalität und Agilität in einer dezentralen und vernetzten Organisation. Leitmotive dieser Veränderung: Kundenmehrwert schaffen – und zwar schnell, Innovation und Wachstum ermöglichen, Verantwortung neu verteilen.

Produkte und Services werden dann mit „Ende-zu-Ende"-Verantwortung gesteuert, was es ermöglicht, ganz neue Wege in der Zusammenarbeit mit dem Kunden zu gehen. Wir selbst haben dabei interessante Beobachtungen und Erfahrungen gemacht. Auch dazu ein paar Beispiele.

Statt Demand-Management:
Co-Inkubation, Influencer und Communities
In Zukunft werden keine Spezifikationen mehr geschrieben. Selbst User Stories werden in der Frühphase von Innovationsprojekten nur rudimentär verfügbar sein. Stattdessen werden Innovationen und Anforderungen als sogenannte **Co-Inkubation** realisiert. Co-Inkubation bedeutet, gemeinsam mit dem Partner aus dem Geschäftsfeld und teilweise auch mit dem Technologieanbieter, die Möglichkeiten einer vielversprechenden Technologie zu erproben und herauszufinden, welcher Mehrwert für das Unternehmen in einem spezifischen Kontext realisiert werden kann. Mit Hilfe von MVPs werden auch die Anforderungen hinsichtlich Skalierbarkeit (im Unternehmen, nicht nur technisch), Sicherheit, Datenschutz, Ausfallsicherheit etc. geprüft und bei Bedarf die nötigen Voraussetzungen gemeinsam geschaffen.

Wenn neue Technologien und digitale Plattformen im vernetzten Unternehmen skalieren und deren maximales Potenzial ausgeschöpft werden soll, dann geht das nur über aktive **Communities.** In diesen werden erworbenes Wissen und Erfahrungen ausgetauscht und über **Influencer** Aufmerksamkeit für die Potenziale der Lösungen geschaffen. Beide gemeinsam helfen Neueinsteigern und Interessierten schnell und zielgerichtet, neue MVPs in ihrem Kontext zu realisieren. Sie werden damit zu Treibern der Weiterentwicklung und Nutzung einer Technologie beziehungsweise digitalen Plattform.

Statt Portfolio-Management:
Digitale Plattformen und Citizenship
Durch den Einzug von zentral durch die IT bereitgestellten digitalen Plattformen – vergleichbar mit Plattformen im privaten Kontext wie Facebook & Co – geht der Trend zur **„Citizenship"** des Anwenders. Citizenship ist die Befähigung der Unternehmensanwender, über die neuen und intuitiv bedienbaren Plattformen selbständig ihre Anwendungsfälle umzusetzen. Wer eine Idee hat, bekommt die Möglichkeit, diese schnell und zielgerichtet zu erproben und

mit Gleichgesinnten in der Community zu diskutieren. Dadurch wird sich das klassische IT-Portfolio-Management nach und nach in Richtung einiger weniger, aber mächtiger Plattformen und zahlreicher Enterprise App Stores und API/ML-Stores verschieben.

Statt servicegetriebener IT:
Zurück zur datengetriebenen IT
Heute basiert die Planung und Steuerung der Unternehmens-IT noch häufig auf IT-Services inklusive ihrer kompletten „Technologie-Stacks". Wie bereits beschrieben, wird dieser Ansatz zukünftig durch die Bereitstellung und das Management von Plattformen mit Enterprise App Stores und Tausenden von den Anwendern bereitgestellten Apps ersetzt. Eine ähnliche Entwicklung sehen wir auch für APIs (Application Programming Interfaces) und ML. Durch diese Plattformen, die den Anwendern schnell und einfach Out-of-the-Box-Lösungen anbieten, wird die umständliche Entwicklung von spezifischen Modellen überflüssig und der Fokus der IT wird sich (wieder) zum Rohstoff „Daten" verschieben. Hier kommt das Stichwort „Data-driven Enterprise" ins Spiel, denn die schönen neuen Technologien nutzen nur, wenn man auch die entsprechende Datenbasis hat. Die Nutzung von Internet-of-Things-(IoT-)Plattformen, an die wirklich alle IT-Assets und die abgeleiteten Geschäftsprozesse angebunden sind, ist Voraussetzung, um sich diese Welt zu erschließen.

Erfindergeist „unlocked"

Plattformen mit niedrigen fachlichen Zugangsschwellen werden monolithische Services ersetzen. Durch Co-Inkubation und Communities verschwimmen die Grenzen zwischen Business und IT immer weiter. Anwender-Communities ersetzen Steuerungsgremien und werden zu Treibern für die Adaption und Skalierung der digitalen Technologien.

Exponentielles Wachstum von digitalen Plattformen, wie wir es im privaten Umfeld erlebt haben, wird zunehmend auch in der Enterprise-IT Einzug halten – davon sind wir überzeugt. Die IT bereitet dabei den Boden in Form von Plattformen und Community-Management – und die Anwender säen ihre Ideen ein, stellen Inhalte und Domänen-Know-how in Form von Apps bereit.

Keine Frage, mit den neuen Chancen werden sich auch neue Risiken ergeben. Wo alte Rollen wegfallen, werden neue entstehen müssen. Wer stellt die Transparenz und Angemessenheit der angewendeten Machine-Learning-Modelle sicher? Wie werden wir die Flut an Apps kanalisieren, um in Summe nicht nur effektiv, sondern auch effizient zu bleiben?

Die Schnellen gewinnen

Justin Trudeau, der kanadische Premierminister, sagte 2018 auf dem Weltwirtschaftsforum in Davos: „Noch nie war die Geschwindigkeit der Veränderung so schnell (...) und doch wird sie nie wieder so langsam sein." So wie bei der Internet-Revolution wird es auch in der digitalen Revolution nicht nur Sieger geben. Wer aus der Pole Position starten will, muss sich etwas einfallen lassen – und das schnell.

Der oder die CIO der Zukunft muss Visionär, Enabler und Influencer sein, muss die disruptiven Potenziale rechtzeitig erkennen, den Transformationsprozess aussteuern und das Ausschöpfen der Potenziale durch die neuen Technologien forcieren.

„Ingenuity" (Erfindergeist) ist seit über 170 Jahren Teil unserer Unternehmens-DNA. Die hier beschriebenen Lösungen werden es uns ermöglichen, das ganze kreativ-innovative Potential unserer Kollegen in aller Welt – sozusagen in Echtzeit – zugänglich und nutzbar zu machen. Das ist für uns ultimative Wertschöpfung – und Wertschätzung!

VERNETZTE MEDIZIN

Gerd Niehage, CIO B. Braun Melsungen AG

„Ich wette, dass Telemedizin und E-Health in den nächsten fünf Jahren die Regel sein werden. Zukünftig überwachen Smartphones, Wearables und vernetzte Medizinprodukte unseren Gesundheitszustand und künstliche Intelligenzen erstellen Diagnosen und Prognosen."

Unsere Gesellschaft wird immer älter, junge Menschen verlassen den ländlichen Raum und leben in Städten. Lebensgewohnheiten wie Rauchen, zu viel Alkohol, ungesunde Ernährung und Bewegungsmangel führen zu schlechten Blutwerten, Bluthochdruck, Diabetes, Krebs, Nierenschädigungen oder Abnutzung und Verschleiß von Körperteilen mit zunehmend chronischen Krankheitsverläufen.

Der Blick in die Zukunft zeigt also eine Gesellschaft, in der immer mehr ältere und chronisch kranke Menschen behandelt, teure medizinische Therapien finanziert und strukturschwache ländliche Gebiete medizinisch versorgt werden müssen.

Reaktive Medizin

Hin und wieder Verdauungsprobleme, Kopf-, Glieder- und insbesondere Rückenschmerzen, Müdigkeit, Abgespanntheit, Durst oder geschwollene Körperglieder kennen wir alle aus dem Alltag. Wir finden immer gute Erklärungen dafür, diese Symptome zu ignorieren. Wenn sie häufiger auftreten, wir uns unwohl fühlen oder ernsthafte Schmerzen haben, gehen wir in der Regel zum Hausarzt. Aufgrund der Kostensituation im Gesundheitswesen hat dieser keine Zeit, sich lange mit unseren Lebensgewohnheiten auseinanderzusetzen, misst den Blutdruck, testet eventuell die Blutwerte, macht ein EKG oder eine Röntgenaufnahme. Am Ende erhalten wir wahrscheinlich den Rat, unsere Lebensgewohnheiten zu ändern, sollen uns schonen und bekommen zur Linderung der Symptome ein Mittel verschrieben. Sind wir zu spät zum Arzt gegangen, folgt wahrscheinlich eine Einweisung ins Krankenhaus.

Im Krankenhaus finden Operationen statt, Patienten werden behandelt und gepflegt. Die Zahl der Patienten nimmt, bei abnehmender Zahl von Pflegekräften und Ärzten, stetig zu. Eine verstärkte Automatisierung und Technisierung der Krankenhausabläufe ist die Folge. Die Prozesse im Krankenhaus nähern sich dabei Mustern wie in der Fertigungsindustrie an. Ärzte müssen mehr Operationen in kürzerer Zeit durchführen, Operationen werden vollständig durchgeplant. Die Sterilisierung und Bereitstellung der passenden Operationsbestecke erinnern dabei an „Just-in-Sequence"-(JIS-)Abläufe. Der Zugriff zu den richtigen Röntgen- und Radiologiebildern muss gewährleistet sein und wie bei Fertigungsanlagen gilt es, Ausfallzeiten der teuren chirurgischen Geräte zu minimieren. Um hohe Bestandskosten zu vermeiden, werden Verbrauchsmaterialien wie Nahtmaterial oder teure Implantate in Konsignationslägern der Lieferanten bereitgestellt. Auch die Nachverfolgbarkeit, welches Implantat welchem Patienten eingesetzt wurde, gehört zu den Standardabläufen. Ebenso die Rückverfolgbarkeit von Medikamenten bis zum Hersteller, um den Einsatz von Fälschungen auszuschließen.

Später in den Intensivstationen werden Vitalfunktionen, Blutwerte, Flüssigkeitshaushalt oder die Zugabe von Medikamenten gesteuert und überwacht. Ärzte und Pflegekräfte müssen hier in der Lage sein, schnell die richtigen Entscheidungen zu treffen. Zudem herrschen zum Schutz gegen multiresistente Keime strenge Hygieneregeln. Am Ende entlässt uns der Arzt aufgrund des Kostendrucks bereits wenige Tage nach der Operation.

Digitaler Gesundheitsmarkt

An der aufgezeigten Situationsanalyse wird deutlich: Das Gesundheitssystem steht unter Druck. Die Digitalisierung gilt als Hoffnungsträger und Ausweg aus der Krise. Während andere Industrien wie die Medien- oder aktuell die Automobilindustrie bereits tiefgreifende Veränderungen durchlaufen haben, steht die Gesundheitsindustrie noch am Anfang des Prozesses. Begründet ist dies zum großen Teil mit der Sicherheit der Patienten und des Datenschutzes, die große Herausforderungen darstellen. Der Gesundheitsmarkt ist stark reguliert und die Zulassung von Medizinprodukten braucht teilweise Jahre. Dennoch ist meine Prognose, dass wir hier in den nächsten fünf Jahren große und tiefgreifende Umbrüche erleben werden. In diesem Beitrag möchte ich den Weg, den diese Entwicklung meiner Meinung nach nehmen wird, näher erläutern.

Isolierte Informationssysteme

Bereits heute ist es selbstverständlich, dass Daten überwiegend digital erzeugt, weitergeleitet, verarbeitet und gespeichert werden. Dafür gibt es eine Vielzahl mehr oder weniger spezialisierter Informationssysteme, die nebeneinander isoliert betrieben werden. Der erste Schritt in Richtung vernetzte Welt sind Standards wie beispielsweise Health Level 7 (HL7), die mit dem Ziel eingeführt werden, den unterbrechungsfreien Austausch von Daten zwischen Organisationen im Gesundheitswesen und ihren Computersystemen zu gewährleisten.

Im Krankenhausalltag stellt es eine große Zeitersparnis dar, wenn Informationssysteme an Blutdruckmessgeräte, Waagen, EKGs, Infusionspumpen oder Dialysemaschinen angeschlossen werden. So werden Messwerte automatisch übertragen, eine manuelle Erfassung entfällt. Viel wichtiger ist aber: Digitale Messungen ermöglichen eine Überwachung des Patienten in Echtzeit.

Zudem hilft die Vernetzung und Kompatibilität von Daten, Fehler trotz der Komplexität der Informationen zu vermeiden. So können Wechselwirkungen von Medikamenten, die individuelle Verträglichkeit des Patienten, Fälschungssicherheit oder die mengenmäßig richtige und zeitlich korrekte Bereitstellung auf den Stationen überwacht werden. Hygienepläne und die Einhaltung der Hygiene, beispielsweise durch vernetzte Seifen- oder Desinfektionsmittelspender, sind dadurch nachhaltbar. Ein wichtiger Aspekt, denn in Operationssälen müssen sehr viele Instrumente und Geräte verwaltet, sterilisiert und exakt für eine individuelle Operation wieder bereitgestellt werden.

Augmented und Virtual Reality

Die Überlagerung von realen und künstlichen Informationen oder künstlich simulierte Umgebungen sind im Klinikalltag vielerorts integriert. Insbesondere konzentrieren sich die Anwendungen auf den Bereich der Chirurgie mit einem Fokus auf Ausbildung und Schulung. So können Chirurgen unter anderem in virtuellen Operationen die Vorbereitung von riskanten operativen Eingriffen simulieren und trainieren. Virtual Reality kann aber auch bei der Darstellung der Wirkungen von medizinischen Geräten oder Produkten angewendet werden, beispielsweise bei Implantaten.

Durch den Einsatz von mikroinvasiver Operationstechnik und zunehmender Unterstützung durch Roboter sieht der Chirurg den Ort des Geschehens nur noch durch optische Brillen, die nach und nach durch Datenbrillen ersetzt werden. Der Chirurg sitzt nicht mehr direkt am Operationstisch, sondern ein paar Meter weiter entfernt an der Bedienkonsole des Roboters. Chirurgie ist nach wie vor Handarbeit. Die digitalen Informationssysteme und Roboter unterstützen zwar bei der exakten Positionierung von Implantaten, helfen den Schnitt an der richtigen Stelle im Gewebe zu setzen und die Wunde wieder zu verschließen. Sie überlagern reale Bilder wie bei einem Navigationssystem mit radiologischen Daten und können beispielsweise versehentlich ruckhafte Bewegungen des Operateurs oder Eingriffe an der falschen Stelle verhindern und somit Schäden vermeiden. Die ausführende Arbeit nimmt aber immer noch der Chirurg vor.

In Krankenhausumgebungen sind medizinische Geräte und Daten durchaus heute schon vernetzt. Da die Sicherheit des Patienten im Vordergrund steht, unterstehen diese Geräte dichten und dokumentationspflichtigen Wartungszyklen, für deren Einhaltung die Hersteller Verantwortung tragen. Zudem sind Krankenhausumgebungen auch heute noch als eigenes System organisiert und stark nach außen geschützt. Der nächste logische Schritt wäre nun eine Öffnung nach außen. Der Vorteil: Hersteller könnten in Echtzeit ihre Medizinprodukte überwachen und fernwarten. Geschäftsmodelle würden sich so weg vom Produktverkauf hin zum Lösungsanbieter entwickeln. Am Ende werden die Funktion und nicht mehr das Gerät und die Wartung in Rechnung gestellt.

Herausforderung Datenschutz

Herausfordernd gestalten sich hierbei die Gewährleistung des Datenschutzes und die absolute Patientensicherheit. Voraussetzung dafür ist eine gesicherte Verbindung der Geräte über das Internet, damit Daten und Funktionen nicht durch Hacker-Angriffe manipuliert werden können.

Nun zwingt der Kostendruck die Krankenhäuser dazu, ihre Patienten viel früher zu entlassen. Die Pflege findet danach vermehrt in der Heimumgebung statt. Das stellt die Betroffenen vor große Herausforderungen, denn das Krankenhaus ist ein „One-Stop-Shop". Ärzte, Pflegekräfte, Apotheke – und damit verbunden auch Medikamente, Medizinprodukte sowie die Abrechnung mit den Krankenkassen – sind unter einem Dach zu finden. Bei einer Nachbehandlung zu Hause müssen diese Elemente vom Patienten einzeln organisiert werden. Abhilfe schaffen wird hier in Zukunft das Internet der medizinischen Dinge (IoMT).

Internet of Medical Things

Die Schnittstellen, die bereits für die Krankenhäuser geschaffen wurden, ermöglichen uns, Patient, Heimpflegekraft, Arzt, Apotheke, Krankenkassen und insbesondere die Medizinprodukte intelligent miteinander zu vernetzen.

Die Produkte messen Blutdruck, Herzschlag, Blutwerte, Medikamenten-, Flüssigkeits- und Nahrungszufuhr und überwachen sogar die Funktionsfähigkeit und den richtigen Gebrauch von Implantaten. Die Ergebnisse stehen Ärzten und Pflegern zur Verfügung, damit sie jederzeit eingreifen können. Medikamente und Verbrauchsmaterialien können automatisch nachbestellt werden. Und auch bei Fehlfunktionen kann sofort der Servicetechniker informiert werden und Abhilfe schaffen. Durch Telepräsenz stehen Ärzte und Pfleger digital für ein persönliches Gespräch zur Verfügung und erhalten sofort alle notwendigen Daten in Echtzeit.

Für chronisch kranke Patienten stellt die Möglichkeit der Telemedizin eine große Chance dar. Beispielsweise können Nierenkranke, die heute noch dreimal wöchentlich zu einer halbtägigen Dialysebehandlung in eine Klinik müssen, nun zu Hause ihre Therapie durchführen, wenn sie die medizinischen Voraussetzungen erfüllen. Für die betroffenen Patienten, die unter den Auswirkungen von Krebs-, Diabetes-, Nieren-, Schlaganfall- und Atemwegserkrankungen leiden, ist dies ein erheblicher Gewinn an Lebensqualität. Telemedizin vermindert in diesem Fall die Einschränkungen, die sie durch ihr Leiden im Alltag erleben.

Damit ein solches Internet der medizinischen Dinge auch funktioniert, bedarf es des Zusammenspiels aller Beteiligten inklusive einer Festlegung der notwendigen Standards. Grundvoraussetzung ist aber auch eine verlässliche Infrastruktur, beispielsweise eine zuverlässige Internet-Verbindung in ländlichen Gebieten. Und wenn wir über die Heimumgebungen hinaus denken und davon ausgehen, dass Menschen die Vorteile vernetzter Medizin überall nutzen möchten, wie beispielsweise der Diabetiker mit implantierten Blutzuckersensoren, dann braucht es auch flächendeckenden Mobilfunk und ein schnelles Internet bis in den tiefsten Wald hinein.

Künstliche Intelligenz

Die Anwendung von Machine Learning und Deep Learning in der Diagnostik steht noch am Anfang. Da aber in der Medizin viele gute Daten aus unterschiedlichen Quellen vorhanden sind, die sich zudem miteinander kombinieren lassen, können Algorithmen heute schon genauso gute – und teilweise bereits bessere – Resultate erzielen als Experten. Der Vorteil: Ein Algorithmus kann im Bruchteil einer Sekunde Ergebnisse liefern und überall auf der Welt kostengünstig eingesetzt werden. Noch ist es allerdings unwahrscheinlich, dass künstliche Intelligenzen Ärzte ersetzen werden. Algorithmen sind aber in der Lage, potenzielle Erkrankungen schneller zu erkennen. Mediziner können sich dann hauptsächlich auf die Interpretation dieser Daten konzentrieren und damit Algorithmen immer weiter trainieren.

Chatbots im Einsatz

Auch unterstützen künstliche Intelligenzen die Ärzte bei der Wahl der richtigen Behandlungsmethode. Die Zahl der medizinischen Publikationen mit aktuellen Erkenntnissen aus der Medizin ist so groß geworden, dass ein Arzt sie nicht alle kennen kann. Individuelle Werte der Patienten können aber zu unterschiedlichen Prognosen eines Krankheitsverlaufs und eines Heilungserfolgs führen. Eine Analyse dieser Daten mit Hilfe von künstlicher Intelligenz trägt damit zum Auffinden der für den Patienten erfolgversprechendsten Behandlung bei.

Neben Datenanalyse und Computer Vision, beispielsweise dem Einsatz von maschinellem Sehen zur Analyse von Abbildungen der Radiologie im Bereich Augen, Haut und Wunden, kommen auch Natural Language Processing und Chatbots zum Einsatz. So hat das Versicherungsunternehmen Ping An in China das Konzept „The good doctor" und eine „One Minute Clinic" entwickelt. Wie bei einem Passbildautomaten werden in einer Kabine mit installierten Instrumenten Blutdruck, Herzschlag und Atemwegsfunktionen gemessen oder Aufnahmen von Auge und Augenhintergrund vorgenommen. Auf Basis dieser Daten erstellt eine künstliche Intelligenz eine Diagnose und tritt mittels eines Chatbots mit dem Patienten in Kontakt. Die künstliche Intelligenz gibt Hinweise zur Behandlung, wozu auch das Aufsuchen eines realen Arztes zählen kann, und verschreibt Medikamente, die direkt aus einem neben der Kabine angebrachten Automaten bezogen werden können.

Die große Herausforderung bei diesem Ansatz ist der Datenschutz, da ausschließlich personenbezogene Daten verarbeitet und gespeichert werden. Für einen zukünftigen Erfolg, insbesondere beim mobilen Einsatz, ist eine staatliche Regulierung dringend notwendig. Diese muss festlegen, wo Daten in Zukunft sicher und für den Patienten transparent gespeichert und verarbeitet werden dürfen.

Digitale Medikamente

Wir leben in einer Zeit der reaktiven Medizin. Erst wenn wir uns bereits krank fühlen, gehen wir zum Arzt und erhalten Medikamente und Behandlungen, die unsere Symptome lindern oder bereits bestehende Krankheiten heilen.

Digitale Medikamente setzen auf Vermeidung und Früherkennung. Eine Vielzahl von Wearables wie Smartphone oder Smartwatch überwachen bereits ständig unseren Lebensstil, wissen, wann wir zum Sport gehen oder im Fastfood-Restaurant essen, zählen die Schritte und messen unseren Herzschlag.

Verbunden mit einer Vielzahl von Apps, die ich digitale Medikamente nenne, geben sie uns Hinweise, dass wir uns mehr zu bewegen haben, anders essen sollen oder helfen uns sogar, uns das Rauchen abzugewöhnen. Zukünftig erkennen sie frühzeitig chronische Krankheitsverläufe und unterstützen die Anwender, diese zu verzögern oder zu vermeiden. Bei einem Herzinfarkt oder einem Unfall kann sofort medizinische Hilfe gerufen werden, um Spätschäden zu verringern oder ganz zu verhindern.

Gerade für akute und chronische Krankheiten ist das Monitoring von Vitaldaten von besonderer Bedeutung. Diabetiker mit implantierten Blutzuckersensoren und einer Insulinpumpe können heute, ohne groß über ihren Zucker- und Insulinhaushalt nachzudenken, normal essen oder Sport treiben.

Wearables prüfen Vitaldaten

Bei Krankheitsbildern wie Herz- oder Gefäßerkrankungen können Wearables, beispielsweise in Regionen mit Ärztemangel, Vitalparameter von Patienten regelmäßig überprüfen und so beispielsweise Schlaganfällen vorbeugen. Verbunden mit künstlicher Intelligenz haben wir in Zukunft für die allgemeine Gesundheit und bekannte Krankheitsbilder den „Doktor in der Hosentasche".

Heute sehen Ärzte solche Wearables und Anwendungen noch sehr kritisch, da viele Produkte aus der Konsumindustrie stammen und die gemessenen Werte keine ausreichende Datenqualität liefern. Gewünscht ist eine Regulierung und Zertifizierung, da der Mehrwert von mobilen Medizinprodukten, nämlich die Gesundheit der Menschen zu fördern oder die Lebensqualität von Menschen mit chronischen Erkrankungen deutlich zu verbessern, durchaus erkannt wird.

In der vernetzten Medizin stehen heute Arzt und Krankenhaus im Mittelpunkt. Kostendruck und Fachkräftemangel führen zu einer Optimierung der Abläufe. Die genannten Beispiele aber zeigen, dass der Mensch mit dem Internet der medizinischen Dinge wieder in den Vordergrund rücken wird. Der Wandel erfolgt von der reaktiven Medizin hin zur proaktiven Medizin: Künstliche Intelligenzen erstellen Diagnosen und Prognosen basierend auf Daten smarter mobiler Medizinprodukte, die Datenqualität der heute verfügbaren Wearables wird sich weiter verbessern und digitale Medikamente werden uns bei einer gesünderen Lebensweise unterstützen.

Auch in ländlichen Gebieten kann wieder eine flächendeckende medizinische Betreuung ermöglicht werden. Und zu guter Letzt werden Menschen mit chronischen Erkrankungen zukünftig nicht mehr ständig an ihr Leiden erinnert werden, seltener die Krankenhäuser aufsuchen und eine optimale Unterstützung im Alltag erhalten.

Rahmenbedingungen

Die Herausforderung für ein solches Zukunftsszenario ist die Schaffung geeigneter Rahmenbedingungen, damit Patientensicherheit und Datenschutz nicht gefährdet werden. Um die Vernetzung zwischen Menschen, Dingen und den Organisationen des Gesundheitswesens zu gewährleisten, braucht es verlässliche Standards. Die Lösungen müssen entsprechend zertifiziert werden, wofür es der notwendigen Regulierung bedarf. Dies gilt im besonderen Maße auch für den Umgang mit Patientendaten. Letztendlich braucht es auch eine flächendeckende Versorgung mit schnellem und mobilem Internet.

Meiner Einschätzung nach werden wir bis zum Jahr 2025 für viele dieser Herausforderungen Lösungen gefunden haben. Telemedizin und E-Health werden dann unsere ständigen Begleiter sein.

VERSTEHE DEINEN KUNDEN, NUTZE SEINE DATEN

Tobias Rölz, Vice President Global IT & Digital Business, Komax AG, Schweiz

„Ich wette, dass in fünf Jahren nur Unternehmen erfolgreich sein werden, die das Informationsmodell ihrer Kunden und Lieferanten verstehen und sich nahtlos in dieses integrieren."

Wer von uns hat nicht bereits eine dieser Aussagen gehört und auch selbst verwendet: „Kenne deinen Kunden – er kennt den nächsten!" (Gisbert Straden); „Daten – das Öl des 21. Jahrhunderts!" (Malte Spitz). Es gibt nur wenige Unternehmen, die sich nicht „Kundenorientierung" als eine der Hauptprioritäten in die Strategie und in das Business-Modell geschrieben haben. Gerade in Zeiten der Digitalisierung möchte jeder den Kunden in den Mittelpunkt stellen. Aber was heißt Kundenorientierung denn wirklich? Wie verstehen wir den Kunden am besten? Natürlich, indem wir Daten über unsere Kunden sammeln. Aber halt – ist das wirklich so einfach? Oder müssen wir das Rohöl – die Daten – nicht zuerst veredeln und in Kerosin oder Benzin verwandeln?

Nicht das Rohöl bringt den Nutzen, sondern die Veredelung und abgeleitete Produkte wie Kerosin oder Benzin. So ist es auch bei den Daten: Daten allein sind wie Rohöl. Erst ihre Verwendung in Form von Informationen (= interpretierte, in Kontext gebrachte Daten) bringt uns einen Nutzen. Aber wie genau können wir die Daten in hoch performantes Kerosin verwandeln? Es beginnt mit unseren eigenen Daten im Unternehmen und damit, wie wir ihnen eine klare Bedeutung zuweisen!

Daten wie Produkte behandeln

Daten und Informationen müssen behandelt werden wie reale, anfassbare Produkte. Sie haben einen Lebensweg, verursachen Kosten, erzielen Gewinne, müssen unterschiedlichen Standards (Qualität, Gesetze, Schnittstellen) gehorchen; ähnlich den realen Produkten. Diese Erkenntnis hat zur Konsequenz, dass ein Unternehmen, das im digitalen Umfeld mithalten will, eine Digital Information Supply Chain (DISC), analog einer Product Supply Chain der realen Dinge, benötigt.

Die Ähnlichkeiten zwischen der DISC und der realen Supply Chain sind eindrucksvoll: Eine DISC braucht ebenso Baupläne, Beschaffung, Produktion, Lagerung, Verteilung, Governance, Qualitätssicherung und Preise. Dies ist den wenigsten Unternehmen heute bewusst.

Grundlage für all diese Aspekte ist die Kenntnis der eigenen Daten und ihrer Bedeutung für die unterschiedlichen Nutzungen. Erst wenn wir unsere Daten, die wir jeden Tag im Unternehmen produzieren, wirklich interpretieren können, werden wir Erfolg haben. Das Informationsmodell bietet die Grundlage hierfür. Es beschreibt alle Elemente (Entitäten) und ihre Zusammenhänge für einen Bereich, ein Unternehmen, in einer eindeutigen Sprache, die auch von Menschen außerhalb der IT-Abteilung verstanden wird. Das Informationsmodell dient als Basis für die klare Kommunikation zwischen den Fachabteilungen. Ich werde nie die Begeisterung unserer Business-Kollegen bei Komax vergessen, als sie vor unserem Informationsmodell standen – und erkennen konnten, wie die Daten der verschiedenen Abteilungen ineinandergreifen, aber auch, wo Komplexität entsteht, etwa durch Medienbrüche, Missverständnisse etc.

Kundendaten kennen

Wie in der klassischen Supply Chain auch sind die Kenntnisse über die eigenen Prozesse und Wege die „halbe Miete". Jedoch fehlen jetzt noch unsere Kunden und Lieferanten – die Kenntnis der eigenen Informationen genügt nicht. Mit dem digitalen Wandel verstärkt sich der Effekt noch deutlicher: Digitalisierung heißt Abbau von Grenzen, eine deutlich engere Zusammenarbeit mit Kunden wie auch Lieferanten, Datenaustausch etc. Möchte ich meine Kunden also optimal bedienen, muss ich meine Informationen in einer Form einbringen und übermitteln, die ihnen direkt nutzt.

Prozesse nahtlos integrieren

Analog dazu muss ich mit meinen Lieferanten eine Abstimmung der ausgetauschten Informationen erreichen. Erst wenn ich, wie in der realen Supply Chain, eine nahtlose Integration von Lieferanten- und Kundenprozessen erreicht habe, habe ich wirklich einen Wert geschaffen. Daher kann man auch die Unterscheidung von Kunde und Lieferant vernachlässigen und nur noch von Business-Partnern sprechen. Eine enge Zusammenarbeit in der realen Supply Chain (zum Beispiel Just in Time, Spezialbearbeitung im Produktionsprozess) erfordert eine gute Organisation, Standards, Absprachen und Vertrauen. Warum sollte es bei der DISC anders sein?

Dazu einige Beispiele:
- **Konfigurator:** Der Kunde liefert seine Anforderungen (sein Modell) und wir produzieren direkt entsprechend den Kundenanforderungen.
- **Lieferantenportal:** Wir liefern dem Zulieferer unsere Anforderung (unser Modell) und er beliefert uns mit individuellen Produkten.
- **Partnerportal:** Der Partner pflegt seine eigenen Daten (Personen, Firma, Produkte) in unse-

rem System. Das heißt, er muss unser Modell nutzen/kennen.
- **Big Data:** Verknüpfung unterschiedlicher Datenpools, unterschiedlicher Quellen mit unseren eigenen Daten (Semantik, Verknüpfbarkeit).
- **IoT:** Unsere Maschinen bei den Kunden in für uns nicht zugänglichen Umgebungen senden Daten über für uns nur teilweise kontrollierbare Kanäle (Schnittstellen, Standards).

Partner einbeziehen

Jetzt haben wir bereits gelernt, dass die Ähnlichkeiten zwischen der Digital Information Supply Chain und klassischer Supply Chain sehr groß sind. Daher können wir auch die Kundenorientierung – oder besser Partnerorientierung – ähnlich einfach erarbeiten.

Hier gibt es drei Wege:
1. Wir nutzen einen Standard (gemeinsame(s) Struktur/Modell der gemeinsam genutzten Informationen).
2. Der Partner übernimmt unser(e) Struktur/Modell.
3. Wir übernehmen die Struktur/das Modell des Partners.

Das passende Modell wählen

Die Entscheidung, welches Modell das passende ist, hängt wiederum von der Größe und der digitalen Reife beziehungsweise dem Vertrauen in den Partner ab und wird die Wahl des Weges beeinflussen. Ähnlich wie in der Automobilindustrie wird der „große OEM" (= Hersteller) dem Tier-1-Lieferanten wahrscheinlich sein Informationsmodell vorschreiben, während ein kleinerer Kunde eines großen Konzerns vermutlich bereitwillig das Informationsmodell seines Lieferanten übernimmt, weil dieser deutlich mehr Expertise hat. Kurzum: Ein Key Account (Kunde oder Lieferant) wird uns eher sein Modell aufzwingen. Ein Kleinkunde wird sich an uns anpassen.

Egal welchen der drei Wege wir gehen (meist wird es eine Mischung sein), wir müssen unsere Informationsbedürfnisse und die des Kunden/Lieferanten kennen. Dabei genügt es nicht, Kenntnis von den technischen Beschreibungen (Datenfelder, XML-Strukturen, Datentypen und Formatierungsangaben) zu haben. Wir müssen die Bedeutung der Daten kennen. Die Bedeutung (Semantik) kennen, ist gleichbedeutend mit: Wir müssen die Daten in einer gemeinsam vereinbarten, einheitlichen Art und Weise interpretieren. Wir müssen den Kontext definieren, in dem wir die Daten interpretieren/verwenden/nutzen wollen. Wir müssen mit unserem Partner eine einheitliche Sprache – die Semantik – entwickeln. Erst dann erreichen wir wirklich Kunden- beziehungsweise Partnerorientierung und verstehen, wie sich unsere Digital Information Supply Chain perfekt in die unserer Partner integriert!

So ist ein Kunde nicht einfach ein Kunde: Je nach Geschäftsmodell können sich hinter diesem Allerweltsbegriff ganz unterschiedliche Bedeutungen (mit Auswirkungen auf ihre Behandlung) ergeben. Bei Komax standen wir beispielsweise vor folgender Frage: Sind die Konzepte einer „Version einer Variante" gleich wie die einer „Variante einer Version"? Hier waren die Abteilungen durchaus unterschiedlicher Meinung, und erst die Informationsmodellierung half uns, eine einheitliche Bedeutung zu finden. Dieses Wissen hätte uns einige Missverständnisse und Diskussionen erspart.

Da es mehrere Modelle gibt, die wir berücksichtigen und bedienen müssen, ist es zwingend notwendig, dass wir unser Informationsmodell kennen. Dieses repräsentiert unser Unternehmen, unsere Eigenheiten und unser Spezial-Know-how. Dies kann kein Standardmodell sein, außer wir sind eine austauschbare Standardfirma. Das gilt auch, wenn wir als kleinerer Partner das Modell des Partners übernehmen: Wir werden kaum je unser ganzes Modell an das des Partners anpassen, außer wir haben nur einen Kunden.

Wir benötigen unser Modell sowie die Modelle unserer Partner. Dazu braucht es noch die „Übersetzung" der Modelle für die Schnittstellen. Diese Übersetzung besteht aus Struktur-Transformation (technisch und semantisch) sowie Bearbeitung (Sicherheit, Periodizität, Qualität, Kosten, Datenhoheit etc.).

Umsetzung bei Komax

Wir machen bei Komax sehr gute Erfahrungen mit der Informationsmodellierung. Allein die interne Betrachtung der Daten und der dazugehörigen Semantik war für uns augenöffnend und hat die Abteilungen deutlich enger zusammengeführt. Selbst Abteilungen, die jahrelang zusammengearbeitet haben, benutzten dieselben Wörter, meinten aber völlig unterschiedliche Dinge. Dies führte im Arbeitsalltag immer wieder zu Missverständnissen. Erst die Informationsmodellierung und das Ziel, eine eindeutige Semantik zu verwenden, hat diese Probleme sichtbar gemacht und gelöst. Darüber hinaus konnten wir viele Komplexitäten aufzeigen und vereinfachen. Auch konnten wir von der Informationsmodellierung her unsere Systemlandschaft wie auch die dazugehörigen Use-Case-Diagramme ableiten, verbessern und vereinfachen. Heute wissen wir genau, welches System welche Daten erzeugt, was sie bedeuten und wie sie ineinandergreifen.

Basierend auf unserem internen Informationsmodell haben wir mittlerweile eine ideale Basis geschaffen, unsere Partner noch besser zu verstehen und genau zu wissen, welche Daten sich wie in das Informationsmodell des Partners einbetten. Wir benutzen daher das von Stefan Berner entwickelte Informationsmodell mittlerweile übergreifend und können heute deutlich besser die Anforderungen unserer Kunden und Lieferanten verstehen und auf sie eingehen. Dies wird uns helfen, unsere Marktführerschaft im Bereich der automatisierten Kabelverarbeitung weiter auszubauen.

Leseempfehlung

Wer tiefer in die Welt der Informationsmodellierung einsteigen möchte, dem empfehle ich das Buch von Stefan Berner: „Informationsmodellierung – Durch Verstehen zu besserer Software", erschienen im vdf Hochschulverlag. Es bietet tolle Anregungen und Tipps, das eigene Informationsmodell zu visualisieren und im Arbeitsalltag zu verbessern. Das ausführliche und leicht verständliche geschriebene Whitepaper zum Buch kann auf der Website von foryouandyourcustomers kostenlos unter fyayc.com/imodell heruntergeladen werden.

„UNSERE FORMEL FÜR DEN IT-EROLG"

Timo Salzsieder, CIO und CSO der METRO AG sowie CEO von METRONOM

„Wir wetten, dass Unternehmen 2025 nur noch dann erfolgreich sein werden, wenn sie die Gleichung: ‚Umsetzung + Strategie + Kultur = Erfolg' konsequent umsetzen."

Als Großhändler mit rund 36,5 Milliarden Euro Umsatz und mehr als 150.000 Mitarbeitern in 36 Ländern gehört die METRO AG zu den etablierten Akteuren im Handelssegment. Um den IT-Herausforderungen mit einer ständig steigenden Komplexität gerecht zu werden, stellte sich die METRO im Jahr 2018 in diesem Bereich komplett neu auf. Mit der Tech-Unit METRONOM ist ein kraftvolles „Schnellboot" entstanden, das mit etwa 2500 Mitarbeitern weltweit an acht Standorten aktiv ist. Das Team arbeitet an verschiedenen digitalen Omnichannel-Lösungen und Innovationen, die den Großhandel schon in wenigen Jahren entscheidend verändern werden.

Als überwiegend intern agierendes Unternehmen könnte man meinen, dass sich METRONOM nur für den ersten Faktor der Erfolgsformel – die Umsetzung – interessiert, doch das ist nicht weit genug gesprungen. Unsere Erfahrung zeigt, dass nur eine übergreifende Denk- und Herangehensweise zum Erfolg führt.

Die „Umsetzung" steht in unserer Erfolgsformel bewusst an erster Stelle. Denn ohne sie ist auch die beste Strategie wirkungslos. Legt man die „Purpose Statements" und „Value Propositions" für IT-Abteilungen von mehreren Unternehmen übereinander, so unterscheiden sie sich oft nur in Nuancen, in der Reihenfolge und in der Wortwahl. Entscheidend ist, wer letztendlich die Strategie wie umsetzt. Für die IT ergibt sich daraus eine neue Form von Verantwortung. Schließlich bietet die in den Strategien weitgehend ausgeklammerte Komplexität und Untiefe der Technologien jeden Tag viele wunderbare Gelegenheiten zum Verzetteln. Gleichzeitig wertet diese neue Verantwortung die IT enorm auf. Denn der Bereich verschlingt nun nicht mehr nur Budgets, sondern schafft Wert. Die IT ermöglicht lukrative Geschäftsmodelle und öffnet neue Räume für weitere Geschäftsfelder in Wachstumsmärkten.

Die IT als wertschöpfender Partner des Geschäfts: Daran müssen sich nicht nur die internen und externen Partner, sondern auch die Mitarbeiter der IT-Einheiten gewöhnen. Sie sichern den laufenden technischen Betrieb – das ist schon Herausforderung genug – und gleichzeitig sollen sie Zukunftsprojekte vorantreiben, deren technische Komplexität sich manchmal erst mitten im Projekt zur neunköpfigen Hydra entfaltet. Das Ergebnis: Viele ITler werden im Unternehmen noch immer wie nerdige „Schmuddelkinder" angesehen, die mit Code im Sandkasten spielen, den Zeitplan nicht einhalten und eine Sprache sprechen, die keiner versteht. Die Zusammenarbeit mit der IT wird eher als Last denn als Lust empfunden. Diese Dynamik lässt sich nur schwer durchbrechen. Wir haben es durch konsequente Kundenorientierung und eine vollständige agile Prozesslandschaft geschafft.

Bei METRO haben wir bewusst die komplette IT-Einheit neu aufgestellt und bei METRONOM von Anfang auf eine selbstbewusste und starke Markenbildung nach innen und außen geachtet. Ein Metronom gibt bekanntlich den Takt und die Geschwindigkeit vor. Und genauso sehen wir uns: als Pacemaker für das Unternehmen und den Markt, in dem wir uns befinden. Die Namensgebung ist kein Zufall: Wir müssen in kürzeren Takten entwickeln, um schneller zu sein. Mit Hilfe von Prototypen, die wir gemeinsam mit Kunden testen, können wir beispielsweise viel schneller lernen und einen neuen Entwicklungszyklus starten – eine Maßnahme, die man ohne großen Aufwand durchführen kann.

Die IT wird zum Taktgeber

Die Umfirmierung und Neuaufstellung gab uns die Gelegenheit, Ressourcen und Abläufe sowie historisch gewachsene Scheinabhängigkeiten zu überdenken und radikal zu ändern. Ein Beispiel: Uns war bewusst, dass die Umsetzung geschmeidiger gelingt, wenn wir von Anfang an als zuverlässiger Partner wahrgenommen werden. Das geht nur, wenn wir die Lieferfristen mindestens in versprochener Qualität einhalten. Dazu benötigten wir für alle Beteiligten transparente IT-Prioritäten. Diese Überlegungen mündeten in ein ausgefeiltes Portfolio-Management, das wir nun seit knapp zwei Jahren erfolgreich einsetzen. IT-Initiativen ziehen wir mittlerweile in Sechs-Monats-Zyklen durch. Das Ergebnis ist eine Termin- und Liefertreue von 86 Prozent und eine Verdoppelung der Produktivität. Fast noch wichtiger ist es aber, dass wir zunehmend von unseren internen Auftraggebern ohne Argwohn als ernst zu nehmender Partner wahrgenommen werden, was die Zusammenarbeit erheblich erleichtert.

Ohne Kundennähe geht es nicht

Eine weitere Erkenntnis auf unserem Weg ist, dass Technologie ohne Kundennähe wertlos ist. Vorbei ist die Zeit, in der die IT als fremdgesteuerter Satellit an technischen Lösungen basteln konnte, die sich letztendlich als teure Rohrkrepierer herausstellten. Daher nehmen wir unsere internen und externen Auftraggeber und Kunden konsequent von Anfang an mit auf die digitale Reise.

So lassen wir für die Entscheidungsfindung bei Produktentwicklungen Analysedaten und Kunden-Feedback immer als Erstes in die Projekte einfließen. Als Resultat verstehen wir dadurch nicht nur die länderspezifischen Bedürfnisse viel detaillierter, sondern aufgrund der zahlreichen granularen Datenpunkte auch die Kunden unseres Geschäfts – was wiederum Impulse für neue Ideen gibt: von der Entwicklung im Bereich Mobile Commerce über stark individualisierte Online-Shops bis hin zur Optimierung der Logistik und der Service- und Preisfindung für den einzelnen Gastronomen.

Strategie muss gelebt werden

Wer glaubt, dass ein rasches Einführen von neuen technischen Systemen reicht, um die IT erfolgreich weiterzuentwickeln und am Markt zu bestehen, muss dringend am zweiten Summanden der Erfolgsformel arbeiten: der Strategie. Ist die Ausführung die Voraussetzung dafür, dass die Strategie zündet, muss überhaupt erst einmal eine sinnvolle Strategie vorhanden sein – und zwar auch eine schlüssige IT-Strategie, die konsistent auf die jeweilige Unternehmensstrategie einzahlt.

Wenn wir über Strategie sprechen, dann geht es auch immer um eine gewisse Geisteshaltung, um den „Mindset": Das gilt für den Vorstand über die Führungskräfte bis zum Mitarbeiter in der technischen Hotline. Statt von oben nach unten eine Strategie durchzudrücken, die von Anfang an viel zu abstrakt ist, um sie konkret mit Leben zu füllen, haben wir die METRONOM-Strategie gemeinsam in einem „Bottom-up"-Prozess erarbeitet.

Strategie entsteht Bottom-up

Über einen Zeitraum von sechs Monaten haben sich 160 Mitarbeiter in 19 Teams mit den strategischen Themen beschäftigt. Ihnen wurde lediglich eine Methodenunterstützung und ein Framework an die Hand gegeben. Wir haben uns dabei für das Strategiemodell VMOSA entschieden. V steht für Vision, M für Mission, O für Ziele (Objectives), S für Strategie und A für Action, also Handlung. Bei diesem Modell ergeben sich die Ziele einer Organisation idealtypisch aus einer formulierten Vision, der von allen Akteuren geteilten Beschreibung eines erwünschten Zustands.

Den Rest erledigte die „Schwarmintelligenz" der METRONOM: Wir haben nun eine Strategie, mit der sich unsere Mitarbeiter persönlich identifizieren. Sie verstehen sich als Teil einer Bewegung und trauen sich, Veränderungen aktiv mitzugestalten. Dabei arbeiten wir heute mit sogenannten „Objectives & Key Results". Diese dienen etwa als Grundlage für strategische Ziele, damit diese operationalisierbar und messbar werden. Das „Objective" beinhaltet die Frage „Wo will ich hin, was ist mein Ziel?" und die „Key Results" formulieren die Messbarkeit zur Erreichung des Ziels. Hierdurch zahlen Visionen und Ziele direkt auf den gemessenen Erfolg beim Kunden und das Unternehmen ein. Eine datengetriebene Entwicklung mit agilen Methoden hilft uns hier also.

Für die METRONOM haben wir fünf strategische Kompetenzfelder identifiziert, die für uns in den nächsten Jahren Priorität haben: Cloud, Connectivity, Data, User Experience sowie Mobile. Mitunter fließen diese Bereiche ineinander.
- **Cloud:** In einem weltweiten Geschäft mit Millionen Kunden, die wir digital bedienen, ist Skalierbarkeit eine der größten Herausforderungen. Entsprechend verfolgen wir eine klare Cloud-Strategie, um dieser Anforderung gerecht zu werden.
- **Connectivity:** Unsere Systemlandschaft ist äußerst komplex, die Integration dieser Systeme ist eine große Herausforderung. Alle neuen Entwicklungen folgen deshalb technisch einem „API-First"-Ansatz, um die Connectivity zwischen den Systemen möglichst reibungslos sicherzustellen. Dabei öffnen wir uns auch externen Partnern, welche die Business-Funktionalitäten der METRO nutzen können.
- **Data:** Die METRO betreibt seit 1996 ein Corporate Data Warehouse und investiert kräftig in Advanced Analytics und Data Science. Damit erreichen wir nach vorne hin eine hochpersonalisierte Kundeninteraktion, im Backend eine kostenoptimierte Prozessumsetzung.
- **User Experience:** Kundenzentrierung ist ein klares Ziel der METRO. Unsere IT-Produkte werden deshalb nach modernsten Methoden auf den Kunden, ob interner oder externer Kunde, ausgelegt. Daraus entstehen dann Lösungen wie bargeldloses Self-Scanning an den Kassen oder mobile Augmented-Reality Apps, die den Kunden mit weiteren Informationen zu Handelsprodukten versorgen.
- **Mobile:** Hier gibt es viele regionale Unterschiede. In Asien wird schon jetzt bevorzugt per Handy bezahlt, in Deutschland sind Kunden noch eher skeptisch. Ein Beispiel für unsere Aktivitäten ist die „METRO Companion-App". Sie enthält die digitale Kundenkarte, das Online-Bestellsystem, personalisierte Werbung und sonstige Services wie etwa eine digitale Einkaufsliste.

Wenn die Strategie passt und alle Ampeln für die Umsetzung auf Grün schalten, dann ist das noch lange kein Garant für den langfristigen Erfolg. Denn nur wenn die Mitarbeiter motiviert sind, mitziehen und sich mit den Unternehmenswerten persönlich identifizieren – also einen Sinn in ihrer täglichen Arbeit sehen –, wird das Unternehmen erfolgreich sein. Getreu dem Motto von Simon Sinek: „Ihre Kunden werden Ihr Unternehmen erst lieben, wenn es auch die Mitarbeiter tun", wandeln sich derzeit Unternehmen reihenweise in „lernende Organisationen". Um ein attraktiver Arbeitgeber zu sein, haben wir bei METRONOM verschiedene Grundsätze. Einer davon ist: Kompetenz vor Hierarchie.

Unsere Führungskräfte nehmen sich bewusst zurück und lassen mehr die Kompetenzteams im Haus entscheiden. Damit werden die innovativen Kräfte im Unternehmen gestärkt. Unsere Erfahrung ist, dass die gemeinsam mit den Teams getroffenen Entscheidungen immer besser und wertvoller werden.

Führung durch Vorbild

Ein weiterer Grundsatz ist „Führung durch Vorbild": Ein internationaler Konzern wie die METRO AG bewegt sich in Bezug auf Geografie, Geschlecht und Generation auf allen Dimensionen – wir befinden uns in einem Spannungsfeld der Kulturen. Die grundsätzliche Anforderung an Führungskräfte, diese Diversität zu berücksichtigen, versuchen wir durch gesteigerte Kommunikation, flexible Prozesse sowie methodische Unterstützung und Coachings zu erfüllen. Das bedeutet unter anderem, Risiken einzugehen und sich auf Augenhöhe zu begegnen. Ich sitze daher auch im Großraum, fahre einen Mittelklassewagen, habe keinen reservierten Parkplatz, biete jedem das Du an und zeige auch, dass es in Ordnung ist, nicht immer gleich auf alles eine Antwort zu haben.

Dazu gehört auch eine ausgesprochene Feedback-Kultur. Hier haben wir bereits konkrete Ansätze implementiert, beispielsweise ein „Employee Engagement Tool". Mit den zwei- bis vierwöchigen Feedback-Runden liegen wir in einer viel höheren Frequenz als zuvor. Hier gehen wir sehr transparent vor: Zum Beispiel hat sich gezeigt, dass Gehalt ein großes Thema ist. In der Folge wurde ein transparenter Benchmark mit externen Unternehmen entwickelt. Er zeigt uns, wie kompetitiv unsere Gehälter sind im Vergleich zu externen Wettbewerbern und anderen Branchen. Gehälter mit starker Abweichung nach unten wurden daraufhin erhöht.

Aus Fehlern schneller lernen

Wer den Wandel zu einer Fehlerkultur schaffen will, benötigt Ausdauer. Gewohnheiten ändern sich langsam. Bei METRONOM dürfen die Mitarbeiter Fehler machen. Dazu gehört Mut und Selbstvertrauen. Wichtig dabei ist, die Auswirkungen der Fehler mit offenem Visier zu teilen, damit die Kollegen einen anderen Fehler begehen können. Dazu muss bei den Mitarbeitern ein großes gegenseitiges Vertrauen herrschen. Dieses Vertrauen ist auch die Basis für den Erfolg selbstorganisierter Teams, die ohne große Management-Unterstützung innovative Produkte entwickeln und betreiben. Das wird letztendlich auch die Rolle der CIOs vom Lösungsgeber und Entscheidungsträger in Richtung interner Coach und externer Repräsentant verändern. Der Arbeitsplatz wird in Zukunft mehr als nur ein Arbeitsplatz sein. Ein Ort, an dem sich die Mitarbeiter wohlfühlen. Das betrifft nicht nur die Räumlichkeiten, sondern auch das Rollenverständnis jedes Einzelnen.

Wenn alle drei Faktoren der Erfolgsformel von ganz oben bis nach unten begriffen und umgesetzt werden, dann wird Ihr Unternehmen gestärkt durch eine Transformation gehen. Während sich die Ausführung und strategische Entscheidungen schneller bewerkstelligen lassen, muss die Kultur gehegt und gepflegt werden. Das geschieht nicht über Nacht. Aber es lohnt sich: Top, die Wette gilt.

DIGITALE AIRLINE: DIE IT WIRD ZUM SCHLÜSSELFAKTOR

Roland Schütz, CIO Deutsche Lufthansa AG

„Ich wette, dass im Jahr 2025 noch mehr Menschen per Flugzeug reisen."

Weltweit nutzen heute rund 3,5 Milliarden Menschen das Verkehrsmittel Flugzeug. Laut Airline-Verband IATA werden bis 2025 zwischen fünf und 5,5 Milliarden Menschen fliegen. Das Flugzeug bleibt das schnellste und bequemste Verkehrsmittel für lange Distanzen. Aber es ist nicht nur der Zeitfaktor: Auch die Faszination Fliegen wird nicht nachlassen. Fliegen steht für Völkerverständigung und offene Grenzen, Luftfahrt bedeutet Toleranz und wirtschaftlichen Wohlstand. Fliegen ist ein wichtiger Wert für die globale Gesellschaft.

Personalisierte Angebote

Die Lufthansa Gruppe hat für die Zukunft ein klares Ziel: Sie bleibt die digitale und zugleich Europas innovativste Airline. Dieses Vorhaben bezieht sich auf das Reiseerlebnis unserer Fluggäste. Die Schlüssel dazu sind mobile Geräte: Apps auf Smartphones, Tablets und Smartwatches ermöglichen von der Anreise zum Flughafen, der Wartezeit am Gate über die Services an Bord bis zum Transport am Zielort ein viel individualisierteres und personalisiertes Angebot. Immer mehr Passagiere haben sehr spezielle Wünsche. Denen möchten wir gerecht werden – entlang der gesamten Reisekette.

Bei der dafür anstehenden Entwicklungsarbeit orientieren wir uns durchaus an den GAFAs (Google, Apple, Facebook und Amazon). Die Website einer Handelsplattform wie Amazon ändert sekündlich Angebot und Preise aufgrund des Nutzerverhaltens. Derartige Services lassen sich nur in einem agilen Entwicklungsumfeld realisieren.

In allen Bereichen, in denen wir schnell mit einem Angebot am Markt sein wollen, setzen wir auf Agilität. In unseren Digital Labs in Danzig, Budapest, Krakau und Tirana entwickeln wir in agilen Projekten neue Passagiererlebnisse in Form von Services und Chatbots, Web-Anwendungen und Apps.

Wir setzen auch auf Multi-Speed-IT: Innerhalb der Lufthansa Gruppe gibt es etliche Anwendungen, die anfänglich eine hohe Änderungsintensität aufweisen, die dann abnimmt. In weiteren Fällen rechtfertigen die Kundennachfragen gerade mal zwei oder drei Änderungsdurchläufe pro Jahr. Warum sollte man dafür ein agiles Entwicklungsteam bereithalten? Es gibt weitere Bereiche, in denen die Try-and-Error-Logik der agilen Entwicklung unangebracht ist. Dazu gehört selbstverständlich der gesamte Flugbetrieb. Hier steht Sicherheit an allererster Stelle.

Mehr Effizienz im Flugbetrieb

Das bedeutet natürlich nicht, dass der Flugbetrieb bei der weiteren Digitalisierung ausgeklammert ist. Im Gegenteil: Mit Hilfe von analytischen Auswertungen gestalten wir ihn effizienter. Schon jetzt basiert jeder der rund 30 Starts pro Minute auf unserer IT-Infrastruktur. Wir verbessern die Abläufe am Boden und in der Luft durch sogenannte Predictive Analytics weiter. Die notwendigen Daten dazu sind vorhanden, wir müssen sie nur entsprechend bereinigen und aufbereiten. Dann formen wir daraus eine Art „Kristallkugel", die uns etwas über die nähere Zukunft verrät.

So sagen wir bei Umsteigeverbindungen die Wahrscheinlichkeit für das Erreichen eines Anschlussflugs voraus. Wir kennen die Wege am Flughafen. Aber auch Faktoren wie das Alter des Reisenden, begleitende Kinder oder die Zugehörigkeit zu einer Reisegruppe sind uns bekannt. Darauf basierend erhält das Bodenpersonal von uns auf seinen digitalen Arbeitsgeräten einen Hinweis, wessen Gepäckstücke noch nicht verladen werden sollen. Diese warten sozusagen bis zur letzten Minute neben dem Förderband.

Genauso können Predictive Analytics Vorhersagen zum Handgepäck-Aufkommen einzelner Flüge treffen. In diesen Fällen schicken wir mehr Personal zum Gate, um Gepäckstücke bereits vor dem Boarding zu übernehmen, die dann im Frachtraum mitfliegen. Währenddessen berechnet unser System das Gesamtgewicht der Maschine: Das Gewicht des Flugzeugs inklusive Catering, Passagiere, Gepäck sowie Fracht und Post bestimmt die Menge an Kerosin, die getankt werden muss. Je präziser wir dieses Gewicht berechnen, desto mehr Kerosin sparen wir. Neben der Flugzeit ist in der Luftfahrt die Onblock Arrival Time eine wichtige Zeitvorgabe. Sie besagt, wann ein Flugzeug an seiner Parkposition ankommt. Je genauer wir diese Zeit vorhersagen, desto kürzer ist die Maschine am Boden. Eine präzise Vorhersage trägt zur Pünktlichkeit des gesamten Flugplans bei. Doch die rechnerischen Vorhersagen helfen auch bei einer weiteren Vorgabe: Klimaschutz. Je kürzer die Maschinen am Boden laufen oder in der Luft Verspätungen aufholen, desto weniger Emissionen fallen in Summe an.

Mixed Realities

Aber nicht nur die Services werden digital. Das Flugzeug an sich wird zu einem fliegenden Rechenzentrum. Die Kunden erwarten Breitband-Internet an Bord und neue Entertainment-Angebote, die sie vorzugsweise mit ihren eigenen mobilen Geräten nutzen können. So wird der Film, der während der Wartezeit am Gate gestartet wurde, über den eigenen Streaming-Anbieter an Bord fortgesetzt. Bis zum Jahr 2025 dürften unsere Passagiere erwarten, dass VR-Brillen an Bord angeboten werden oder mitgebrachte Brillen sich problemlos mit dem Entertainment-System verbinden. Der Einsatz von Mixed Reality, also Virtual und Augmented Reality, spielt bereits heute in der Wartung, bei der Pilotenausbildung und im Marketing eine wichtige Rolle. Das Eintauchen in 360-Grad-Welten spricht bei der Reiseplanung die Sinne anders an als ein Plakat oder ein klassisches Video. Wir haben in Testläufen gute Erfahrungen mit Upgrades vor transatlantischen Flügen gemacht. Gäste der Eco-Class sahen sich per VR-Experience in der Premium Eco um. So erhielten sie einen überzeugenden Eindruck vom Raum- und Serviceangebot.

Ein Entertainment-System mit VR-Brillen könnte ein Manko heutiger Flugzeuge beenden. Sehenswürdigkeiten am Boden können nur die Menschen am Fenster sehen – und das auch nur bei Tageslicht und ohne Wolken. Mit unserem Pilotprojekt Moving Map wird der Flugzeugboden transparent. Diese VR-Idee haben wir bei einem Flug von Frankfurt nach Dubai bereits präsentiert. Mit einer Virtual-Reality-Brille sehen die Passagiere Landschaften und Sehenswürdigkeiten, die man gerade überfliegt. Auf der genannten Route sind das beispielsweise der Gipfel des Hochkogels in den Alpen oder das Riesenrad im Wiener Prater. Mit einer Moving Map ist es egal, auf welchem Platz der Fluggast sitzt, er oder sie hat immer einen guten Ausblick.

Onboard-Konferenzen

Als erste Airline veranstalten wir mit unseren FlyingLabs On-Board-Konferenzen, die Passagiere auf große Digitalkonferenzen wie die SXSW in Austin oder die CES in Las Vegas einstimmen. Auf einem Linienflug halten Experten Vorträge zu Digitalisierungsthemen, die per Video-Stream auf WLAN-fähige Geräte der Passagiere übertragen werden. So nutzen die Passagiere ihre Reisezeit, um sich inhaltlich auf eine Konferenz oder ein anderes Event vorzubereiten. Außerdem können die Teilnehmer eines Flying Labs zwanglos innovative Wearables ausprobieren. Für unsere Geschäftsreisenden soll Fliegen zukünftig mehr sein als nur gut Essen, Trinken und einen Film schauen.

Smarte Heizdecke im Flugzeug

Ein Ideenwettbewerb der Lufthansa gemeinsam mit der Deutschen Telekom führte zum Prototypen der Feelflight-Decke. Die beheizbare Wolldecke sorgt für Wohlbefinden auf langen Flügen. Der Fußbereich wie auch die Seite zum Fenster können stärker erwärmt werden als die gegenüberliegenden Seiten. Zum Konzept gehören auch Slipper mit Sensoren. Der Fluggast spielt durch Zehenbewegungen ein Tetris-artiges Geschicklichkeitsspiel auf seinem Smart Device. Die Idee: Die Bewegung der Füße und Zehen mindert das Thrombose-Risiko bei Langstreckenflügen.

Im Plattformgeschäft drängen sich von Reisevermittlern bis zu Suchmaschinen eine Vielzahl von Akteuren zwischen uns und den Kunden. Doch nur wenn wir direkten Kontakt haben, können wir maßgeschneiderte Lösungen anbieten. Wir müssen uns diese Kundenloyalität erarbeiten. Dabei helfen IT-Lösungen, die einen automatisierten, aber dennoch sehr persönlichen Service ermöglichen. Bei Störungen im Flugbetrieb, beispielsweise dem Ausfall eines Fluges, müssen bisher innerhalb kurzer Zeit mehrere Hundert Passagiere – je nach Flugzeugtyp – Kontakt mit der telefonischen Hotline aufnehmen oder mit einem Mitarbeiter am Schalter sprechen. Flüge müssen umgebucht, eventuell Hotelzimmer und Transfers organisiert werden.

Das funktioniert mit unserem Service-Bot über einen kurzen, schriftlichen Dialog im Facebook Messenger. Nach Eingabe der Buchungsnummer erkennt das System, dass der Flug gestrichen wurde, und schlägt Alternativen vor. Der Passagier wählt eine neue Route zu seinem Ziel. Automatisch wird eine neue Bordkarte verschickt und das eingecheckte Gepäck umgeleitet. Der Fluggast weiß innerhalb weniger Minuten, wie seine Reise weitergeht, und kann wartende Geschäftskontakte oder Familienmitglieder informieren. Das ist keine Vision für 2025. Den Lufthansa Group Customer Service Chatbot können Sie schon heute nutzen.

Keine Bordkarte mehr vorzeigen

Ein Gesichtsscanner schützt längst nicht mehr nur in Spielfilmen sensible Bereiche. Er ist auch in anderen Bereichen Realität. Sie entriegeln beispielsweise Ihr Smartphone mit biometrischen Daten. Autohersteller arbeiten an einer Gesichtserkennung zum Öffnen der Türen. Wir werden ein derartiges System am Flughafen München realisieren. Noch muss ein Reisender rund viermal seine Bordkarte auf Papier oder dem Smartphone vorzeigen: Als Erstes bei der Abgabe seines Gepäcks, dann beim Betreten der Sicherheitskontrolle. Betritt er die Lufthansa-Lounge, wird er nach der Bordkarte gefragt und Gleiches gilt natürlich für das Boarding, also das Betreten des Flugzeugs. Mit der biometrischen Erkennung vereinfachen und beschleunigen wir die Abläufe vor dem Abflug.

Wir erweitern unser Digitalisierungsportfolio kontinuierlich, um ein einzigartiges Reiseerlebnis zu gestalten. Damit legen wir die Grundsteine, um auch 2025 für unsere Kunden „Magic Moments über den Wolken" zu gestalten.

KI – EINE AUFGABE FÜR DAS GANZE UNTERNEHMEN

Nils Urbach, Professor für Wirtschaftsinformatik und Strategisches IT-Management an der Universität Bayreuth (Foto),
Peter Hofmann, Universität Bayreuth,
Dominik Protschky, Universität Bayreuth

„Wir wetten, dass in fünf Jahren die Verankerung im Unternehmen zu den größten Herausforderungen in der erfolgreichen Anwendung von künstlicher Intelligenz zählen wird."

Ein 35-jähriger Rundenrekord auf dem Nürburgring wird dank dem Einsatz von künstlicher Intelligenz (KI) um eindrucksvolle 51,58 Sekunden unterboten. Die Maschine schlägt den Menschen jetzt auch beim Pokern und beherrscht dabei sogar das Bluffen. Es vergeht kaum eine Woche, in der kein neuer Durchbruch im KI-Wettrennen verkündet wird. Eben diese technischen Durchbrüche erzeugen abermals hohe Erwartungen an das Potenzial der Technologie. Wer im KI-Wettrennen nicht abgehängt werden möchte, steht vor der Herausforderung, die Technologie und ihre Anwendungen im Kontext des gesamten Unternehmens zu verankern. So werden sich die CxOs schon bald wünschen, bereits früher über ihre KI-Strategie nachgedacht zu haben.

KI ist allerdings kein neues Thema. Die Idee, eine selbstlernende Maschine zu entwickeln, hat das Interesse von Wissenschaftlern und Praktikern bereits seit den 1940er Jahren geweckt. Dabei dient KI als Oberbegriff, um eine Vielzahl von Methoden und Anwendungen zusammenzufassen, die darauf abzielen, Aufgaben zu erfüllen, die typischerweise menschliche Intelligenz erfordern. So ist der im Jahr 1950 von Alan Turing formulierte Turing-Test noch heute Grundlage für die Diskussion über die Intelligenz von Maschinen.

Meilensteine der KI-Geschichte

Seitdem hat sich das Bestreben zur Schaffung intelligenter Maschinen in mehreren Meilensteinen manifestiert, darunter in der jüngeren Vergangenheit der Sieg im Schach gegen den Weltmeister Kasparow durch IBM Deep Blue (1996), der Gewinn der Quizshow Jeopardy durch IBM Watson (2011) oder der Sieg gegen den aktuellen Weltmeister im Spiel Go durch Deepmind Alpha Go (2017). Während die KI-Forschung viele Höhen durchlebt hat, führten Enttäuschungen aufgrund überzogener Erwartungen aber auch mehrmals zu Phasen mit geringerem Interesse und Investitionen, welche wir auch als KI-Winter bezeichnen.

Auch aktuell scheinen sich die Erwartungen wieder zu überschlagen, sodass die Frage nahe liegt: Steht der nächste KI-Winter schon vor der Tür? Im Gegensatz zu den Entwicklungen des vorigen Jahrhunderts hat KI heute bereits auf vielfältige Weise Einzug in unseren privaten und geschäftlichen Alltag gehalten. So ermöglicht der auf Deep Learning basierende Übersetzungsdienst DeepL bereits heute verblüffend fehlerfreie Übersetzungen. Und der Sprachassistent Google Duplex kann eigenständig in einem Restaurant anrufen, um einen Tisch zu reservieren.

Aus Daten Wissen erzeugen

Insbesondere Machine Learning, ein bedeutender Ansatz der KI-Entwicklung, wird in vielen Anwendungen eingesetzt, um aus Daten Wissen beziehungsweise Fähigkeiten zu erlernen. All diese Anwendungen lassen sich trotz der vorherrschenden Euphorie der schwachen KI-These zuordnen. Im Gegensatz zur starken KI-These, welche auf ein nahezu vollständiges Nachahmen menschlichen Denkens und Handelns mit maschinellen Systemen und damit auf eine generische Intelligenz abzielt, werden der schwachen KI-These folgend lediglich konkrete Anwendungsprobleme intelligent gelöst. So versteht es Google Duplex zwar, einen Anruf täuschend echt menschlich durchzuführen, das Fahren des eigenen Autos sollte man dem Dienst aber lieber (noch) nicht anvertrauen.

Eben dieses fehlende Verständnis der Unterschiede zwischen einer schwachen und einer starken KI könnte der Ursprung für eine neue Welle der Enttäuschung sein und damit zu einem neuen KI-Winter führen. Wenngleich die Entwicklungen zur Erfüllung der starken KI-These überschätzt werden, sollte das wirtschaftliche Potenzial der bereits existierenden Anwendungen einer schwachen KI nicht unterschätzt werden. Die schwache KI ist kein Laborexperiment mehr, sondern hat ihren Weg in die Kommerzialisierung gefunden.

Durch den anhaltenden digitalen Wandel stehen immer mehr Daten in Unternehmen zur Verfügung. Zudem wurden in den vergangenen Jahren vor allem durch Deep-Learning-Algorithmen wesentliche Performance-Zuwächse erzielt. Dabei ist die Anwendung von KI nicht mehr nur ausgewählten Experten vorbehalten. Während die Anwendung von Open-Source-Frameworks wie Keras oder PyTorch bereits weit verbreitet ist, werden die Barrieren zur Anwendung von KI im Unternehmen durch Cloud-Dienste und KI-Plattformen immer weiter abgebaut. Die Anwendung von KI ist keine Raketenwissenschaft mehr.

Trotz der technischen Durchbrüche in der KI-Forschung setzen noch wenige etablierte Unternehmen auf KI. Die Fülle an bestehenden und potenziellen Anwendungsfällen stellt Unternehmen vor die Herausforderung, bewerten zu müssen, an welcher Stelle und in welcher Form KI einen Mehrwert in der Wertschöpfung liefern kann. Selbst wenn ein erfolgversprechender Prototyp entwickelt wurde, gilt es eine weitere Hürde zu überwinden: die Verankerung im Unternehmen. Welche Einflüsse haben KI-Anwendungen auf Produkte, Services, Prozesse und Unternehmensstrukturen? Wie sollten Unternehmen mit der Blackbox-Problematik des Machine Learning umgehen? Wie lässt sich die Interaktion zwischen Menschen und KI gestalten? Wie können ethische, rechtliche und moralische Fragestellungen gelöst werden? Welche organisationalen Fähigkeiten werden benötigt und wie lassen sich diese entwickeln?

Organisatorische Hürden

Obwohl die Liste möglicher Fragestellungen noch fortgesetzt werden könnte, zeigt sich bereits, dass neben den technischen vor allem die organisationalen Herausforderungen nicht unterschätzt werden sollten. Neue organisationale

Fähigkeiten und Kompetenzen werden notwendig und sind Basis für strategische Wettbewerbsvorteile. Neben den am Markt äußerst gefragten KI-Experten bedarf es zudem auf allen Führungsebenen eines grundlegenden und erwartungsgerechten Verständnisses von KI und dessen Anwendung im Unternehmen.

KI-Anwendungen ticken anders

Hierbei ist im Besonderen auch der Paradigmenwechsel in der Anwendungsentwicklung hervorzuheben. Im Gegensatz zu regelbasierten Funktionen rückt bei KI-Anwendungen das Training, Testen und Anwenden von Machine-Learning-Modellen in den Vordergrund. Hierbei stellt die intransparente Funktionsweise der KI aufgrund fehlender Erklärbarkeit in vielen Fällen eine Blackbox dar. Die Performance des Machine-Learning-Modells hängt dabei von der Art des Modells, dessen Parametrisierung, des zu verarbeitenden Datensatzes sowie der zu lösenden Aufgabe ab. Daten rücken ins Zentrum der Entwicklung und werden so zur essenziellen und strategischen Ressource für die Anwendung von KI.

Daten können in nahezu jeder Wertschöpfungsaktivität im Unternehmen entstehen oder verarbeitet werden und sind damit Grundlage für zahlreiche Anwendungen: Dem Einkauf wird es zum Beispiel ermöglicht, durch die Auswertung von Transaktions-, Stamm- und Marktdaten Prozesse oder Aufgaben ganz oder teilweise zu automatisieren. In der Logistik kann die Qualität von Warenanlieferungen automatisiert geprüft werden. Roboterarme, die menschliche Bewegungen nachahmen, ermöglichen neue Potenziale der Automatisierung in der Produktion. Das Marketing profitiert von noch leistungsfähigeren Anwendungen, die dem Kunden individuell die passende Werbung anzeigen oder das (gewünschte) Produkt vorschlagen.

After-Sales-Services können auf den Einsatz von Chatbots setzen, um häufig gestellte Kundenanfragen automatisch zu beantworten. Im Personalwesen kann der Arbeitsaufwand für Einstellungen durch automatisiertes Filtern von Bewerbungen anhand der Anforderungen des Unternehmens reduziert werden. Das Anwendungspotenzial von KI macht keinen Halt vor Abteilungsgrenzen. Für einen erfolgreichen Einsatz auf all diesen potenziellen Anwendungsgebieten bedarf es daher einer ganzheitlichen Strategie sowie eines Daten- und KI-Managements in allen Bereichen.

Automatisierung und die Folgen

Die oben beispielhaft dargestellten Anwendungen von KI im Unternehmen machen deutlich, dass Automatisierung einen wesentlichen Bestandteil des Potenzials von KI darstellt. Autonom agierende Softwareagenten stellen neue Anforderungen an die Koordination und Kontrolle in der Ausführung von Aufgaben. So stellt sich beispielsweise die Frage, wer einen Softwareagenten kontrolliert oder wie man im Team aus Menschen und KI führt. Damit geht aber auch die Debatte einher, inwieweit KI die menschliche Arbeitskraft ergänzen oder ersetzen kann. Zumindest in einer langfristigen Perspektive müssen Unternehmen das Kompetenzprofil ihrer Mitarbeiter anpassen.

Die Automatisierungsbestrebungen legen aber auch nahe, dass sich Unternehmen und Politik über übergeordnete Ethikprinzipien Gedanken machen müssen. Diese Grundsätze können ein entscheidender Ankerpunkt für die Mitarbeiter sein und deren Vertrauen in KI stärken. In diesem Kontext erschwert der durch die Blackbox-Problematik verursachte Mangel an Nachvollziehbarkeit die Bildung von Vertrauen in KI-Lösungen. Es muss zum Beispiel ausgeschlossen werden können, dass Bewerber aufgrund ihrer Herkunft von einer KI-Anwendung für ein Bewerbungsgespräch abgelehnt werden. So bietet IBM zur Förderung einer fairen Gesichtserkennung kostenlos einen Datensatz an, der die Vielfalt menschlicher Gesichter repräsentieren soll.

Die Rolle des IT-Managements

Obwohl KI eine Aufgabe für das gesamte Unternehmen darstellt, werden die IT-Verantwortlichen über die digitale Transformation hinaus auch in der Umsetzung von KI-Projekten eine zentrale Rolle einnehmen. Während die digitale Transformation eine Voraussetzung für die Anwendung von KI im Unternehmen ist, stellt die Anwendung von KI wiederum neue Anforderungen an das IT-Management.

So muss sich das IT-Management beispielsweise damit auseinandersetzen, wie es bei der Definition von Service-Level-Agreements mit der Blackbox-Problematik des Machine Learnings umgehen kann. Die mit großen Datenmengen trainierten Deep-Learning-Modelle verschärfen die Anforderungen an die IT-Infrastruktur. Im Gegensatz dazu können durch den Einsatz von KI aber auch neue Potenziale entstehen. So kann eine auf KI-Anwendungen basierende Automatisierung von bereits etablierten Geschäftsprozessen und Unternehmensanwendungen ganze Prozesslandschaften auf den Kopf stellen. Dabei sollte das KI-Potenzial auch an den Schnittstellen zu anderen digitalen Technologietrends wie zum Beispiel der Distributed-Ledger-Technologie oder dem Internet der Dinge analysiert werden.

Fazit

Aktuelle Anwendungen aus Praxis und Forschung im Bereich der (Wirtschafts-)Informatik zeigen auf vielfältige Weise den innovativen Charakter von KI-Anwendungen. Entscheidungsträger sehen sich jedoch mit neuen Herausforderungen konfrontiert. Sie müssen die Anwendungen von KI kennen, verstehen und deren Geschäftseinfluss bewerten können. Durch den Paradigmenwechsel in der Anwendungsentwicklung rücken vor allem Daten ins Zentrum, sodass die digitale Transformation und hier insbesondere das Etablieren von Big Data Analytics im Unternehmen zu einem zentralen Erfolgsfaktor wird.

Die Hürden für KI-Anwendungen sind allerdings geringer als gedacht: Verfügbare, hoch performante Libraries und effizienter Zugang zu vorkonfigurierten Cloud-Computing-Ressourcen senken die Hürden für die Anwendung von KI in Unternehmen. Dabei muss es auch nicht gleich ein selbstfahrendes Auto sein. Auch die Verbesserung von internen Prozessen kann zu Wettbewerbsvorteilen führen. Nichtsdestotrotz muss die Anwendung von KI als Aufgabe für das gesamte Unternehmen verankert und gemanagt werden. Hierbei sollte auch die ethische Perspektive nicht vernachlässigt werden. Die Anwendung von KI mag ein kleiner Schritt für den Entwickler sein, aber sie ist ein großer Schritt für das Unternehmen.

Unternehmen

DIE IT-FAKTEN DER GRÖSSTEN DEUTSCHEN KONZERNE

Volkswagen AG

UNTERNEHMENSINFORMATIONEN

Der **Volkswagen**-Konzern ist einer der führenden Automobilhersteller weltweit und der größte Automobilproduzent Europas. Zwölf Marken aus sieben europäischen Ländern gehören zum Konzern: Volkswagen Pkw, Audi, SEAT, ŠKODA, Bentley, Bugatti, Lamborghini, Porsche, Ducati, Volkswagen Nutzfahrzeuge, Scania und MAN. Mit seinem Zukunftsprogramm „TOGETHER – Strategie 2025" hat der Volkswagen-Konzern den Weg freigemacht für den größten Veränderungsprozess seiner Geschichte: die Neuausrichtung zu einem der weltweit führenden Anbieter nachhaltiger Mobilität.

Martin Hofmann

Hauptsitz	Wolfsburg
Website	www.volkswagenag.com
Umsatz	235.849 Millionen Euro (2018)
EBIT	13.920 Millionen Euro (2018)
Mitarbeiter	664.496 (Stand Dezember 2018)
CIO	Martin Hofmann
IT-Mitarbeiter	circa 12.500
IT-Benutzer	k.A.
IT-Budget	k.A.
IT-Ziele	Die Konzern-IT steuert markenübergreifend Applikationen und IT-Services zur Unterstützung der Geschäftsprozesse des Unternehmens. Sie ist zudem Treiber der Digitalisierung bei Volkswagen und gestaltet Bereiche wie Industrie 4.0, Künstliche Intelligenz sowie die Konzern-Cloud. Auch an der Entwicklung einer Mobilitätsplattform für die Fahrzeugkunden ist die IT entscheidend beteiligt.
IT-Organisationsstruktur	Der CIO berichtet direkt an den Konzernvorstand – bei der weltweiten Steuerung unterstützt durch ein internationales IT-Board, in dem die CIOs der einzelnen Marken, Gesellschaften und Regionen vertreten sind.
IT-Dienstleister	Hewlett-Packard, IBM, Microsoft, Siemens, SAP, T-Systems, AWS etc.
IT-Anwendungen	Produktdatenmanagement; CRM; Dealer-Management; Fertigungsinformationssystem (FIS); Governance; Risk and Compliance; konzernweit einheitlicher Desktop-Client; Web-2.0-Nutzung; Beschaffungssysteme; Cloud-Anwendungen

Bewerbung als IT-Mitarbeiter unter www.volkswagen-karriere.de

AUSRICHTUNG

zentral	○●○○○	dezentral
standardisiert	○●○○○	best of breed
viel Outsourcing	○○●○○	wenig Outsourcing
sehr digitalisiert	○○●○○	weniger digitalisiert

Weitere Informationen unter:
www.cio.de/top500/detail/volkswagen-ag,206

Platz 2 / Konzerne

Daimler AG

UNTERNEHMENSINFORMATIONEN

Seinen Ursprung hat das Unternehmen **Daimler** 1883 in der Gründung der Benz & Co. Rheinische Gasmotoren-Fabrik Mannheim. Heute ist die Daimler AG ein weltweit agierendes Automobilunternehmen, das auch Dienstleistungen im Bereich Finanzierung und Versicherung anbietet. Mit ihren Produkten in den Sparten Mercedes-Benz-Cars und -Vans, Daimler Trucks sowie Daimler Buses deckt die AG einen Großteil des globalen Bedarfs an Fahrzeugen ab.

Jan Brecht

Hauptsitz	Stuttgart
Website	www.daimler.com
Umsatz	167.362 Millionen Euro (2018)
EBIT	11.132 Millionen Euro (2018)
Mitarbeiter	298.683 (2018)
CIO	Jan Brecht
IT-Mitarbeiter	circa 12.000 weltweit (inklusive Tochtergesellschaften)
IT-Benutzer	k.A.
IT-Budget	k.A.
IT-Töchter	Daimler TSS GmbH, Daimler Protics GmbH, Mercedes-Benz.io, Mercedes-Benz Research and Development India Private Limited
IT-Ziele	IT ist bei Daimler der Architekt der digitalen Transformation. Sie muss schnell im Erkennen von Anforderungen und neuen Technologien sowie im Umsetzen von Lösungen sein. Wir machen das Arbeiten damit einfacher und Daimler wettbewerbsfähiger.
IT-Organisationsstruktur	Der CIO berichtet an den Vorstandsvorsitzenden Ola Källenius. Ein IT-Board oder Ähnliches existiert nicht. Die einzelnen IT-Divisionen berichten direkt an den CIO.
IT-Dienstleister	k.A.
IT-Anwendungen	Software zur Unterstützung des Entwicklungsbereichs (CAD, Stückliste), die Produktionsteuerung und Logistik, Vertriebssysteme, die weltweite Auftragsteuerung und Bearbeitung, Finance- und Controlling-Systeme, Personalsysteme sowie neue Systeme zur Anwendung der Kunden mit ihren Fahrzeugen.

Bewerbung als IT-Mitarbeiter unter www.daimler.com/career

AUSRICHTUNG

zentral	○○●○○	dezentral
standardisiert	○○●○○	best of breed
viel Outsourcing	○○●○○	wenig Outsourcing
sehr digitalisiert	○●○○○	weniger digitalisiert

Weitere Informationen unter:
www.cio.de/top500/detail/daimler-ag,339

Schwarz GmbH & Co KG

UNTERNEHMENSINFORMATIONEN

Die **Schwarz-Gruppe** mit Sitz in Neckarsulm ist Eigentümer der Unternehmen Lidl und Kaufland und mit einem Gruppenumsatz von 90 Milliarden Euro der größte Handelskonzern Deutschlands. Die Aktivitäten sind aufgeteilt in Discount-Lebensmittelmärkte unter dem Namen Lidl und SB-Warenhäuser und Verbrauchermärkte wie Kaufland, KaufMarkt, Concord und Handelshof. Gegründet wurde das Unternehmen 1930 durch Josef Schwarz, übernommen wurden die Geschäfte im Jahr 1977 von dessen Sohn Dieter Schwarz. Heute bestehen Lidl-Filialen in fast allen Ländern Europas. Derzeit ist Lidl in 26 Ländern vertreten, Kaufland in Deutschland und in sechs weiteren Ländern.

Hauptsitz	Neckarsulm
Website	www.schwarz-gruppe.net
Umsatz	104.300 Millionen Euro (2018)
EBIT	k.A.
Mitarbeiter	429.000 (2018)
CIO	Christian Müller (IT-Vorstand)
IT-Mitarbeiter	k.A.
IT-Benutzer	k.A.
IT-Budget	k.A.
IT-Töchter	Schwarz IT KG
IT-Ziele	k.A.
IT-Organisationsstruktur	k.A.
IT-Dienstleister	k.A.
IT-Anwendungen	SAP, Warenwirtschaftssystem auf Basis von SAP HANA

Bewerbung als IT-Mitarbeiter unter www.schwarz-gruppe.net/karriere/ausbildung/

AUSRICHTUNG*

zentral	○●○○○	dezentral
standardisiert	○●○○○	best of breed
viel Outsourcing	○○○●○	wenig Outsourcing
sehr digitalisiert	○●○○○	weniger digitalisiert

Weitere Informationen unter:
www.cio.de/top500/detail/schwarz-beteiligungs-gmbh-schwarz-gruppe,885

*Schätzung der CIO-Redaktion

BMW AG

UNTERNEHMENSINFORMATIONEN

Die BMW Group ist mit ihren Marken BMW, MINI und Rolls-Royce der weltweit führende Premium-Hersteller von Automobilen und Motorrädern und Anbieter von Premium-Finanz- und Mobilitätsdienstleistungen. Als internationaler Konzern betreibt das Unternehmen 30 Produktions- und Montagestätten in 14 Ländern sowie ein globales Vertriebsnetzwerk mit Vertretungen in über 140 Ländern.

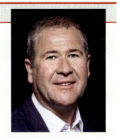

Klaus Straub

Hauptsitz	München
Website	www.bmwgroup.com
Umsatz	97.480 Millionen Euro (2018)
EBIT	9.815 Millionen Euro (2018)
Mitarbeiter	134.682 weltweit (2018)
CIO	Klaus Straub
IT-Mitarbeiter	5.500
IT-Benutzer	130.000 interne BMW-Mitarbeiter
IT-Budget	k.A.
IT-Töchter	Critical Techworks, CarIT
IT-Ziele	Technology Boost, Data Driven Company, Cloud Platform, User Experience, Back2Code, Joint Acceleration, 100% Agile, DevOps Excellence
IT-Organisationsstruktur	Der CIO berichtet an den Finanzvorstand
IT-Dienstleister	Microsoft, SAP, T-Systems, IBM, Accenture, NTT Data, Sulzer, ATOS, Capgemini, Dassault
IT-Anwendungen	k.A.

Bewerbung als IT-Mitarbeiter unter **www.bmwgroup.jobs**

AUSRICHTUNG

zentral	○ ● ○ ○ ○	dezentral
standardisiert	○ ○ ● ○ ○	best of breed
viel Outsourcing	○ ○ ● ○ ○	wenig Outsourcing
sehr digitalisiert	○ ● ○ ○ ○	weniger digitalisiert

Weitere Informationen unter:
www.cio.de/top500/detail/bmw-ag,26

Aldi Gruppe

UNTERNEHMENSINFORMATIONEN

Die **Aldi Gruppe** – unterteilt in Aldi Nord und Aldi Süd – ist einer der erfolgreichsten Discounter im Bereich Handel mit Nahrungs- und Genussmitteln. Der ursprünglich im Jahre 1913 von Anna und Karl Albrecht gegründete Tante-Emma-Laden wurde 1945 von den Söhnen Karl und Theo Albrecht übernommen. Nach der von den Brüdern vorangetriebenen Expansion erfolgte 1960 die Aufteilung in die zwei unabhängigen Konzerne Aldi Nord und Aldi Süd.

Aldi Nord ist mit 34 Regionalgesellschaften und durchschnittlich 70 Filialen in Nord-, Ost- und Westdeutschland vertreten. Seit den siebziger Jahren expandiert die Unternehmensgruppe in Belgien, Dänemark, Frankreich, Luxemburg, den Niederlanden, Polen, Portugal und Spanien. Mit 31 Gesellschaften in West- und Süddeutschland ist Aldi Süd auch international mit tausenden Filialen etwa in den Vereinigten Staaten, Großbritannien oder Australien vertreten. Im Jahr 2017 ist Aldi Süd außerdem dem chinesischen Markt beigetreten.

Hauptsitz	Aldi Nord: Essen; Aldi Süd: Mülheim an der Ruhr
Website	www.aldi.de
Umsatz	90.000 Millionen Euro (2018)
EBIT	k.A.
Mitarbeiter	zirka 210.000
CIO	Andreas Möller (Aldi Nord) David Godschalk (Aldi Süd)
IT-Mitarbeiter	k.A.
IT-Benutzer	k.A.
IT-Budget	k.A.
IT-Ziele	k.A.
IT-Organisationsstruktur	k.A.
IT-Dienstleister	k.A.
IT-Anwendungen	k.A.

Bewerbung als IT-Mitarbeiter unter www.aldi-nord.de/karriere und https://karriere.aldi-sued.de/

AUSRICHTUNG*

zentral	●○○○○	dezentral
standardisiert	○●○○○	best of breed
viel Outsourcing	○○○●○	wenig Outsourcing
sehr digitalisiert	○○●○○	weniger digitalisiert

Weitere Informationen unter:
www.cio.de/top500/detail/aldi-einkauf-gmbh-und-co-ohg-sued,772
www.cio.de/top500/detail/aldi-einkauf-gmbh-und-co-ohg-nord,73

*Schätzung der CIO-Redaktion

Platz 6 / Konzerne

Siemens AG

UNTERNEHMENSINFORMATIONEN

Die **Siemens AG** ist ein Technologiekonzern mit Hauptsitz in München, der weltweit tätig ist. Seine Kernaktivitäten liegen in den Bereichen Energie, Industrie, Gesundheitswesen und Infrastruktur. Auf dem Gebiet der Energietechnik ist die Siemens AG dabei der weltweit führende Anbieter von Produkten und Lösungen, um elektrische Energie zu erzeugen, umzuwandeln und zu verteilen. Mit dem Sektor Industry unterstützt das Traditionsunternehmen weltweit Industriekunden bei der Steigerung ihrer Energieeffizienz, Produktivität und Flexibilität. Durch neue Medizintechnik leistet die Siemens AG einen Beitrag zum Aufbau eines qualitativ hochwertigen Gesundheitswesens von der Diagnose bis hin zur Therapie.

Helmuth Ludwig

Hauptsitz	Berlin und München
Website	www.siemens.com
Umsatz	83.000 Millionen Euro (2018)
EBIT	6.100 Millionen Euro (2018)
Mitarbeiter	379.000 (2018)
CIO	Helmuth Ludwig
IT-Mitarbeiter	zirka 5400
IT-Benutzer	k.A.
IT-Budget	k.A.
IT-Ziele	Unterstützung der Geschäftseinheiten, Regionen und Fachbereiche durch innovative, flexible und sichere IT-Plattformen, Schlüssel-Infrastruktur und Services
IT-Organisationsstruktur	k.A.
IT-Dienstleister	Atos, Infrastruktur Services, Service- und Applikations-Management
IT-Anwendungen	Verschiedene Lösungen für CRM, HR, ERP, EAI sowie Infrastrukturplattformen wie Software Defined Network

Bewerbung als IT-Mitarbeiter unter **www.siemens.com/jobs/de**

AUSRICHTUNG

zentral	○○○●○	dezentral
standardisiert	○●○○○	best of breed
viel Outsourcing	○●○○○	wenig Outsourcing
sehr digitalisiert	○●○○○	weniger digitalisiert

Weitere Informationen unter:

www.cio.de/top500/detail/siemens-ag,452

Robert Bosch GmbH

UNTERNEHMENSINFORMATIONEN

Die **Robert Bosch GmbH** zählt zu den größten Automobilzulieferern der Welt. Der im Jahre 1886 vom Unternehmer Robert Bosch gegründete Konzern mit Hauptsitz im baden-württembergischen Gerlingen ist mit 250 Standorten in über 50 Ländern ein weltweit agierendes Unternehmen. Der wichtigste Produktionsstandort ist China. Neben dem Geschäftsbereich der Automobilzulieferung stellt die Robert Bosch GmbH auch Gebrauchsgüter her und betätigt sich außerdem im Sicherheitsbereich der Industrie- und Gebäudetechnik.

Vijay Ratnaparkhe

Hauptsitz	Gerlingen-Schillerhöhe
Website	www.bosch.com
Umsatz	78.500 Millionen Euro (2018)
EBIT	5.300 Millionen Euro (2018)
Mitarbeiter	410.000 (2018)
CIO	Vijay Ratnaparkhe
IT-Mitarbeiter	k.A.
IT-Benutzer	320.000
IT-Budget	1.500 Millionen Euro (2018)
IT-Ziele	Bis 2020 werden alle neuen elektronischen Bosch-Produkte vernetzbar sein. Der weltweite IT-Bereich ist Business Enabler und wesentlicher Gestalter der digitalen Transformation von Bosch auf dem Weg zu einer „Connected Company". Dabei ist sie sowohl Beratungs- und Dienstleistungsorganisation, die sich hinsichtlich Leistungsfähigkeit, Differenzierung und Kosten an der Wachstumsstrategie von Bosch und damit der Unternehmensbereiche ausrichtet.
IT-Organisationsstruktur	k.A.
IT-Dienstleister	SAP, IBM, Pivotal, Microsoft, AWS, Google
IT-Anwendungen	k.A.

Bewerbung als IT-Mitarbeiter unter www.bosch.com/de/karriere/

AUSRICHTUNG

zentral	○●○○○	dezentral
standardisiert	○●○○○	best of breed
viel Outsourcing	○○○○●	wenig Outsourcing
sehr digitalisiert	●○○○○	weniger digitalisiert

Weitere Informationen unter:
www.cio.de/top500/detail/robert-bosch-gmbh,105

Platz 8 / Konzerne

Uniper SE

UNTERNEHMENSINFORMATIONEN

Die **Uniper SE** ist ein internationales Energieunternehmen, das neben der klassischen Energiewelt der Konzernmutter E.ON eine neue, auf dezentralen Energielösungen basierende Welt etabliert hat. Das Portfolio von Uniper besteht aus großtechnischen Stromerzeugungsanlagen und dem Management globaler und regionaler Energieversorgungsaktivitäten.

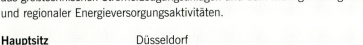

Damian Bunyan

Hauptsitz	Düsseldorf
Website	www.uniper.energy/de
Umsatz	78.176 Millionen Euro (2018)
EBIT	865 Millionen Euro (2018)
Mitarbeiter	11.272 (2018)
CIO	Damian Bunyan
IT-Mitarbeiter	zirka 450 IT Full-Time Equivalent (FTE) (661 FTE in der Gesamtorganisation, die der CIO verantwortet)
IT-Benutzer	zirka 10.000
IT-Budget	220 Millionen Euro (2018)
IT-Ziele	Unipers IT-Strategie basiert auf der Business-Strategie und unterstützt deren Umsetzung. Prioritäten sind die Finalisierung der Transformationsaktivitäten (Data Center Exit, Rollout Uniper Digital Workplace, Applikationsmodernisierung), die weitere Verbesserung der User Experience sowie die Unterstützung der digitalen Transformation.
IT-Organisationsstruktur	Der CIO berichtet an den CFO der Uniper SE. Grundsatzentscheidungen werden im Board of Management der Uniper SE getroffen, IT-Investitionsentscheidungen im Portfolio Decision Board.
IT-Dienstleister	DXC Technology, T-Systems, Microsoft, SAP, Infosys, Wipro, Publicis Sapient, OsiSoft, Openlink, Glück und Kanja; Die Aufgaben der IT-Dienstleister reichen vom Betrieb des Helpdesk bis zu Entwicklungsdienstleistungen für Handelssysteme oder die Bereitstellung von Software-as-a-Service-Angeboten.
IT-Anwendungen	Energiehandel und Dispatch Systeme, Systeme zur Steuerung technischer Anlagen, Datenmanagement und Reporting, kaufmännische Anwendungen, Automatisierungslösungen

Bewerbung als IT-Mitarbeiter unter **www.uniper.energy/de/unternehmen/karriere/jobs**

AUSRICHTUNG

zentral	○●○○○	dezentral
standardisiert	○●○○○	best of breed
viel Outsourcing	●○○○○	wenig Outsourcing
sehr digitalisiert	○○●○○	weniger digitalisiert

Weitere Informationen unter:
www.cio.de/top500/detail/uniper-se,172

Deutsche Telekom AG

UNTERNEHMENSINFORMATIONEN

Die **Deutsche Telekom AG** gehört zu den führenden Telekommunikations-Unternehmen weltweit. Der börsennotierte Konzern wurde im Jahre 1995 im Zuge der zweiten Postreform gegründet und hat seinen Hauptsitz in Bonn. Er offeriert Produkte und Dienstleistungen aus den Bereichen Festnetz/Breitband, Mobilfunk, Internet und Internet-TV für Privatkunden sowie Lösungen der Informations- und Kommunikationstechnik für Groß- und Geschäftskunden.

Peter Leukert

Hauptsitz	Bonn
Website	www.telekom.com
Umsatz	75.700 Millionen Euro (2018)
EBIT	23.300 Millionen Euro bereinigt (2018)
Mitarbeiter	216.000 (2018)
CIO	Peter Leukert
IT-Mitarbeiter	zirka 10.000 weltweit
IT-Benutzer	Alle Mitarbeiter im Konzern Deutsche Telekom (bezogen auf IT-Arbeitsplätze)
IT-Budget	k.A.
IT-Ziele	Umsetzen des Transformationsprogramms IT@MOTION. Dazu gehört die Einführung eines neuen Liefermodells, das die Time-to-Market an die Marktbedürfnisse anpasst, die Lieferung in differenzierten Liefermodellen mit unterschiedlichen Geschwindigkeiten abbildet, und auf einer agilen Zusammenarbeit mit Business und IT basiert. Es beinhaltet auch einen neuen Architektur-Ansatz mit digitaler Entkopplung und Einführung von Mikro-Services sowie eine agile, cross-funktionale und standortübergreifende Zusammenarbeit mit Ende-zu-Ende-Verantwortung.
IT-Organisationsstruktur	Peter Leukert berichtet als Geschäftsführer der Deutschen Telekom IT GmbH direkt an Claudia Nemat, Vorstand Technologie & Innovation. Die Telekom IT wird durch die IT-Geschäftsleitung gesteuert, die analog der Organisation ihrer internen Kunden aufgebaut ist.
IT-Dienstleister	T-Systems Market Unit Delivery, Oracle, Cognizant, IBM, Microsoft, NetCracker, Cisco
IT-Anwendungen	ERP, CRM, Billing, Call/Work Item Routing, M2M-Plattformen

Bewerbung als IT-Mitarbeiter unter www.telekom.com/karriere

AUSRICHTUNG

zentral	○●○○○	dezentral
standardisiert	○○●○○	best of breed
viel Outsourcing	○○●○○	wenig Outsourcing
sehr digitalisiert	○○●○○	weniger digitalisiert

Weitere Informationen unter:
www.cio.de/top500/detail/deutsche-telekom-ag,82

Platz 10 / Konzerne

BASF SE

UNTERNEHMENSINFORMATIONEN

Gemessen am Umsatz und an der Marktkapitalisierung ist die **BASF SE** das weltweit größte Unternehmen im Bereich Chemie. Der Unternehmenssitz ist die Stadt Ludwigshafen am Rhein in Rheinland-Pfalz. BASF SE beschäftigt Mitarbeiter in mehr als 80 Ländern. Entstanden ist der Konzern bereits im Jahr 1865. Der Name des Unternehmens lautete damals noch Badische Anilin- & Soda-Fabrik – die Anfangsbuchstaben dieser Worte spiegeln sich noch heute im Konzernnamen wider.

Stefan Beck

Hauptsitz	Ludwigshafen
Website	www.basf.com
Umsatz	62.700 Millionen Euro (2018)
EBIT	6.400 Millionen Euro (2018)
Mitarbeiter	122.404 (2018)
CIO	Stefan Beck
IT-Mitarbeiter	3.200
IT-Benutzer	122.404
IT-Budget	k.A.
IT-Töchter	BASF Business Services GmbH
IT-Ziele	Digitale Transformation, Multi Cloud Strategy, DevOps Transformation, Demand & Security Driven Architecture, Innovative Process Solutions, Digital Innovation
IT-Organisationsstruktur	Der CIO berichtet an den CDO / Bereichsleiter Digitalization & Information Services
IT-Dienstleister	SAP, Microsoft, DXC, Tech Mahindra
IT-Anwendungen	SAP Business Suite, SAP Business Warehouse, Microsoft Office 365, WorldAccount, verschiedene Kundenportale

Bewerbung als IT-Mitarbeiter unter www.basf.com/global/de/careers.html

AUSRICHTUNG

zentral	○○●○○	dezentral
standardisiert	○○●○○	best of breed
viel Outsourcing	○○●○○	wenig Outsourcing
sehr digitalisiert	○○●○○	weniger digitalisiert

Weitere Informationen unter:
www.cio.de/top500/detail/basf-se,20

Deutsche Post DHL Group

UNTERNEHMENSINFORMATIONEN

Die Konzernmarken **Deutsche Post und DHL** stehen für ein Portfolio rund um Logistik (DHL) und Kommunikation (Deutsche Post). Die Gruppe bietet Kunden sowohl Standardprodukte als auch Lösungen – vom Dialogmarketing über die E-Commerce-bezogene Logistik bis zur industriellen Versorgungskette. Dabei bilden die etwa 500.000 Mitarbeiter in mehr als 220 Ländern und Territorien ein globales Netzwerk, das laut Post auf Service, Qualität und Nachhaltigkeit ausgerichtet ist.

Hauptsitz	Bonn
Website	www.dpdhl.com/de
Umsatz	61.550 Millionen Euro (2018)
EBIT	3.162 Millionen Euro (2018)
Mitarbeiter	547.500 (2018)
CIO	Bernd Gemein: Bereichs-CIO PeP (Post, E-Commerce, Parcel); Charlie Dobbie: Bereichs-CIO DHL Express; German Valencia: Bereichs-CIO DHL Forwarding-Freight; Markus Voss: Bereichs-CIO DHL Supply Chain; David Thornewill von Essen: Bereichs-CIO GBS & Corporate Center
IT-Mitarbeiter	zirka 8.500
IT-Benutzer	k.A.
IT-Budget	k.A.
IT-Ziele	global; kundenzentriert; qualitätsführend
IT-Organisationsstruktur	Es gibt ein IT Board mit dem Konzern-CEO als Vorsitzenden. Die Bereichs-CIOs berichten an die Bereichs-CEOs.
IT-Dienstleister	k.A.
IT-Anwendungen	Operative Logistics-Anwendungen

Bewerbung als IT-Mitarbeiter unter www.dpdhl.com/de/karriere.html

AUSRICHTUNG*

- zentral ○○●○○ dezentral
- standardisiert ○○●○○ best of breed
- viel Outsourcing ○○○●○ wenig Outsourcing
- sehr digitalisiert ○○○●○ weniger digitalisiert

Weitere Informationen unter:
www.cio.de/top500/detail/deutsche-post-ag,270

*Schätzung der CIO-Redaktion

Rewe-Zentral-AG

UNTERNEHMENSINFORMATIONEN

Die **Rewe-Zentral-Aktiengesellschaft**, auch bekannt unter dem Namen Rewe Group, wurde im Jahr 1927 gegründet und unterhält ihre Zentrale in der Stadt Köln. Sie gilt mit ihren verschiedenen Geschäftsbereichen als einer der führenden Handels- und Touristikkonzerne in ganz Europa. Zur Rewe-Zentral-Aktiengesellschaft gehören neben den bekannten Läden im Lebensmitteleinzelhandel unter anderem auch Fachmärkte wie die toom Baumarkt GmbH oder Discounter wie die Penny Markt GmbH.

Holger Bellmann

In der Touristikbranche zählt zum Beispiel das Deutsche Reisebüro (DER) zur Rewe Group. In einigen Staaten Mittel- und Osteuropas ist der Konzern mit Tochterunternehmen vertreten. Die Basis der genossenschaftlichen Handelsgruppe bilden die Einzelhändler in den rund 15.000 Märkten.

Hauptsitz	Köln
Website	www.rewe-group.com
Umsatz	61.180 Millionen Euro (2018)
EBIT	1.843 Millionen Euro (EBITDA 2018)
Mitarbeiter	360.300 (2018)
CIO	Holger Bellmann
IT-Mitarbeiter	k.A.
IT-Benutzer	k.A.
IT-Budget	k.A.
IT-Töchter	Rewe Systems GmbH
IT-Ziele	k.A.
IT-Organisationsstruktur	k.A.
IT-Dienstleister	k.A.
IT-Anwendungen	k.A.

Bewerbung als IT-Mitarbeiter unter **www.rewe-group.com/de/karriere**

AUSRICHTUNG*

zentral	○●○○○	dezentral
standardisiert	○○○●○	best of breed
viel Outsourcing	○○○●○	wenig Outsourcing
sehr digitalisiert	○○●○○	weniger digitalisiert

Weitere Informationen unter:
www.cio.de/top500/detail/ rewe-zentral-ag,449

*Schätzung der CIO-Redaktion

Audi AG

UNTERNEHMENSINFORMATIONEN

Der **Audi-Konzern** mit seinen Marken Audi, Ducati und Lamborghini ist einer der erfolgreichsten Hersteller von Automobilen und Motorrädern im Premiumsegment. Er ist weltweit in mehr als 100 Märkten präsent und produziert an 18 Standorten in 13 Ländern. 100-prozentige Töchter der AUDI AG sind unter anderem die Audi Sport GmbH (Neckarsulm), die Automobili Lamborghini S.p.A. (Sant'Agata Bolognese/Italien) und die Ducati Motor Holding S.p.A. (Bologna/Italien).

2018 hat der Audi-Konzern rund 1,812 Millionen Automobile der Marke Audi sowie 5.750 Sportwagen der Marke Lamborghini und 53.004 Motorräder der Marke Ducati an Kunden ausgeliefert. Audi fokussiert auf nachhaltige Produkte und Technologien für die Zukunft der Mobilität.

Frank Loydl

Hauptsitz	Ingolstadt
Website	www.audi.com
Umsatz	59.200 Millionen Euro (2018)
EBIT	4.700 Millionen Euro (2018, vor Sondereinflüssen)
Mitarbeiter	zirka 90.000 weltweit, davon mehr als 60.000 in Deutschland (2018)
CIO	Frank Loydl
IT-Mitarbeiter	850
IT-Ziele	Die Digitalisierung ist ein großes Zukunftsthema der Automobilbranche, an dem die Audi AG tagtäglich arbeitet. Die Audi IT unterstützt dabei alle Geschäftsbereiche innerhalb der Audi AG: Beschaffung und IT, Technische Entwicklung, Finanz, China und Recht, Produktion und Logistik, Personal und Organisation, Marketing und Vertrieb und alle übergeordneten zentralen IT-Dienstleistungen des Unternehmens. Darüber hinaus erhalten die Tochtergesellschaften der Audi AG Unterstützung für die wichtigsten IT-Themen. Innerhalb des Volkswagen Konzerns unterstützt die Audi IT die wichtigsten Bereiche der VW Group IT und nutzt Synergien durch ihre Zusammenarbeit mit den Kompetenzzentren in den verschiedenen Märkten.
IT-Organisationsstruktur	Der CIO berichtet an den Vorstand Beschaffung & IT
IT-Dienstleister	HP, IBM, Microsoft, SAP, T-Systems

Bewerbung als IT-Mitarbeiter unter www.audi.com/corporate/de/karriere.html

AUSRICHTUNG

zentral	○●○○○	dezentral
standardisiert	○●○○○	best of breed
viel Outsourcing	○●○○○	wenig Outsourcing
sehr digitalisiert	○○●○○	weniger digitalisiert

Weitere Informationen unter:
www.cio.de/top500/detail/audi-ag,29

Platz 14 / Konzerne

Edeka Zentrale AG & Co. KG

UNTERNEHMENSINFORMATIONEN

Der **Edeka-Verbund** ist genossenschaftlich organisiert und gehört zu den führenden Lebensmittelhändlern in Deutschland. Bundesweit verleihen rund 4.000 selbstständige Kaufleute dem Edeka-Verbund ein Gesicht. Die Koordination der Edeka-Strategie erfolgt in der Hamburger Edeka-Zentrale. Sie steuert das nationale Warengeschäft ebenso wie Marketing-Kampagnen. Auch verbundübergreifende Ziele wie das Schaffen durchgängiger IT-Strukturen werden von dort organisiert.

Neben einer großen Anzahl von Eigenmarken gehören mit Netto Marken Discount, Edeka-Verlag, Edeka Lunar GmbH, Edeka C+C Großmarkt, Energie von Edeka, Nonfood CM GmbH sowie der CEV Handelsimmobilien GmbH zahlreiche Tochtergesellschaften zum Verbund.

Hauptsitz	Hamburg
Website	www.edeka.de
Umsatz	53.600 Millionen Euro (2018)
EBIT	286 Millionen Euro (2018)
Mitarbeiter	376.000 (2018)
CIO	Sylvia Rosellen Deniz und Christoph Diekmeyer (Geschäftsführer Edeka Digital)
IT-Mitarbeiter	k.A.
IT-Benutzer	k.A.
IT-Budget	k.A.
IT-Töchter	Edeka Digital GmbH (Eddi)
IT-Ziele	Bereitstellen von bedarfsgerechten und exzellenten IT-Services zu wettbewerbsfähigen Kosten für den gesamten Edeka-Verbund; Sicherstellen der digitalen Transformation, indem die notwendigen prozessualen und systemtechnischen Voraussetzungen geschaffen werden; Implementieren einer verbundweiten IT Governance und effektiver IT-Sicherheitsstandards; Schaffen von IT-Arbeitsplätzen der Zukunft zur Förderung der Kreativität und Innovationskraft
IT-Organisationsstruktur	k.A.
IT-Dienstleister	SAP, Oracle, Microsoft
IT-Anwendungen	SAP, Oracle, Microsoft

Bewerbung als IT-Mitarbeiter unter https://verbund.edeka/karriere/

AUSRICHTUNG*

zentral	○ ● ○ ○ ○	dezentral
standardisiert	● ○ ○ ○ ○	best of breed
viel Outsourcing	○ ○ ○ ● ○	wenig Outsourcing
sehr digitalisiert	○ ● ○ ○ ○	weniger digitalisiert

Weitere Informationen unter:
www.cio.de/top500/detail/edeka-zentrale-ag-und-co-kg,41

*Schätzung der CIO-Redaktion

Continental AG

UNTERNEHMENSINFORMATIONEN

Die **Continental AG** ist in der Industrie und Automobilzulieferbranche tätig und hat ihren Hauptsitz in Hannover. Aus der 1871 gegründeten „Continental-Caoutchouc- und Gutta-Percha Compagnie" entwickelte sich der heute international agierende Technologiekonzern, der weltweit zu den größten der Automobilzulieferbranche gehört. Die Continental AG hat ihr Sortiment neben der Reifenproduktion stets vergrößert. So entwickelt und vertreibt der Konzern elektronisch gesteuerte Fahrwerk- und Fahrzeugsicherheitssysteme, die unter anderem bei Fahrerassistenzsystemen, Airbag-Steuergeräten, Beschleunigungssensoren und Bremsen eingesetzt werden.

Christian Eigler

Hauptsitz	Hannover
Website	www.continental-corporation.com
Umsatz	44.400 Millionen Euro (2018)
EBIT	4.000 Millionen Euro (2018)
Mitarbeiter	243.226 (2018)
CIO	Christian Eigler
IT-Mitarbeiter	19.000 Software- und IT-Spezialisten
IT-Benutzer	k.A.
IT-Budget	k.A.
IT-Ziele	Digitalisierung des Unternehmens in den Bereichen: neue Geschäftsmodelle, Industrie 4.0, Digital Workplace und der Nutzung digitaler Technologien zur Optimierung der Geschäftsprozesse. Sicherstellung stabiler und skalierbarer IT Services durch Harmonisierung und Standardisierung (Infrastruktur und Anwendungen) und selektives Sourcing.
IT-Organisationsstruktur	Der Corporate CIO berichtet an den CFO und verantwortet die IT global. Vier divisionale CIOs (Automotive, Powertrain, Reifen, ContiTech) sind für die Ausprägung der IT in den jeweiligen Geschäftsbereichen verantwortlich. Globale Infrastruktur Services und gemeinsame Anwendungen werden von Corporate IT verantwortet. Portfoliomanagement in den jeweiligen Bereichen für Demand Management und Priorisierung.
IT-Anwendungen	Microsoft; SAP; PTC (Windchill); Creo & Integrity; Catia; Teamcenter; IBM (Connections & Rational); Oracle; Ansys

Bewerbung als IT-Mitarbeiter unter **www.careers-continental.com**

AUSRICHTUNG

zentral ○○○●○ dezentral		Weitere Informationen unter:
standardisiert ○●○○○ best of breed		**www.cio.de/top500/detail/**
viel Outsourcing ○○●○○ wenig Outsourcing		**continental-ag,184**
sehr digitalisiert ○○●○○ weniger digitalisiert		

Platz 16 / Konzerne

Deutsche Bahn AG

UNTERNEHMENSINFORMATIONEN

Die **Deutsche Bahn AG** (DB) ist ein deutsches Verkehrsunternehmen mit Sitz in Berlin. Es entstand 1994 aus der Fusion der Staatsbahnen Deutscher Bundesbahn und Deutscher Reichsbahn.

Das bundeseigene Unternehmen ist das größte Eisenbahnverkehrs- und Eisenbahn-Infrastrukturunternehmen in Mitteleuropa.

Christa Koenen

Hauptsitz	Berlin
Website	www.deutschebahn.com
Umsatz	44.024 Millionen Euro (2018)
EBIT	2.111 Millionen Euro (2018)
Mitarbeiter	zirka 330.000 (2018)
CIO	Christa Koenen
IT-Mitarbeiter	zirka 9.000
IT-Benutzer	zirka 250.000
IT-Budget	k.A.
IT-Töchter	DB Systel GmbH
IT-Ziele	Mehrwertsteigerung für die DB-Kunden durch Bereitstellung von wirtschaftlicher und innovativer IT; Sicherstellung einer geschäftsorientierten, leistungsfähigen IT-Landschaft und Datenarchitektur; Optimale Verzahnung von Geschäfts- und IT-Prozessen zur Unterstützung der Geschäftsentwicklung.
IT-Organisationsstruktur	Der CIO des DB Konzerns berichtet an den Vorstand Digitalisierung & Technik. Zentrales Entscheidungsgremium für IT ist das vom Konzern CIO geführte CIO-Board, in dem die CIOs der Geschäftsfelder sowie die Geschäftsführung des internen IT-Dienstleisters DB Systel vertreten sind.
IT-Dienstleister	DB Systel (IT-Service Provider)
IT-Anwendungen	Trassenplanung, vorausschauende Instandhaltung, Vertrieb, CRM-Systeme, Reisenden-Information, Fahrplan, Disposition, Transport- und Logistiksysteme, Building Information Modelling, Finanzen und Controlling

Bewerbung als IT-Mitarbeiter unter https://karriere.deutschebahn.com/karriere-de

AUSRICHTUNG

zentral	○○●○○	dezentral
standardisiert	○○●○○	best of breed
viel Outsourcing	○○○●○	wenig Outsourcing
sehr digitalisiert	○○●○○	weniger digitalisiert

Weitere Informationen unter:

www.cio.de/top500/detail/deutsche-bahn-ag,465

Jahrbuch 2020

Bayer AG

UNTERNEHMENSINFORMATIONEN

Bayer ist ein weltweit tätiges Unternehmen mit Kernkompetenzen auf den Life-Science-Gebieten Gesundheit und Ernährung. Mit seinen Produkten und Dienstleistungen will das Unternehmen zur Lösung grundlegender Herausforderungen einer stetig wachsenden und alternden Weltbevölkerung beitragen. Gleichzeitig will der Konzern seine Ertragskraft steigern sowie durch Innovation und Wachstum Werte schaffen. Bayer bekennt sich zu den Prinzipien der Nachhaltigkeit und steht für Vertrauen, Zuverlässigkeit und Qualität.

Daniel Hartert

Hauptsitz	Leverkusen
Website	www.bayer.com
Umsatz	39.586 Millionen Euro (2018)
EBIT	3.914 Millionen Euro (2018)
Mitarbeiter	116.998 Mitarbeiter weltweit (2018)
CIO	Daniel Hartert
IT-Mitarbeiter	4.705 (03/2019)
IT-Benutzer	152.030 (06/2019)
IT-Budget	1.886 Millionen Euro (2018)
IT-Töchter	Bayer Business Services GmbH (wird im Zuge der Konzernumstrukturierungen aufgelöst, IT wird eine Konzernfunktion)
IT-Ziele	Verstärkte Kooperation mit externen Partnern in Digitalisierungsprojekten, Digitalisieren bestehender und Fördern neuer Geschäftsmodelle, Bereitstellen von relevanten Daten, Vereinfachen der internen und externen Zusammenarbeit, Arbeitsabläufe beschleunigen und Agilität fördern sowie Sicherheit und Schutz des gesamten IT-Ökosystems.
IT-Organisationsstruktur	Der CIO von Bayer hat eine Berichtslinie an den Finanzvorstand der Bayer AG. Bisher verantwortet die Tochtergesellschaft Business Services strategisch, organisatorisch sowie operativ die IT von Bayer. Spezifische Anforderungen erfolgen über die IT Business Partner. Ein IT-Leadership-Team steuert übergreifende Themen und die IT-Strategie.
IT-Dienstleister	ATOS, Capgemini, Microsoft, SAP, TATA
IT-Anwendungen	Globale ERP-Systeme für die Geschäftsdivisionen, Systeme für Finance & Accounting, HR, Procurement sowie für CRM, BI und Kollaboration.

Bewerbung als IT-Mitarbeiter unter www.career.bayer.com

AUSRICHTUNG

zentral	●○○○○	dezentral	
standardisiert	○●○○○	best of breed	
viel Outsourcing	○○●○○	wenig Outsourcing	
sehr digitalisiert	○○●○○	weniger digitalisiert	

Weitere Informationen unter:
www.cio.de/top500/detail/bayer-ag,14

Platz 18 / Konzerne

innogy SE

UNTERNEHMENSINFORMATIONEN

Die **innogy SE** adressiert mit ihren drei Geschäftsfeldern Netz & Infrastruktur, Vertrieb und erneuerbare Energien die Anforderungen einer modernen dekarbonisierten, dezentralen und digitalen Energiewelt. Die wichtigsten Märkte sind Deutschland, Großbritannien, die Niederlande und Belgien sowie einige Länder in Mittelost- und Südosteuropa, insbesondere Tschechien, Ungarn und Polen. Bei der Stromerzeugung aus erneuerbaren Energien ist das Unternehmen mit einer Kapazität von 3,7 Gigawatt auch außerhalb dieser Regionen aktiv, etwa in Spanien, Italien und der MENA-Region (Middle East, North Africa).

Innogy ist am 1. April 2016 operativ an den Start gegangen. Die Firma ist aus der Reorganisation des RWE-Konzerns hervorgegangen und seit dem 7. Oktober 2016 an der Börse.

Hauptsitz	Essen
Website	www.innogy.com
Umsatz	36.984 Millionen Euro (2018)
EBIT	2.630 Millionen Euro (bereinigtes EBIT 2018)
Mitarbeiter	42.904 (2018, umgerechnet in Vollzeitstellen)
CIO	Marcus Schaper
IT-Mitarbeiter	zirka 1.200
IT-Benutzer	zirka 55.000
IT-Budget	zirka 700 Millionen Euro
IT-Töchter	Service-Gesellschaften inklusive IT im Ausland
IT-Ziele	Steigern der Produktivität durch DevOps-Methoden, Agile Project Management und pragmatische Anwendung von Lean-Management-Methoden; Ermöglichen und unterstützen der digitalen Transformation durch neue Produkte/Services sowie digitalisierte Geschäftsprozesse; Ausbauen der Kompetenzen im Bereich Digitalisierung sowohl in den Geschäftsfeldern als auch in der IT
IT-Organisationsstruktur	Der CIO berichtet an den CFO der innogy SE
IT-Dienstleister	Infosys (Workplace), Wipro (Data Centre), Vodafone (Voice-/Datenkommunikation), FPT (Application Support)
IT-Anwendungen	SAP, eigene technische Applikationen, digitale Plattformen

Bewerbung als IT-Mitarbeiter unter https://iam.innogy.com/ueber-innogy/bei-innogy-arbeiten

AUSRICHTUNG

zentral ○○●○○ dezentral		Weitere Informationen unter:
standardisiert ○○●○○ best of breed		www.cio.de/top500/detail/
viel Outsourcing ○○●○○ wenig Outsourcing		innogy-se,976
sehr digitalisiert ○●○○○ weniger digitalisiert		

Jahrbuch 2020

ZF Friedrichshafen AG

UNTERNEHMENSINFORMATIONEN

ZF ist ein weltweit aktiver Technologiekonzern und liefert Systeme für die Mobilität von Pkw, Nutzfahrzeugen und Industrietechnik. Mit einem umfassenden Technologieportfolio bietet ZF ganzheitliche Lösungen für etablierte Automobilhersteller sowie Mobilitätsanbieter und neu entstehende Unternehmen im Bereich Transport und Mobilität. Ein Schwerpunkt der Weiterentwicklung der ZF-Systeme ist die digitale Vernetzung und Automatisierung.

ZF lässt Fahrzeuge sehen, denken und handeln. ZF ist an rund 230 Standorten in 40 Ländern vertreten. Das Unternehmen wendet jährlich mehr als sechs Prozent seines Umsatzes für Forschung und Entwicklung auf.

Jürgen Sturm

Hauptsitz	Friedrichshafen
Website	www.zf.com
Umsatz	36.900 Millionen Euro (2018)
EBIT	2.100 Millionen Euro (2018)
Mitarbeiter	148.969 (2018)
CIO	Jürgen Sturm
IT-Mitarbeiter	2.400
IT-Benutzer	zirka 100.000
IT-Budget	k.A.
IT-Ziele	Neue Geschäftsmodelle für die Mobilität und die zunehmende Vernetzung erfordern durchgängig digitalisierte Prozessplattformen etwa für IoT, Data Analytics, PLM, ERP, Produktion, Supply Chain sowie Entwicklungsplattformen für Fahrerassistenzsysteme und Autonomes Fahren. Für die genannten Anforderungen werden hybride, multi-cloudfähige IT-Architekturen mit verschiedenen strategischen Partnern bereitgestellt, die auf maximale Wirksamkeit, Benutzerfreundlichkeit und durchgängige Prozessketten ausgelegt sind.
IT-Organisationsstruktur	Der CIO berichtet an den Vorstand Finanzen, IT, M&A. Die IT arbeitet eng verzahnt mit allen Funktionen und Unternehmensbereichen über strategische Steuerkreise zusammen.
IT-Anwendungen	CATIA/CREO (CAD), Windchill/Integrity/git (PLM), SAP (ERP), Microsoft Office 365, Azure/AWS (Cloud)

Bewerbung als IT-Mitarbeiter unter https://zfjobs.jobs.net

AUSRICHTUNG

zentral	○●○○○	dezentral	
standardisiert	○●○○○	best of breed	
viel Outsourcing	○○●○○	wenig Outsourcing	
sehr digitalisiert	○○●○○	weniger digitalisiert	

Weitere Informationen unter:
www.cio.de/top500/detail/zf-friedrichshafen-ag,30

Metro AG

UNTERNEHMENSINFORMATIONEN

Timo Salzsieder

Metro ist ein führender internationaler Großhändler mit Food- und Nonfood-Sortimenten, der auf die Bedürfnisse von Hotels, Restaurants und Caterern (HoReCa) sowie von unabhängigen Händlern spezialisiert ist. Die weltweit rund 24 Millionen Metro-Kunden können wahlweise in einem der großflächigen Märkte einkaufen, online bestellte Ware abholen oder sich beliefern lassen.

Mit digitalen Lösungen unterstützt Metro zudem die Wettbewerbsfähigkeit von Unternehmern und Selbständigen und trägt damit zur kulturellen Vielfalt in Handel und Gastronomie bei. Nachhaltigkeit ist für Metro ein wesentlicher Pfeiler sämtlicher Aktivitäten, im Dow Jones Sustainability Index ist der Konzern seit vier Jahren Branchenprimus.

Hauptsitz	Düsseldorf
Website	www.metroag.de
Umsatz	36.500 Millionen Euro (2017/18)
EBIT	1.396 Millionen Euro (2017/18) EBITDA ohne Ergebnisbeiträge aus Immobilientransaktionen
Mitarbeiter	146.301 (nach Köpfen zum Stichtag 30. September 2018)
CIO	Timo Salzsieder
IT-Mitarbeiter	2.500
IT-Benutzer	k.A.
IT-Budget	k.A.
IT-Töchter	METRONOM GmbH
IT-Ziele	Bereitstellung von kundenzentrierten Services durch eine kulturell starke Organisation, welche die Geschäftsentwicklung des Gesamtkonzerns positiv beeinflussen.
IT-Organisationsstruktur	Der CIO berichtet an den Personalvorstand
IT-Dienstleister	Thoughtworks, InfoSys, freiheit.com im Engineering-Umfeld, Google und Microsoft als Cloud-Anbieter
IT-Anwendungen	Warenwirtschaft, Analytics und digitale Produkte

Bewerbung als IT-Mitarbeiter unter **www.metronom.com**

AUSRICHTUNG

zentral	○○○●○	dezentral
standardisiert	○○●○○	best of breed
viel Outsourcing	○○●○○	wenig Outsourcing
sehr digitalisiert	○○●○○	weniger digitalisiert

Weitere Informationen unter:
www.cio.de/top500/detail/metro-ag,477

Deutsche Lufthansa AG

UNTERNEHMENSINFORMATIONEN

Die **Deutsche Lufthansa AG** ist ein international tätiges Lufttransportunternehmen aus Deutschland. Der Firmensitz befindet sich seit der Neugründung 1953 in Köln. Das Unternehmensgeschäft zerfällt in die Konzernbereiche Personentransport, Fracht, Technik, Catering, Dienstleistungen und die Service- und Finanzgesellschaften. Die Deutsche Lufthansa AG unterhält an den Flughäfen Frankfurt am Main, München und Düsseldorf überregionale Zentralen, die Drehkreuze des internationalen Luftverkehrs sind.

Roland Schütz

Hauptsitz	Köln
Website	www.lufthansa.com
Umsatz	35.844 Millionen Euro (2018)
EBIT	2.974 Millionen Euro (2018)
Mitarbeiter	135.534 (2018)
CIO	Roland Schütz
IT-Mitarbeiter	zirka 2.200 funktional integrierte Mitarbeiter
IT-Benutzer	zirka 90.000
IT-Budget	zirka 1.300 Millionen Euro
IT-Ziele	Best-in-Class-Service für Kunden (etwa Seamless Travel und Mobility Services); Kostenoptimierung durch Konvergenz Airline-übergreifender Technologien, IT-Services und Prozesse; Innovation durch Einsatz von game-changing IT-Technologien; horizontales und vertikales IT-Alignment; Optimierung der IT-Infrastruktur; IT-Sourcing und IT-Shared-Services
IT-Organisationsstruktur	Die Konzern-CIO und Lufthansa Group Airline CIO wird als „Double Hat" wahrgenommen. In der Funktion des Konzern-CIOs berichtet Roland Schütz an den Finanzvorstand, in der Funktion des Lufthansa Group Airline CIO an den Konzern-Vorstand Hub Management. Unter dem Vorsitz des Konzern-CIOs ist ein konzernübergreifendes IT-Entscheidungsgremium etabliert, an dem alle CIOs teilnehmen.
IT-Dienstleister	Lufthansa Systems, Lufthansa Industry Solutions, IBM und CGI für Infrastruktur, AMADEUS für Passagiersysteme
IT-Anwendungen	Passagier- und Kundenbindungssysteme, CRM- und Planungssysteme (z.B. Crew- und Netzplanung), Logistik- und MRO-Lösungen

Bewerbung als IT-Mitarbeiter unter www.be-lufthansa.com

AUSRICHTUNG

zentral	○○●○○	dezentral
standardisiert	○●○○○	best of breed
viel Outsourcing	○●○○○	wenig Outsourcing
sehr digitalisiert	●○○○○	weniger digitalisiert

Weitere Informationen unter:
www.cio.de/top500/detail/deutsche-lufthansa-ag,259

Platz 22 / Konzerne

ThyssenKrupp AG

UNTERNEHMENSINFORMATIONEN

Martin Hölz

Die **ThyssenKrupp AG** mit Sitz in Essen ist Deutschlands größtes Stahlunternehmen. Hervorgegangen ist der Konzern im Jahr 1999 aus dem Zusammenschluss der Friedrich Krupp AG und der Thyssen AG. Die Wurzeln stammen aus dem 19. Jahrhundert. Das Unternehmen ist weltweit in über 70 Ländern vertreten.

Die Geschäftsaktivitäten sind in sechs Business Areas gebündelt: Components Technology, Elevator Technology, Industrial Solutions, Materials Services sowie Steel Europe und Steel Americas. Dabei untergliedern sich die Business Areas in Business Units und Operating Units.

Hauptsitz	Essen
Website	www.thyssenkrupp.com
Umsatz	34.777 Millionen Euro (2017/18)
EBIT	1.551 Millionen Euro (2017/18), bereinigtes EBIT
Mitarbeiter	161.096 (2017/18)
CIO	Martin Hölz
IT-Mitarbeiter	zirka 3.100 FTE (Full Time Equivalents)
IT-Benutzer	zirka 100.000
IT-Budget	k.A.
IT-Töchter	Thyssenkrupp Business Services GmbH und weitere internationale Standorte (Global Shared Services IT), Thyssenkrupp Digital Projects
IT-Ziele	Gemeinsame Umsetzung der Digitalisierungsstrategie mit den Business Areas (u.a. Cloud-Plattformen, IoT, AI, Analytics); Harmonisierung und Optimierung der Geschäftsprozesse und der IT-Infrastruktur
IT-Organisationsstruktur	Der Konzern-CIO berichtet an den Konzern-Finanzvorstand (Konzern-CFO). Für alle Prozess- und IT-Themen gibt es ein konzernübergreifendes Gremium, besetzt mit Konzernvorständen und Fachbereichsvertretern.
IT-Dienstleister	Mehrere große IT-Dienstleister
IT-Anwendungen	Neben CAx und PLM sind die Anwendungen von SAP und Microsoft die wesentlichen Software-Bausteine für ERP, Office und Kollaboration. Eine weitere ist Kubernetes zur Containerisierung.

Bewerbung als IT-Mitarbeiter unter karriere.thyssenkrupp.com

AUSRICHTUNG

zentral	○○●○○	dezentral
standardisiert	○●○○○	best of breed
viel Outsourcing	○●○○○	wenig Outsourcing
sehr digitalisiert	○●○○○	weniger digitalisiert

Weitere Informationen unter:

www.cio.de/top500/detail/thyssenkrupp-ag,231

Fresenius SE & Co. KGaA

UNTERNEHMENSINFORMATIONEN

Die **Fresenius SE & Co. KGaA** ist im Gesundheitswesen, der Medizintechnik und der Pharmaindustrie tätig. Das Unternehmen gründete 1912 Eduard Fresenius. Der Sitz ist bis heute in Bad Homburg. Fresenius ist als eines der größten deutschen Unternehmen im DAX gelistet und in rund 100 Ländern weltweit tätig. Das Unternehmen ist in die Geschäftsbereiche Medical Care, Kabi, Helios und Vamed unterteilt.

Klaus Kieren

Hauptsitz	Bad Homburg v. d. Höhe
Website	www.fresenius.de
Umsatz	33.530 Millionen Euro (2018)
EBIT	4.561 Millionen Euro (2018)
Mitarbeiter	276.800 (2018)
CIO	Klaus Kieren
IT-Mitarbeiter	k.A.
IT-Benutzer	k.A.
IT-Budget	k.A.
IT-Töchter	Fresenius Netcare GmbH (Bad Homburg)
IT-Ziele	k.A.
IT-Organisationsstruktur	k.A.
IT-Dienstleister	k.A.
IT-Anwendungen	SAP

Bewerbung als IT-Mitarbeiter unter https://karriere.fresenius.de/

AUSRICHTUNG*

zentral	●○○○○	dezentral
standardisiert	●○○○○	best of breed
viel Outsourcing	●○○○○	wenig Outsourcing
sehr digitalisiert	○●○○○	weniger digitalisiert

Weitere Informationen unter:
www.cio.de/top500/detail/
fresenius-se-und-co-kgaa,594

*Schätzung der CIO-Redaktion

Platz 24 / Konzerne

E.ON SE

UNTERNEHMENSINFORMATIONEN

E.ON ist ein internationales privates Energieunternehmen mit Sitz in Essen, das sich auf die Geschäftsfelder Energienetze, Kundenlösungen und Erneuerbare Energien konzentriert. Als eines der größten Energieunternehmen Europas übernimmt E.ON eine führende Rolle bei der Gestaltung einer sauberen, digitalen und dezentralen Welt der Energie. Dazu entwickelt und vertreibt das Unternehmen Produkte und Lösungen für Privat-, Gewerbe- und Industriekunden. Mehr als 30 Millionen Privat-, Gewerbe- und Industriekunden beziehen Strom, Gas, digitale Produkte oder Lösungen für Elektromobilität und Klimaschutz von E.ON.

Aufgrund von geplanten Veränderungen im Konzern hat E.ON bis zum Redaktionsschluss des CIO-Jahrbuchs Anfang August von Angaben zur Konzern-IT abgesehen.

Hauptsitz	Essen
Website	www.eon.com
Umsatz	30.253 Millionen Euro (2018)
EBIT	2.989 Millionen Euro (2018)
Mitarbeiter	43.302 (2018)
CIO	k.A.
IT-Mitarbeiter	k.A.
IT-Benutzer	k.A.
IT-Budget	k.A.
IT-Ziele	k.A.
IT-Organisationsstruktur	k.A.
IT-Dienstleister	k.A.
IT-Anwendungen	k.A.

Bewerbung als IT-Mitarbeiter unter
www.eon.com/de/ueber-uns/karriere/junge-talente/digital-technology.html

AUSRICHTUNG*

zentral ○○●○○ dezentral		Weitere Informationen unter:
standardisiert ○●○○○ best of breed		www.cio.de/top500/detail/
viel Outsourcing ○●○○○ wenig Outsourcing		e-on-se,60
sehr digitalisiert ○○●○○ weniger digitalisiert		

*Schätzung der CIO-Redaktion

BP Europa SE

UNTERNEHMENSINFORMATIONEN

Bei der **BP Europa SE** mit Sitz der Hauptverwaltung in Bochum handelt es sich um ein international tätiges Energieunternehmen, dessen Wurzeln bis in das Jahr 1904 zurückreichen. Im Jahr 2010 fusionierten mehrere Landesgesellschaften der Dachmarke aus Großbritannien zur BP Europa SE. Zum Konzern gehören auch die Marken Aral und Castrol. Durch den hohen bundesweiten Marktanteil von Aral ist die BP Europa SE in der Bundesrepublik einer der Marktführer.

Zu den Hauptaufgaben der Gruppe für Energie und Rohstoffe zählt die weltweite Suche und Förderung von Öl und Gas. Diese werden dann in eigenen Raffinerien veredelt und anschließend zum Verbraucher transportiert. Darüber hinaus ist der Konzern auf dem deutschen Markt auch eines der führenden Unternehmen im Handel mit Strom.

Michael Terhorst

Hauptsitz	Bochum
Website	www.bp.com/de
Umsatz	43.278 Millionen Euro (2018, BP Europa), davon 29.300 Millionen Euro in Deutschland
EBIT	k.A.
Mitarbeiter	10.508 (2018)
CIO	Michael Terhorst
IT-Mitarbeiter	k.A.
IT-Benutzer	k.A.
IT-Budget	k.A.
IT-Ziele	k.A.
IT-Organisationsstruktur	Der CIO berichtet an den CFO
IT-Dienstleister	k.A.
IT-Anwendungen	SAP

Bewerbung als IT-Mitarbeiter unter www.bp.com/de_de/germany/karriere-center.html

AUSRICHTUNG*

zentral	○●○○○	dezentral	
standardisiert	○○●○○	best of breed	
viel Outsourcing	●○○○○	wenig Outsourcing	
sehr digitalisiert	○○○●○	weniger digitalisiert	

Weitere Informationen unter:
www.cio.de/top500/detail/bp-europa-se,228

*Schätzung der CIO-Redaktion

Platz 26 / Konzerne

Traton SE

UNTERNEHMENSINFORMATIONEN

Die **Traton SE** ist eine Tochtergesellschaft der Volkswagen AG und gehört mit ihren Marken MAN, Scania, Volkswagen Caminhões e Ônibus und RIO zu den weltweit führenden Nutzfahrzeugherstellern. Im Jahr 2018 setzten die Marken der Traton Group insgesamt rund 233.000 Fahrzeuge ab. Das Angebot umfasst leichte Nutzfahrzeuge, Lkw und Busse, die an 29 Standorten in 17 Ländern produziert werden.

Hauptsitz	München
Website	www.traton.de
Umsatz	25.927 Millionen Euro (2018)
EBIT	1.700 Millionen Euro (2018)
Mitarbeiter	81.000 (2018)
CIO	Andreas Eckle
IT-Mitarbeiter	k.A.
IT-Benutzer	k.A.
IT-Budget	k.A.
IT-Ziele	k.A.
IT-Organisationsstruktur	k.A.
IT-Dienstleister	k.A.
IT-Anwendungen	k.A.

Bewerbung als IT-Mitarbeiter unter www.traton.com/de/karriere

AUSRICHTUNG*

zentral	○●○○○	dezentral
standardisiert	○●○○○	best of breed
viel Outsourcing	○●○○○	wenig Outsourcing
sehr digitalisiert	○●○○○	weniger digitalisiert

Weitere Informationen unter:
www.cio.de/top500/detail/traton-se,369

*Schätzung der CIO-Redaktion

Phoenix Pharma SE

UNTERNEHMENSINFORMATIONEN

Die **Phoenix Group** ist ein führender europäischer Konzern in der Pharmabranche. Mit 164 Distributionszentren in 27 Ländern in ganz Europa ist die Phoenix Group flächendeckend vertreten. Im Pharmagroßhandel zählt Phoenix in vielen Ländern (z.B. in Deutschland, Italien, Schweden oder Serbien) zu den Marktführern. Der wichtigste Unternehmensbereich ist der Handel mit Pharmaprodukten, die an Apotheken, Ärzte und medizinische Einrichtungen geliefert werden. Darüber hinaus werden medizinnahe Dienstleistungen angeboten, zum Beispiel Patientenberatungen und Warenwirtschaftssysteme für Apotheken.

Hauptsitz	Mannheim
Website	www.phoenixgroup.eu
Umsatz	25.812 Millionen Euro
EBIT	320 Millionen Euro (vor Goodwill Impairment, 2018)
Mitarbeiter	37.140 (2018)
CIO	Harry Lammich
IT-Mitarbeiter	zirka 560
IT-Benutzer	zirka 24.000
IT-Budget	zirka 26.000 Millionen Euro
IT-Töchter	27 Landesgesellschaften
IT-Ziele	Durchgängige End-to-End-Supply-Chain mit hochintegrierten IT-Systemen und reduzierter Komplexität
IT-Organisationsstruktur	k.A.
IT-Dienstleister	DXC (Win-Server Betrieb), Axians (AIX-Server Betrieb), BT (WAN/MPLS)
IT-Anwendungen	k.A.

Bewerbung als IT-Mitarbeiter unter www.phoenixgroup.eu/en/careers/job-openings

AUSRICHTUNG

zentral	○○○●○	dezentral
standardisiert	○○○●○	best of breed
viel Outsourcing	○○●○○	wenig Outsourcing
sehr digitalisiert	○○●○○	weniger digitalisiert

Weitere Informationen unter:
www.cio.de/top500/detail/phoenix-pharma-se,103

Dr. Ing. h.c. F. Porsche AG

UNTERNEHMENSINFORMATIONEN

Die **Dr. Ing. h.c. F. Porsche AG** ist einer der weltweit erfolgreichsten Hersteller von Luxussportwagen. Die Geschichte des süddeutschen Traditionsunternehmens mit Sitz in Stuttgart begann im Jahr 1931, als der Ingenieur Ferdinand Porsche ein Konstruktionsbüro eröffnete. Diese Firma wurde später in eine Kommanditgesellschaft umgewandelt, bis 1972 die Aktiengesellschaft Dr. Ing. h.c. F. Porsche AG gegründet wurde. Das erste Auto, das den Namen Porsche trug, kam 1947 auf den Markt.

Mattias Ulbrich

Hauptsitz	Stuttgart-Zuffenhausen
Website	www.porsche.de
Umsatz	25.784 Millionen Euro (2018)
EBIT	4.300 Millionen Euro (2018)
Mitarbeiter	32.325 (2018)
CIO	Mattias Ulbrich
IT-Mitarbeiter	zirka 800 (Porsche-Konzern ohne MHP)
IT-Benutzer	zirka 50.000
IT-Budget	zirka 700 Millionen Euro
IT-Töchter	MHP Management- und IT-Beratung GmbH, Porsche Digital GmbH
IT-Ziele	Mit der Porsche IT & Digital Strategie treibt das Unternehmen die zentralen Handlungsfelder Künstliche Intelligenz, Digital Security und Digital Experience in den Bereichen Kundenbeziehungen, Produkte und Services sowie Unternehmensprozesse voran, um die exklusive und sportliche Mobilität von morgen zu prägen
IT-Organisationsstruktur	Der CIO berichtet an den CFO. Die Steuerung aller IT-Themen erfolgt über ein zentrales Gremium (Digitalkreis).
IT-Dienstleister	MHP Management- und IT-Beratung GmbH, SAP, AWS, Microsoft
IT-Anwendungen	Digitale Business-Plattform, SAP-Anwendungen, Industrial Cloud

Bewerbung als IT-Mitarbeiter unter https://jobs.porsche.com/

AUSRICHTUNG

zentral	○●○○○	dezentral
standardisiert	○○●○○	best of breed
viel Outsourcing	○●○○○	wenig Outsourcing
sehr digitalisiert	○○●○○	weniger digitalisiert

Weitere Informationen unter:
www.cio.de/top500/detail/dr-ing-h-c-f-porsche-ag,104

Hochtief AG

UNTERNEHMENSINFORMATIONEN

Die **Hochtief AG** zählt zu den weltweit führenden Bauunternehmen. Der börsennotierte Konzern wurde bereits im Jahre 1873 gegründet und hat seinen Hauptsitz in Essen. Die Hochtief AG ist ein auf der ganzen Welt agierendes Unternehmen, sodass nur etwa fünf Prozent des Gesamtumsatzes innerhalb Deutschlands erzielt werden. Die Angebotspalette des Konzerns umfasst die Entwicklung, den Bau und Dienstleistungen sowie Konzessionen und Betrieb.

Hauptsitz	Essen
Website	www.hochtief.de
Umsatz	25.446 Millionen Euro (2018)
EBIT	1.124 Millionen Euro (2018)
Mitarbeiter	55.777 (2018)
CIO	Dirk Steffen
IT-Mitarbeiter	k.A.
IT-Benutzer	k.A.
IT-Budget	k.A.
IT-Ziele	Optimale, angemessene Unterstützung der Unternehmenseinheiten und der Geschäftsprozesse mit standardisierten modularen IT-Lösungen; Zielgerichtete Konfiguration und Adaption der am Markt verfügbaren IT-Produkte und Standards
IT-Organisationsstruktur	Der CIO berichtet direkt an den Vorstand
IT-Dienstleister	k.A.
IT-Anwendungen	Microsoft, SAP, Autodesk sowie Collaboration-, Projekt- und Plan-Management-Tools

Bewerbung als IT-Mitarbeiter unter www.hochtief.de/hochtief/6.jhtml

AUSRICHTUNG

zentral	○●○○○	dezentral
standardisiert	○●○○○	best of breed
viel Outsourcing	○●○○○	wenig Outsourcing
sehr digitalisiert	○●○○○	weniger digitalisiert

Weitere Informationen unter:
www.cio.de/top500/detail/hochtief-ag,235

Platz 30 / Konzerne

SAP SE

UNTERNEHMENSINFORMATIONEN

Die **SAP SE** entwickelt hauptsächlich Software zur Abwicklung sämtlicher Geschäftsprozesse wie Buchführung, Controlling und Lagerhaltung. Gegründet wurde das Unternehmen „SAP Systemanalyse und Programmentwicklung" 1972 von fünf ehemaligen IBM-Mitarbeitern.

Florian Roth

Hauptsitz	Walldorf
Website	www.sap.com
Umsatz	24.960 Millionen Euro (2018)
EBIT	2.400 Millionen Euro (2018)
Mitarbeiter	96.500 (2018)
CIO	Florian Roth
IT-Mitarbeiter	zirka 2.500
IT-Benutzer	zirka 85.200 Mitarbeiter und zirka 388.000 Kunden
IT-Budget	k.A.
IT-Ziele	SAP treibt den eigenen Wandel zum intelligenten Unternehmen voran. Durch die Nutzung des eigenen Standardsoftwareportfolios verwandelt SAP IT Services die SAP und alle ihre Geschäftseinheiten zum Vorbild des Intelligent Enterprise. Damit übernimmt die IT-Organisation eine treibende Rolle in der Entwicklung von Co-Innovationen zusammen mit der Produktentwicklung. In engem Austausch mit Fachabteilungen werden zentrale Geschäftsprozesse umgestaltet, automatisiert und vereinfacht. Um auch am Arbeitsplatz ein digitales Erlebnis zu bieten, ist der Digital Workplace bei SAP mit Collaboration Tools und innovativen Lösungen auf Basis von Machine Learning, Chat Bots und Digital Assistants ausgestattet.
IT-Organisationsstruktur	CIO Florian Roth berichtet an Christian Klein, Vorstand (Intelligent Enterprise Group). Alle Kern-IT-Aufgaben liegen beim CIO.
IT-Dienstleister	k.A.
IT-Anwendungen	SAP Cloud Platform, S/4HANA und C/4HANA, Mobile Apps, Cloud for Analytics, Machine Learning, Ariba, SuccessFactors, Hybris, Fieldglass, Qualtrics und Concur

Bewerbung als IT-Mitarbeiter unter **www.careersatsap.com**

AUSRICHTUNG

zentral	●○○○○	dezentral
standardisiert	○●○○○	best of breed
viel Outsourcing	○○●○○	wenig Outsourcing
sehr digitalisiert	●○○○○	weniger digitalisiert

Weitere Informationen unter:
www.cio.de/top500/detail/sap-se,843

Adidas AG

UNTERNEHMENSINFORMATIONEN

Die **Adidas AG** ist einer der größten Sportartikelhersteller der Welt. Der börsennotierte Konzern wurde im Jahre 1949 durch den Schuhmachermeister Adolf Dassler gegründet und hat seinen Hauptsitz im fränkischen Herzogenaurach. Das umfangreiche Produktportfolio von Adidas umfasst neben Bekleidung, Schuhen und Ausrüstungsgegenständen für den sportlichen Bereich auch eine eigene Casual-Modelinie.

Fumbi Chima

Hauptsitz	Herzogenaurach
Website	www.adidas-group.com/de
Umsatz	21.915 Millionen Euro (2018)
EBIT	2.368 Millionen Euro (2018)
Mitarbeiter	57.016 (2018)
CIO	Fumbi Chima
IT-Mitarbeiter	1.420 (2018)
IT-Benutzer	k.A.
IT-Budget	k.A.
IT-Ziele	Unterstützung der adidas Unternehmensstrategie „Creating the new"; Technologie und Digitalisierung als Enabler für das beste Sportunternehmen der Welt
IT-Organisationsstruktur	Global ausgerichtete IT-Struktur mit direkten Berichtslinien in die zentrale Organisation. Die CIO berichtet direkt an den Finanzvorstand.
IT-Dienstleister	Infosys, Microsoft, Salesforce, AWS
IT-Anwendungen	SAP, Salesforce

Bewerbung als IT-Mitarbeiter unter www.careers.adidas-group.com

AUSRICHTUNG

zentral	○●○○○	dezentral
standardisiert	○●○○○	best of breed
viel Outsourcing	○○●○○	wenig Outsourcing
sehr digitalisiert	○●○○○	weniger digitalisiert

Weitere Informationen unter:
www.cio.de/top500/detail/adidas-ag,405

Platz 32 / Konzerne

Ceconomy AG

UNTERNEHMENSINFORMATIONEN

Die **Ceconomy AG** ist ein börsennotiertes deutsches Handelsunternehmen für Unterhaltungselektronik. Ceconomy betreibt die Handelsketten Mediamarkt und Saturn. Das Unternehmen ging 2017 aus Teilen der ehemaligen Metro AG hervor. Heute ist die Ceconomy eine europäische Plattform für Unternehmen, Konzepte und Marken im Bereich Consumer Electronics.

Atul Bhardwaj

Hauptsitz	Düsseldorf
Website	www.ceconomy.de
Umsatz	21.418 Millionen Euro (2018)
EBIT	419 Millionen Euro (2018)
Mitarbeiter	61.827 (2018)
CIO	Atul Bhardwaj (CTO)
IT-Mitarbeiter	k.A.
IT-Benutzer	k.A.
IT-Budget	k.A.
IT-Ziele	k.A.
IT-Organisationsstruktur	k.A.
IT-Dienstleister	k.A.
IT-Anwendungen	k.A.

Bewerbung als IT-Mitarbeiter unter www.ceconomy.de/de/karriere/

AUSRICHTUNG*

zentral	○●○○○	dezentral
standardisiert	○○○●○	best of breed
viel Outsourcing	○●○○○	wenig Outsourcing
sehr digitalisiert	○○●○○	weniger digitalisiert

Weitere Informationen unter:
www.cio.de/top500/detail/ceconomy-ag,353

*Schätzung der CIO-Redaktion

McKesson Europe AG

UNTERNEHMENSINFORMATIONEN

McKesson Europe ist ein international führendes Groß- und Einzelhandelsunternehmen und Anbieter von Logistik- und Serviceleistungen im Pharma- und Gesundheitssektor. Das Unternehmen ging aus der Celsio AG hervor und firmiert seit September 2017 unter dem Namen McKesson Europe AG. Mit rund 2.300 McKesson-eigenen Apotheken und mehr als 7.000 Partner- und Markenpartnerapotheken betreut McKesson Europe täglich über zwei Millionen Kunden. McKesson Europe beliefert über 118 verwaltete Großhandelsniederlassungen in Europa, täglich mehr als 50.000 Apotheken sowie Krankenhäuser mit über 100.000 Medikamenten.

Hauptsitz	Stuttgart
Website	www.mckesson.eu/mck-de
Umsatz	21.090 Millionen Euro (2018)
EBIT	-284,6 Millionen Euro (2018)
Mitarbeiter	34.338 (2018)
CIO	k.A.
IT-Mitarbeiter	k.A.
IT-Benutzer	k.A.
IT-Budget	k.A.
IT-Ziele	k.A.
IT-Organisationsstruktur	k.A.
IT-Dienstleister	k.A.
IT-Anwendungen	k.A.

Bewerbung als IT-Mitarbeiter unter **www.mckesson.eu/mck-de/karriere**

AUSRICHTUNG*

zentral	○●○○○	dezentral
standardisiert	○○●○○	best of breed
viel Outsourcing	○○●○○	wenig Outsourcing
sehr digitalisiert	○○●○○	weniger digitalisiert

Weitere Informationen unter:
www.cio.de/top500/detail/mckesson-europe-ag,519

*Schätzung der CIO-Redaktion

EnBW Energie Baden-Württemberg AG

UNTERNEHMENSINFORMATIONEN

Die **EnBW Energie Baden-Württemberg AG** ist ein Unternehmen für Energie und Rohstoffe. Der Hauptsitz des drittgrößten deutschen Energieversorgers befindet sich in Karlsruhe. Der Konzern entstand 1997 aus der Fusion der Badenwerk AG und der Energieversorgung Schwaben. Kernaktivitäten der EnBW sind die Geschäftsfelder Strom, Gas sowie Energie- und Umweltdienstleistungen. Sie deckt im Bereich Strom alle Stufen der Wertschöpfungskette ab und ist neben der Energieerzeugung auch im Transport und der Verteilung sowie im Handel und im Vertrieb von Energie aktiv.

Frank Krickel

Hauptsitz	Karlsruhe
Website	www.enbw.com
Umsatz	20.618 Millionen Euro (2018)
EBIT	875,8 Millionen Euro (2018)
Mitarbeiter	zirka 21.000 (2018)
CIO	Frank Krickel
IT-Mitarbeiter	zirka 600
IT-Benutzer	k.A.
IT-Budget	rund 200 Millionen Euro
IT-Ziele	Umbau der Systemlandschaft im Sinne einer digitalen, variablen und offenen Geschäftsarchitektur; hoher Ambitionsgrad und kurze Time-to-Market bei der Anwendung neuer Technologien; User-/Customer-Experience als Schlüsseldisziplin der digitalen Transformation; Security, Datenschutz und Arbeitnehmerinteressen sind in allen IT Lösungen; Umstellung der Arbeitsweise in IT gemäß den EnBW „Ways of Work"; Erhöhung der Lieferfähigkeit, Geschwindigkeit und Qualität der IT
IT-Organisationsstruktur	Die Funktionaleinheit Informationstechnologie verantwortet die IT in der EnBW. Eine Trennung in Demand und Supply gibt es nicht. Die Verantwortung für die optimale Unterstützung der diversen Geschäftsmodelle liegt End-to-End in den Teil-Teams. Agile Ansätze werden nach Reifegrad des Umfelds vorangetrieben – Multi-modal- statt Bi-Modal-IT.
IT-Dienstleister	k.A.
IT-Anwendungen	k.A.

Bewerbung als IT-Mitarbeiter unter www.enbw.com/digitaltalents

AUSRICHTUNG

zentral	○●○○○	dezentral
standardisiert	○○●○○	best of breed
viel Outsourcing	○○○●○	wenig Outsourcing
sehr digitalisiert	○●○○○	weniger digitalisiert

Weitere Informationen unter:
www.cio.de/top500/detail/enbw-energie-baden-wuerttemberg-ag,109

Heraeus Holding GmbH

UNTERNEHMENSINFORMATIONEN

Der Technologiekonzern **Heraeus** wurde 1851 in Hanau gegründet und zählt nach Umsatz zu den größten Familienunternehmen in Deutschland. Zu den Schwerpunkten von Heraeus gehören Edel- und Sondermetalle, Medizintechnik, Quarzglas, Sensoren und Speziallichtquellen. Dabei richten sich die Lösungen auf Themen wie Umwelt, Energie, Gesundheit, Mobilität und industrielle Anwendungen.

Martin Ackermann

Hauptsitz	Hanau
Website	www.heraeus.de
Umsatz	20.295 Millionen Euro (2018)
EBIT	k.A.
Mitarbeiter	14.903 (2018)
CIO	Martin Ackermann
IT-Mitarbeiter	k.A.
IT-Benutzer	k.A.
IT-Budget	k.A.
IT-Töchter	Heraeus Infosystems GmbH
IT-Ziele	Business-Partner, Innovationen, Best-in-class, einfache aber solide IT-Lösungen, Treiber des digitalen Business
IT-Organisationsstruktur	Das Heraeus Group Executive Committee (GEC) ist ein wichtiges Koordinierungs- und Steuerungsgremium für strategische und operative Themenstellungen innerhalb des Heraeus Konzerns.
IT-Dienstleister	k.A.
IT-Anwendungen	SAP, Microsoft

Bewerbung als IT-Mitarbeiter unter
www.heraeus.com/de/group/careers/overview/careers.aspx

AUSRICHTUNG*

zentral	○●○○○	dezentral
standardisiert	○●○○○	best of breed
viel Outsourcing	○○○●○	wenig Outsourcing
sehr digitalisiert	○●○○○	weniger digitalisiert

Weitere Informationen unter:
www.cio.de/top500/detail/heraeus-holding-gmbh,298

*Schätzung der CIO-Redaktion

Henkel AG & Co. KGaA

UNTERNEHMENSINFORMATIONEN

Die **Henkel AG & Co. KGaA** ist einer der weltweit führenden Hersteller in der Konsumgüterindustrie. Das börsennotierte Unternehmen wurde im Jahre 1876 durch Fritz Henkel gegründet. Henkel betätigt sich hauptsächlich in drei Geschäftsfeldern: Wasch- und Reinigungsmittel, Kleb- und Dichtstoffe sowie Haarwasch- und Pflegeprodukte. Im Laufe der langen Unternehmensgeschichte entwickelte sich der Konzern vom reinen Chemie-Unternehmen zu einem der größten Konsumgüterhersteller der Welt mit Produkten, welche auf dem ganzen Erdball bekannt sind.

Michael Nilles

Hauptsitz	Düsseldorf
Website	www.henkel.com
Umsatz	19.900 Millionen Euro (2018)
EBIT	3.500 Millionen Euro (bereinigtes EBIT 2018)
Mitarbeiter	53.000 (weltweit 2018)
CIO	Michael Nilles (seit 1.10. 2019 Chief Digital & Information Officer)
IT-Mitarbeiter	über 3.500 Mitarbeiter weltweit in der Abteilung Integrated Business Solutions (IBS)
IT-Benutzer	44.500 in 81 Ländern
IT-Budget	k.A.
IT-Ziele	Beschleunigung des Geschäftswachstums durch innovative und digitale Lösungen sowie Bereitstellung robuster, effizienter und agiler Prozesse und Technologien für Henkel
IT-Organisationsstruktur	Der CIO berichtet an den CFO. Oberstes Gremium innerhalb von Integrated Business Solutions (IBS) ist das IBS Executive Committee.
IT-Dienstleister	IBM, Accenture, Microsoft, SAP, Unisys, Orange, Singtel, Atos
IT-Anwendungen	SAP, Business Intelligence, Microsoft Office 365

Bewerbung als IT-Mitarbeiter unter www.henkel.de/karriere
und www.henkel.de/karriere/warum-henkel/funktionsbereiche

AUSRICHTUNG

zentral	○●○○○	dezentral
standardisiert	○○●○○	best of breed
viel Outsourcing	●○○○○	wenig Outsourcing
sehr digitalisiert	○○●○○	weniger digitalisiert

Weitere Informationen unter:
www.cio.de/top500/detail/henkel-ag-und-co-kgaa,219

TUI AG

UNTERNEHMENSINFORMATIONEN

Die **TUI AG** ist ein deutscher Touristikkonzern mit Doppelsitz in Berlin und Hannover, wobei letzterer gleichzeitig als Konzernzentrale dient. Von 1999 bis 2002 war die TUI Teil der Preussag AG, einer Unternehmensgruppe mit dem Schwerpunkt in der Montanindustrie. Heute ist die TUI AG der führende Touristikkonzern der Welt. Unter dem Dach des Konzerns bündelt TUI das große Portfolio starker Veranstalter, Reisebüros und führende Online-Portale, Airlines, Hotels, Kreuzfahrtschiffe sowie unzählige Zielgebietsagenturen in allen wesentlichen Urlaubsländern rund um den Globus.

Elke Reichart

Hauptsitz	Hannover
Website	www.tuigroup.com
Umsatz	19.500 Millionen Euro (2018)
EBIT	1.177 Millionen Euro (bereinigt, 2018)
Mitarbeiter	zirka 70.000 (2018)
CIO	Elke Reichart (CDO TUI Group und Geschäftsführerin der TUI InfoTec GmbH)
IT-Mitarbeiter	1.400
IT-Benutzer	69.546
IT-Budget	2,7 Prozent vom Umsatz
IT-Töchter	TUI InfoTec GmbH
IT-Ziele	Fokussierung auf API, Big Data, Cloud und Blockchain-Technologie; digitale Transformation; Cloud-Migration; One Inventory / One Purchasing; personalisierte Vertriebs- und Marketingaktivitäten für maßgeschneiderte Dienstleistungen
IT-Organisationsstruktur	Elke Reichart (CDO) verantwortet Prozesse und IT und ist Mitglied des IT-Boards. Sie berichtet an Frank Rosenberger, der seit Januar 2017 im Vorstand der TUI Group für IT und Future Markets verantwortlich ist.
IT-Dienstleister	AWS, ATCORE, BMC, Microsoft, Oracle, SAP, Tibco, VMware
IT-Anwendungen	TUI.com, IRIS.plus, Destimo, Cyrus

Bewerbung als IT-Mitarbeiter unter www.tui-group.com/de/jobcareer

AUSRICHTUNG

zentral	○●○○○	dezentral
standardisiert	○○●○○	best of breed
viel Outsourcing	○○○●○	wenig Outsourcing
sehr digitalisiert	○○●○○	weniger digitalisiert

Weitere Informationen unter:
www.cio.de/top500/detail/tui-ag,975

Opel Automobile GmbH

UNTERNEHMENSINFORMATIONEN

Opel wurde im Jahr 1862 von Adam Opel gegründet und hat seinen Sitz in Rüsselsheim. Im August 2017 übernahm der französische Automobilkonzern PSA (PSA Peugeot Citroën) Opel von General Motors. Das Unternehmen ist einer der größten Autohersteller in Europa. Der Automobilkonzern betreibt in sechs europäischen Ländern zehn Werke sowie ein Entwicklungs- und ein Testzentrum. Zusammen mit seiner Schwestermarke Vauxhall ist Opel weltweit in mehr als 50 Ländern vertreten.

Thomas Külpp

Hauptsitz	Rüsselsheim am Main
Website	www.opel.de
Umsatz	18.306 Millionen Euro (2018)
EBIT	859 Millionen Euro (2018)
Mitarbeiter	30.430 (2018)
CIO	Thomas Külpp
IT-Mitarbeiter	600
IT-Benutzer	30.000
IT-Budget	k.A.
IT-Ziele	Unterstützung der Ziele des Strategieplans PACE!, Migration von GM- zu Groupe PSA-Systemen
IT-Organisationsstruktur	Der CIO berichtet an den CFO Frédéric Brunet
IT-Dienstleister	k.A.
IT-Anwendungen	k.A.

Bewerbung als IT-Mitarbeiter unter www.opel.de/ueber-opel/karriere.html

AUSRICHTUNG

zentral	●○○○○	dezentral
standardisiert	○●○○○	best of breed
viel Outsourcing	○○○○●	wenig Outsourcing
sehr digitalisiert	●○○○○	weniger digitalisiert

Weitere Informationen unter:
www.cio.de/top500/detail/opel-automobile-gmbh,771

HeidelbergCement AG

UNTERNEHMENSINFORMATIONEN

Die **HeidelbergCement AG** ist ein Bau- und Zuschlagstoffhersteller mit Sitz in Heidelberg und hat ihre Wurzeln in der 1874 in Heidelberg gegründeten Zementfabrik Portland-Cement-Werk. Das Unternehmen, das 2010 in den DAX aufgenommen wurde, produziert und vertreibt weltweit Zement und Zuschlagstoffe für Beton. Auch in nachgelagerten Sektoren wie Betonprodukten und -elementen ist HeidelbergCement führender Anbieter und damit einer der größten Baustoffhersteller der Welt.

Dennis Lentz

Hauptsitz	Heidelberg
Website	www.heidelbergcement.com
Umsatz	18.100 Millionen Euro (2018)
EBIT	k.A.
Mitarbeiter	zirka 59.000 (2018)
CIO	Dennis Lentz
IT-Mitarbeiter	zirka 1.000
IT-Benutzer	zirka 35.000
IT-Budget	k.A.
IT-Töchter	OneIT Global Operations Center, CZ OneIT Gloabl Development Center, BUL
IT-Ziele	ERP: Implementieren einer globalen Lösung mit Backoffice-Automatisierung, kundenorientierten Betriebsprozessen und Lieferkettenoptimierung; Digital: Entwicklung von Portalen/Apps für die Kommunikation mit Kunden; Einsatz neuer Technologien für bessere Backoffice-Effizienz und Produktivität; Unterstützung durch eine Kollaborations- und Kommunikationsplattform; Data: Datenstrukturen für digitale Produkte vorbereiten; bestehende Daten effizienter nutzbar machen und den Datenzugriff weiter demokratisieren; Infrastructure: On-Premise- und Cloud-Strukturen in Kosten und Features optimal miteinander abstimmen
IT-Organisationsstruktur	Der CIO hat eine Berichtslinie an den Group CFO
IT-Dienstleister	k.A.
IT-Anwendungen	SAP, Microsoft, Tableau, Inform

Bewerbung als IT-Mitarbeiter unter www.heidelbergcement.com/de/karriere

AUSRICHTUNG

zentral	○○○●○	dezentral
standardisiert	○○●○○	best of breed
viel Outsourcing	○○○○●	wenig Outsourcing
sehr digitalisiert	○○●○○	weniger digitalisiert

Weitere Informationen unter:
www.cio.de/top500/detail/heidelbergcement-ag,325

Bertelsmann SE & Co. KGaA

UNTERNEHMENSINFORMATIONEN

Bertelsmann ist ein Medien-, Dienstleistungs- und Bildungsunternehmen, das in rund 50 Ländern der Welt aktiv ist. Zum Konzernverbund gehören die Fernsehgruppe RTL Group, die Buchverlagsgruppe Penguin Random House, der Zeitschriftenverlag Gruner+Jahr, das Musikunternehmen BMG, der Dienstleister Arvato, die Bertelsmann Printing Group, die Bertelsmann Education Group sowie das internationale Fonds-Netzwerk Bertelsmann Investments. Bertelsmann steht für Kreativität und Unternehmertum und bietet erstklassige Medienangebote sowie innovative Servicelösungen.

Matthias Moeller

Hauptsitz	Gütersloh
Website	www.bertelsmann.de
Umsatz	17.673 Millionen Euro (2018)
EBIT	2.586 Millionen Euro (2018)
Mitarbeiter	117.000 (2018)
CIO	Matthias Moeller
IT-Mitarbeiter	zirka 7.000
IT-Benutzer	zirka 100.000
IT-Budget	zirka 1.000 Millionen Euro
IT-Töchter	Arvato Systems
IT-Ziele	Konzernweite Cyber Security; strategischer IT-Einkauf; Cloud-Transformation; Business Support IT Consolidation; IT-Roadmap (Schwerpunkte): IT-Talent-Management, IT-Reporting, Wide Area Network Consolidation, Future Workplace, Digital „Best Practices"; Digitale Transformationsthemen: RPA, Machine Learning / AI-Analytics, Data Management
IT-Organisationsstruktur	Der Group CIO berichtet an den Group CFO. Das IT-Board entscheidet gemeinsam mit den CIOs der Divisionen RTL, Penguin Random House, Gruner + Jahr, BMG, Arvato Supply Chain Solutions, Arvato Systems, Arvato Financial Solutions, Bertelsmann Printing Group, Bertelsmann Education Group und Bertelsmann Investments.
IT-Dienstleister	Arvato Systems
IT-Anwendungen	k.A.

Bewerbung als IT-Mitarbeiter unter www.createyourowncareer.de

AUSRICHTUNG

zentral	○○○●○	dezentral
standardisiert	○○○●○	best of breed
viel Outsourcing	○○○●○	wenig Outsourcing
sehr digitalisiert	○○●○○	weniger digitalisiert

Weitere Informationen unter:

www.cio.de/top500/detail/
bertelsmann-se-und-co-kgaa,784

Boehringer Ingelheim GmbH

UNTERNEHMENSINFORMATIONEN

Die **Boehringer Ingelheim GmbH** hat ihre Wurzeln in einer 1885 von Albert Boehringer gegründeten chemischen Fabrik in Nieder-Ingelheim am Rhein. Der Unternehmensverband, der sich ausschließlich in Familienbesitz befindet, ist einer der 20 international größten forschenden Pharmakonzerne. Boehringer Ingelheim erforscht, entwickelt und produziert innovative Medikamente für Mensch und Tier. Die Geschäftsbereiche sind Humanpharmazeutika, Tiergesundheit und biopharmazeutische Auftragsproduktion.

Markus Schümmelfeder

Hauptsitz	Ingelheim
Website	www.boehringer-ingelheim.com
Umsatz	17.498 Millionen Euro (2018)
EBIT	2.075 Millionen Euro (2018)
Mitarbeiter	50.370 (2018)
CIO	Markus Schümmelfeder
IT-Mitarbeiter	1.500
IT-Benutzer	k.A.
IT-Budget	k.A.
IT-Ziele	Effiziente Bereitstellung von Kern-IT-Services, flexibler Aufbau von IT-Services für Kunden
IT-Organisationsstruktur	Der CIO berichtet an den CFO
IT-Dienstleister	k.A.
IT-Anwendungen	k.A.

Bewerbung als IT-Mitarbeiter unter **www.careers.boehringer-ingelheim.com/de**

AUSRICHTUNG*

zentral	●○○○○	dezentral
standardisiert	○●○○○	best of breed
viel Outsourcing	○●○○○	wenig Outsourcing
sehr digitalisiert	○○●○○	weniger digitalisiert

Weitere Informationen unter:
www.cio.de/top500/detail/boehringer-ingelheim-gmbh,86

Schätzung der CIO-Redaktion

Schenker AG

UNTERNEHMENSINFORMATIONEN

Die **Schenker AG**, auch bekannt als DB Schenker, ist ein international führender Logistikdienstleister. Das Angebot umfasst Warenverkehr auf dem Land-, Luft- und Seeweg sowie logistische Aufgaben. Als 100-prozentige Tochter gehört sie zum Ressort „Güterverkehr und Logistik" im DB-Konzern.

Hauptsitz	Essen
Website	www.dbschenker.com
Umsatz	17.050 Millionen Euro (2018)
EBIT	503 Millionen Euro (2018)
Mitarbeiter	75.817 weltweit (2018)
CIO	Markus Sontheimer (CIO/CDO)
IT-Mitarbeiter	zirka 2.600 weltweit
IT-Benutzer	zirka 60.000
IT-Budget	k.A.
IT-Töchter	Technology Solution Center in Warschau, Delhi und Nanjing
IT-Ziele	Die IT richtet sich an den DB-Schenker-Geschäftsbedürfnissen und der Vision aus, der führende integrierte Logistik-Dienstleister mit globaler Reichweite zu sein. Es gibt neun strategische Handlungsfelder: Stabile und cybersichere Systeme; Erstklassige Bereitstellung von Geschäftslösungen; Optimierung der Effizienz unserer unternehmensweiten IT-Plattformen; Transformation und Harmonisierung unserer Infrastruktur; Top IT-Arbeitgeber; Optimierung der wertorientierten Nutzung von Ressourcen und IT-Ausgaben; Realisierung von Chancen durch neue Geschäftsmodelle; Unternehmensweite Integration von Data Analytics und künstlicher Intelligenz; Mehrwert durch Innovation und Digitalisierung
IT-Organisationsstruktur	Der CIO/CDO berichtet als Vorstandsmitglied an den Aufsichtsrat. Die Verantwortung für die Digitalisierung übernimmt er zusammen mit den Business-Unit-Vorständen und dem CEO. Zur internen Steuerung der CIO- und CDO-Themen existieren cross-funktionale Entscheidungsgremien.
IT-Dienstleister	Extern: DB Systel, Microsoft, Orange, Capgemini, IBM
IT-Anwendungen	Transport-Management-Systeme (TMS) für die jeweiligen Business Units sowie Plattformen im Bereich IoT, Data Analytics und Chatbots

Bewerbung als IT-Mitarbeiter unter www.dbschenker.com/de-de/karriere

Markus Sontheimer

AUSRICHTUNG

zentral	○●○○○	dezentral	
standardisiert	○●○○○	best of breed	
viel Outsourcing	○●○○○	wenig Outsourcing	
sehr digitalisiert	○●○○○	weniger digitalisiert	

Weitere Informationen unter:
www.cio.de/top500/detail/schenker-ag,826

BayWa AG

UNTERNEHMENSINFORMATIONEN

Die **BayWa AG** ist ein Einzelhandels- und Großhandelsunternehmen mit Hauptsitz in München. Das Unternehmen gliedert sich in drei Segmente. Das umsatzstärkste Segment bildet die Agrarbranche. Dabei versorgt die BayWa AG die Landwirtschaft mit wichtigen Betriebsmitteln, vermarktet deutsches Tafelkernobst und stellt landwirtschaftliche Technik her. Der zweitgrößte Tätigkeitsbereich liegt auf dem Gebiet der Energie, bei dem sich der Konzern unter anderem um den Vertrieb von fossilen und regenerativen Brennstoffen kümmert. Als drittgrößter Sektor fungiert der Bau, in dem das Unternehmen Baustoffe und Baudienstleistungen vertreibt.

Tobias Fausch

Hauptsitz	München
Website	www.baywa.de
Umsatz	16.600 Millionen Euro (2018)
EBIT	172 Millionen Euro (2018)
Mitarbeiter	17.800 (2018)
CIO	Tobias Fausch (CIO BayWa AG und Geschäftsführer RI Solution GmbH)
IT-Mitarbeiter	270
IT-Benutzer	15.000
IT-Budget	k.A.
IT-Töchter	RI-Solution GmbH
IT-Ziele	Schwerpunkt ist die Internationalisierung des Konzerns zu unterstützen und damit einhergehend die Systeme und Applikationen international zu harmonisieren. Digital Farming gewinnt bei der Digitalisierung an Bedeutung. Der Trend zu Data Driven Services wird aktiv unterstützt.
IT-Organisationsstruktur	k.A.
IT-Dienstleister	HPE, Fujitsu, T-Systems
IT-Anwendungen	SAP Retail, Hybris, CRM, Microsoft Office

Bewerbung als IT-Mitarbeiter unter **www.baywa.com/karriere/**

AUSRICHTUNG

zentral	○○●○○	dezentral
standardisiert	○●○○○	best of breed
viel Outsourcing	○○○●○	wenig Outsourcing
sehr digitalisiert	○○●○○	weniger digitalisiert

Weitere Informationen unter:
www.cio.de/top500/detail/baywa-ag,378

Evonik Industries AG

UNTERNEHMENSINFORMATIONEN

Die **Evonik Industries AG** ist ein börsennotiertes Spezialchemie-Unternehmen. Der Konzern entstand im Jahr 2007 und hat seit der Gründung drei zentrale Geschäftsfelder: Chemie, Immobilien und Energie. Hervorgegangen ist die Aktiengesellschaft aus der RAG AG (ehemalige Ruhrkohle AG). Das gesamte internationale Geschäft sollte an eine Tochtergesellschaft ausgelagert werden, was über Evonik möglich wurde. Noch heute ist die RAG-Stiftung der Hauptaktionär der Evonik Industries AG.

Bettina Uhlich

Hauptsitz	Essen
Website	www.evonik.com
Umsatz	15.024 Millionen Euro (2018)
EBIT	1.724 Millionen Euro (2018)
Mitarbeiter	36.043 (2018)
CIO	Bettina Uhlich
IT-Mitarbeiter	zirka 900
IT-Benutzer	zirka 35.000
IT-Budget	1,5 Prozent vom Umsatz
IT-Ziele	Digitalisierung der Wertschöpfungskette für innovative zukunftsfähige Geschäftsmodelle und -prozesse; Integration der IT-Wertschöpfungskette von Demand bis Service Delivery; Standarisierung der ERP-Core-Prozesse (digital Core) mit SAP S/4, Differenzierung mit Add-on-Applikationen (flexible edge); Effizienzsteigerung über Automatisierung von Geschäftsprozessen; Enterprise Analytics mit AI-Technologie; Hybride Cloud-Architektur; Modern Digital Workplace für attraktive Arbeitsplätze; Produktorientierte IT-Organisation und performance-orientierte Kultur
IT-Organisationsstruktur	Die CIO berichtet an den CFO
IT-Dienstleister	SAP, Microsoft, DXC (First Level und Second Level Client Support), Infosys (Offshoring), MicroFocus mit ITSM Suite, Dell EMC (Converged Systems), AT&T (WAN), RICOH globales Druckermanagement
IT-Anwendungen	SAP Process Plattform und BW Plattform on HANA, Office 365, CRM Dynamics, IBM Connections, Leonardo, Azure, Google

Bewerbung als IT-Mitarbeiter unter https://careers.evonik.com/de/human-chemistry

AUSRICHTUNG

zentral	○●○○○	dezentral
standardisiert	○●○○○	best of breed
viel Outsourcing	○○●○○	wenig Outsourcing
sehr digitalisiert	○○●○○	weniger digitalisiert

Weitere Informationen unter:
www.cio.de/top500/detail/evonik-industries-ag,517

Merck KGaA

UNTERNEHMENSINFORMATIONEN

Die **Merck KGaA** ist das älteste pharmazeutisch-chemische Traditionsunternehmen der Welt, dessen Wurzeln bis 1668 zurückreichen, wobei die Gründerfamilie Mehrheitseigentümer des Unternehmens ist. Die Geschäftsbereiche reichen von Biopharmazeutika über Selbstmedikationsprodukte aus der Apotheke bis hin zu Hightech-Chemikalien in den Bereichen Pharma und Chemie, wie Flüssigkristalle für Flachbildfernseher oder Materialien für Solarpanel. Die verschreibungspflichtigen Medikamente werden hauptsächlich für die Bereiche der Onkologie, Endokrinologie, Fruchtbarkeit sowie kardiometabolische und allgemeinmedizinische Erkrankungen hergestellt.

Dirk Töpfer

Hauptsitz	Darmstadt
Website	www.merckgroup.com
Umsatz	14.836 Millionen Euro (2018)
EBIT	3.528 Millionen Euro (2018)
Mitarbeiter	52.000 (2018)
CIO	Dirk Töpfer
IT-Mitarbeiter	2.000
IT-Benutzer	52.000
IT-Budget	k.A.
IT-Ziele	Identifizierung und Implementierung von IT-Lösungen für die Wissenschafts- und Technologiebereiche von Merck zur Schaffung eines umfassenden digitalen Ökosystems. Effektivität und Effizienz der IT sind wesentliche Zielgrößen in den Entscheidungsprozessen.
IT-Organisationsstruktur	Die IT orientiert das Demand- und Portfolio-Management an den drei Geschäftsbereichen von Merck (Healthcare, Life Science, Performance Materials). Die operative IT ist geschäftsbereichsübergreifend in Application Technology und Infrastructure Technology organisiert.
IT-Dienstleister	k.A.
IT-Anwendungen	ERP, E-Commerce (zum Beispiel sigmaaldrich.com), Office 365

Bewerbung als IT-Mitarbeiter unter www.merckgroup.com/de/careers.html

AUSRICHTUNG

zentral	●○○○○	dezentral	
standardisiert	○●○○○	best of breed	
viel Outsourcing	○○●○○	wenig Outsourcing	
sehr digitalisiert	○●○○○	weniger digitalisiert	

Weitere Informationen unter:
www.cio.de/top500/detail/merck-kgaa,301

Covestro AG

UNTERNEHMENSINFORMATIONEN

Die **Covestro AG** zählt zu den Herstellern von Hightech-Polymerwerkstoffen. Seinen Ursprung hat das Unternehmen im Bayer-Konzern. Seit September 2015 ist die Covestro AG ein eigenständiges Unternehmen und betreibt mit dem Hauptsitz in Leverkusen zwei weitere Standorte in Nordrhein-Westfalen und einen Standort in Brunsbüttel, Schleswig-Holstein. Covestro entwickelt Lösungen für die Herausforderungen unserer Zeit – Klimawandel, Verknappung von Ressourcen, Urbanisierung, Bevölkerungswachstum und das wachsende Bewusstsein für Umweltprobleme.

Walter Grüner

Hauptsitz	Leverkusen
Website	www.covestro.com
Umsatz	14.616 Millionen Euro (2018)
EBIT	2.580 Millionen Euro (2018)
Mitarbeiter	16.770 (2018)
CIO	Walter Grüner
IT-Mitarbeiter	500
IT-Benutzer	zirka 25.600 inklusive Anwender bei externen Partnern (Q1/2019)
IT-Budget	k.A.
IT-Ziele	„Mit intelligenten Vernetzungen bringen wir uns aktiv für den Geschäftserfolg ein." Im Einklang mit der Strategie verpflichtet sich die IT, zum Unternehmenswachstum beizutragen. Sie engagiert sich für Kundennähe, stärkt die wettbewerbsfähige Kostenposition von Covestro und sorgt für nachhaltige und sichere Lösungen. Indem sie auf Zusammenarbeit setzen, entwickeln und unterstützen sich die IT-Mitarbeiter gegenseitig mit Vertrauen und Respekt.
IT-Organisationsstruktur	Der CIO von Covestro ist gleichzeitig Leiter der IT-Organisation und hat in beiden Rollen eine Berichtslinie zum CFO von Covestro
IT-Dienstleister	k.A.
IT-Anwendungen	SAP, Office 365, Workday, ServiceNow

Bewerbung als IT-Mitarbeiter unter **www.career.covestro.com/de**

AUSRICHTUNG

zentral	●○○○○	dezentral
standardisiert	○●○○○	best of breed
viel Outsourcing	○●○○○	wenig Outsourcing
sehr digitalisiert	○○●○○	weniger digitalisiert

Weitere Informationen unter:
www.cio.de/top500/detail/covestro-ag,895

Schaeffler AG

UNTERNEHMENSINFORMATIONEN

Die **Schaeffler Gruppe** ist ein global tätiger Automobil- und Industriezulieferer. Mit Präzisionskomponenten und Systemen in Motor, Getriebe und Fahrwerk sowie Wälz- und Gleitlagerlösungen für eine Vielzahl von Industrieanwendungen leistet die Schaeffler Gruppe bereits heute einen entscheidenden Beitrag für die „Mobilität für morgen". Mit zirka 92.500 Mitarbeiterinnen und Mitarbeitern ist Schaeffler eines der weltweit größten Familienunternehmen und verfügt mit rund 170 Standorten in über 50 Ländern über ein weltweites Netz aus Produktionsstandorten, Forschungs- und Entwicklungseinrichtungen sowie Vertriebsgesellschaften.

Harald Gießer

Mit mehr als 2.400 Patentanmeldungen im Jahr 2018 belegt Schaeffler laut DPMA (Deutsches Patent- und Markenamt) Platz zwei unter den innovativsten Unternehmen Deutschlands.

Hauptsitz	Herzogenaurach
Website	www.schaeffler.com
Umsatz	14.200 Millionen Euro (2018)
EBIT	1.300 Millionen Euro (2018)
Mitarbeiter	92.400 (2018)
CIO	Harald Gießer
IT-Mitarbeiter	950
IT-Benutzer	60.000
IT-Budget	k.A.
IT-Ziele	smart, fast, secure
IT-Organisationsstruktur	Der CIO berichtet an den CTO
IT-Dienstleister	Accenture, Deloitte, PWC, CBS, IBM, SAP, Microsoft
IT-Anwendungen	R/3 - S/4, Windchill, Office 365, Digitale Plattform, Salesforce, Success Factors

Bewerbung als IT-Mitarbeiter unter www.schaeffler.de/career

AUSRICHTUNG

zentral	○●○○○	dezentral
standardisiert	○●○○○	best of breed
viel Outsourcing	○○○●○	wenig Outsourcing
sehr digitalisiert	○●○○○	weniger digitalisiert

Weitere Informationen unter:
www.cio.de/top500/detail/schaeffler-technologies-ag-und-co-kg,406

Platz 48 / Konzerne

Amprion GmbH

UNTERNEHMENSINFORMATIONEN

Die **Amprion GmbH** betreibt mit 11.000 Kilometern Höchstspannungsleitungen das längste Übertragungsnetz in Deutschland. Über sieben westdeutsche Bundesländer von Niedersachsen bis zu den Alpen erstreckt sich das Netz mit Spannungsstufen von 220 und 380 Kilovolt. Der Name Amprion wurde im September 2009 vergeben, vorher hieß das Unternehmen RWE Transportnetz Strom und war ein Tochterunternehmen der RWE. Das Übertragungsnetz von Amprion in Europa ist durch grenzüberschreitende Kuppelleitungen mit den Netzen in den Niederlanden, Luxemburg, Frankreich, Österreich und der Schweiz verbunden. Künftig wird auch Belgien über den neuen Interkonnektor ALEGrO im Netz verknüpft werden.

Hauptsitz	Dortmund
Website	www.amprion.net
Umsatz	13.784 Millionen Euro (2018)
EBIT	k.A.
Mitarbeiter	zirka 1.400 (2018)
CIO	Frank Beule
IT-Mitarbeiter	k.A.
IT-Benutzer	k.A.
IT-Budget	k.A.
IT-Ziele	k.A.
IT-Organisationsstruktur	k.A.
IT-Dienstleister	k.A.
IT-Anwendungen	k.A.

Bewerbung als IT-Mitarbeiter unter www.amprion.net/Karriere/

AUSRICHTUNG*

zentral	○●○○○	dezentral
standardisiert	○●○○○	best of breed
viel Outsourcing	●○○○○	wenig Outsourcing
sehr digitalisiert	○○●○○	weniger digitalisiert

Weitere Informationen unter:
www.cio.de/top500/detail/amprion-gmbh,575

*Schätzung der CIO-Redaktion

Adolf Würth GmbH & Co. KG

UNTERNEHMENSINFORMATIONEN

Die **Adolf Würth GmbH & Co. KG** ist ein international tätiges Unternehmen im Handel mit Montage- und Befestigungsmaterial. Die Firma wurde 1945 gegründet und hat ihren Hauptsitz in Künzelsau-Gaisbach. Die Adolf Würth GmbH & Co. KG beliefert Kunden des Maschinen- und Anlagenbaus, der Bauwirtschaft und Einzelhändler mit der gesamten Bandbreite an Montage- und Befestigungsmaterial. Auch der Werkzeughandel gewinnt immer größeres Gewicht. Das Angebot gliedert sich in Eigenmarken und Fremdartikel.

Das Unternehmen verfügt über ein dichtes Vertriebsnetz in Deutschland und weltweit. Das Mutterunternehmen ist an über 400 Firmen beteiligt. Dazu zählen unter anderem die Würth Industrie Service, Unielektro, die Würth Elektronik Unternehmensgruppe sowie Normfest.

Bernd Herrmann

Hauptsitz	Künzelsau-Gaisbach
Website	www.wuerth.com
Umsatz	13.620 Millionen Euro (2018)
EBIT	870 Millionen Euro (2018)
Mitarbeiter	77.000 (2018)
CIO	Bernd Herrmann
IT-Mitarbeiter	zirka 1.600 (09/2018)
IT-Benutzer	77.000
IT-Budget	2,3 Prozent vom Umsatz
IT-Töchter	Würth IT Deutschland, Würth IT Indien, Würth IT China, Würth Phoenix Italien, Würth ITensis Schweiz
IT-Ziele	Standardisierung und Harmonisierung der weltweiten IT-Strukturen zur besseren Steuerung der dezentralen Gesellschaften
IT-Organisationsstruktur	CIO Bernd Herrmann ist gleichzeitig Mitglied der Konzernführung und berichtet an den Beirat der Würth-Gruppe
IT-Dienstleister	Stibo, Intershop, SAP, Microsoft
IT-Anwendungen	Die Würth IT setzt auf eine Plattform-Strategie, die neben einem SAP-ERP-System folgende Komponenten enthält: Stibo, Intershop, Prudsys, SFA-Tools, Private Cloud

Bewerbung als IT-Mitarbeiter unter www.wuerth-it.com/karriere

AUSRICHTUNG

zentral	○○○●○	dezentral
standardisiert	○○●○○	best of breed
viel Outsourcing	○○○●○	wenig Outsourcing
sehr digitalisiert	○●○○○	weniger digitalisiert

Weitere Informationen unter:
www.cio.de/top500/detail/adolf-wuerth-gmbh-und-co-kg,355

Platz 50 / Konzerne

Otto Group

UNTERNEHMENSINFORMATIONEN

Die Geschichte der **Otto Group** mit Hauptsitz in Hamburg begann bereits im Jahr 1949 unter dem Namen „Werner Otto Versandhandel". Der erste, noch handgebundene Katalog hatte ein Sortiment von 28 Paar Schuhen. Von 1951 bis Ende 2018 erscheinen die Kataloge des Unternehmens in gedruckter Form. Als erster Versandhändler führte Otto 1950 den Kauf auf Rechnung und 1963 die Bestellung per Telefon ein.

Heute ist der Otto-Konzern als Otto Group mit einem Warensortiment von über einer Million Artikeln in über 20 Ländern vertreten und zweitgrößter Onlinehändler der Welt. Über E-Commerce und mehrere Finanzdienstleister deckt die Otto Group mittlerweile die gesamte Wertschöpfungskette des Handels ab.

Michael Müller-Wünsch

Hauptsitz	Hamburg
Website	www.ottogroup.com/de
Umsatz	13.611 Millionen Euro (2018)
EBIT	222 Millionen Euro (2018)
Mitarbeiter	52.558 (2018)
CIO	Michael Müller-Wünsch (Verantwortlicher der Otto Einzelgesellschaft)
IT-Mitarbeiter	k.A.
IT-Benutzer	k.A.
IT-Budget	k.A.
IT-Ziele	Ausweitung und Weiterentwicklung der zentralen Plattform otto.de; Unterstützung des Wachstumskurses im Sinne einer konsequenten Konsumentenorientierung; Verantwortung der IT-Transformation und Steuerung des Change-Prozesses auf dem Weg zum intelligenten und zunehmend automatisierten Echtzeitunternehmen; Unternehmensvision: Wir machen digitale Zukunft;
IT-Organisationsstruktur	Der CIO ist Bereichsvorstand der Otto-Einzelgesellschaft und berichtet an den Konzernvorstand Multichannel-Distanzhandel der Otto Group
IT-Dienstleister	Klarer Fokus auf Inhousing von Technologiekompetenz und individuelle Eigenentwicklung; Im Business Support vorwiegend Standard-Software
IT-Anwendungen	Kunde und Service, Category Management, Business Intelligence, E-Commerce und Business Support

Bewerbung als IT-Mitarbeiter unter **www.ottogroup.com/de/karriere/**

AUSRICHTUNG

zentral	○ ● ○ ○ ○	dezentral
standardisiert	○ ○ ○ ● ○	best of breed
viel Outsourcing	○ ○ ○ ● ○	wenig Outsourcing
sehr digitalisiert	○ ● ○ ○ ○	weniger digitalisiert

Weitere Informationen unter:
www.cio.de/top500/detail/otto-group,168

BSH Hausgeräte GmbH

UNTERNEHMENSINFORMATIONEN

Die **BSH Hausgeräte GmbH** ist eines der weltweit führenden Unternehmen der Branche und der größte Hausgerätehersteller in Europa. Als Gemeinschaftsunternehmen von Bosch und Siemens entstand die BSH im Jahr 1967.

Ziel der BSH ist es, mit ihren Marken, Produkten und Lösungen die Lebensqualität der Menschen zu verbessern. Mittlerweile betreibt das Unternehmen weltweit mehr als 40 Fabriken, die ein breites Spektrum moderner Hausgeräte produzieren. Außerdem betreibt das Unternehmen eine eigene Plattform als Basis für vernetzte Hausgeräte und Dienstleistungen, die digitale Erlebnisse in der Küche ermöglichen.

Joachim Reichel

Hauptsitz	München
Website	www.bsh-group.com
Umsatz	13.400 Millionen Euro (2018)
EBIT	k.A.
Mitarbeiter	61.000 (2018)
CIO	Joachim Johannes Reichel
IT-Mitarbeiter	1.300
IT-Benutzer	45.000
IT-Budget	k.A.
IT-Ziele	Unterstützung aller weltweiten BSH Geschäftsprozesse durch exzellente IT-Services; Umsetzung der BSH Digitalstrategie, unter anderem mit S/4 HANA, intelligenten und vernetzten Hausgeräten, digitalen Geschäftsmodellen und „Digital Twin"-Technologie
IT-Organisationsstruktur	Der CIO berichtet direkt an den CEO
IT-Dienstleister	k.A.
IT-Anwendungen	SAP, Siemens, Microsoft, AWS

Bewerbung als IT-Mitarbeiter unter https://jobs.bsh-group.de/index

AUSRICHTUNG

zentral	○●○○○	dezentral
standardisiert	○●○○○	best of breed
viel Outsourcing	○●○○○	wenig Outsourcing
sehr digitalisiert	○●○○○	weniger digitalisiert

Weitere Informationen unter:
www.cio.de/top500/detail/bsh-hausgeraete-gmbh,372

Platz 52 / Konzerne

RWE AG

UNTERNEHMENSINFORMATIONEN

Die **RWE AG** ist ein börsennotierter Energieversorgungskonzern. Das Unternehmen wurde 1898 in Essen als lokales Stadtwerk unter dem Namen Rheinisch-Westfälisches Elektrizitätswerk AG gegründet. Ende 2015 wurde das Unternehmen aufgespalten, die Geschäftsfelder Erneuerbare Energien, Vertrieb und Netze wurden in die neu geschaffene innogy SE eingebracht. Damit ist der heutige RWE-Konzern ganz auf die Stromerzeugung einschließlich Braunkohlebergbau und den Energiehandel fokussiert. Als wesentliches Produkt definiert die Firma die Versorgungssicherheit.

Hauptsitz	Essen
Website	www.group.rwe
Umsatz	13.388 Millionen Euro (2018)
EBIT	k.A.
Mitarbeiter	17.700 (2018)
CIO	k.A.
IT-Mitarbeiter	k.A.
IT-Benutzer	k.A.
IT-Budget	k.A.
IT-Ziele	k.A.
IT-Organisationsstruktur	k.A.
IT-Dienstleister	k.A.
IT-Anwendungen	k.A.

Bewerbung als IT-Mitarbeiter unter
https://rwestcareers.com/de/unsere-programme/rwe-it-programme-de/

AUSRICHTUNG*

zentral	○○●○○	dezentral
standardisiert	○○●○○	best of breed
viel Outsourcing	○○●○○	wenig Outsourcing
sehr digitalisiert	○●○○○	weniger digitalisiert

Weitere Informationen unter:
www.cio.de/top500/detail/rwe-ag,69

*Schätzung der CIO-Redaktion

Marquard & Bahls AG

UNTERNEHMENSINFORMATIONEN

Die **Marquard & Bahls AG** ist im Bereich Energie und Rohstoffe tätig. Der Schwerpunkt liegt auf Energieversorgung, -handel und -logistik. Im Unterschied zu Versorgern privater Haushalte ist die Marquard & Bahls AG verstärkt international tätig und organisiert sowie strukturiert mit den jeweiligen Anbietern eine sichere Energieversorgung an den Endverbraucher. Zudem engagiert sich das Unternehmen im Bereich der Energieversorgung von Flugzeugen mittels Luftbetankung und der Lagerung von Energierohstoffen sowie der Vereinbarung von Klimaschutz und Energieversorgung. Die AG ist mit 40 Standorten in der Welt vertreten und wird von Hamburg aus gelenkt. Sie befindet sich im Privatbesitz – Aktien werden daher nicht öffentlich gehandelt.

Markus Schaal

Hauptsitz	Hamburg
Website	www.marquard-bahls.com
Umsatz	13.286 Millionen Euro (2018)
EBIT	-57,391 Millionen Euro (2018)
Mitarbeiter	7.561 (2018)
CIO	Markus Schaal
IT-Mitarbeiter	k.A.
IT-Benutzer	k.A.
IT-Budget	k.A.
IT-Ziele	Globalisierung, Harmonisierung, Digitalisierung
IT-Organisationsstruktur	Der CIO berichtet an den Vorstand und CCO (Chief Change Officer)
IT-Dienstleister	k.A.
IT-Anwendungen	k.A.

Bewerbung als IT-Mitarbeiter unter www.marquard-bahls.com/de/karriere.html

AUSRICHTUNG*

zentral	○○○●○	dezentral
standardisiert	○○○●○	best of breed
viel Outsourcing	○○○○●	wenig Outsourcing
sehr digitalisiert	○○○●○	weniger digitalisiert

Weitere Informationen unter:
www.cio.de/top500/detail/marquard-und-bahls-ag,160

*Schätzung der CIO-Redaktion

Platz 54 / Konzerne

Vattenfall AB

UNTERNEHMENSINFORMATIONEN

Vattenfall AB ist einer der größten Strom- und Wärme-Erzeuger Europas und ist im vollständigen Besitz des schwedischen Staates. In Deutschland ist Vattenfall über seine Tochtergesellschaft Vattenfall GmbH aktiv. Die Unternehmensdaten und IT-Kennzahlen beziehen sich auf Vattenfall AB.

Jens-Tobias Zerbst

Hauptsitz	Solna, Schweden
Website	www.vattenfall.com
Umsatz	12.793 Millionen Euro (2018) (SEK 156,824 million)
EBIT	k.A.
Mitarbeiter	zirka 20.000 (2018)
CIO	Jens-Tobias Zerbst
IT-Mitarbeiter	zirka 1.000
IT-Benutzer	zirka 25.000
IT-Budget	k.A.
IT-Töchter	Vattenfall Europe Information Services GmbH, Vattenfall IT Services Poland Sp. z o.o.
IT-Ziele	Stabilen und sicheren Betrieb gewährleisten; Digitalisierung und Innovation vorantreiben; Business-Transformation-Fähigkeiten ausbauen; Benchmark-Kostenniveau verteidigen
IT-Organisationsstruktur	Der Vice President IT / CIO berichtet an den Senior Vice President Strategic Development
IT-Dienstleister	k.A.
IT-Anwendungen	Abrechnungssysteme, CRM, ERP, Handelssystem, Netzinformationssysteme, Betriebsführungssysteme

Bewerbung als IT-Mitarbeiter unter https://corporate.vattenfall.de/karriere

AUSRICHTUNG

zentral	○●○○○	dezentral
standardisiert	○○●○○	best of breed
viel Outsourcing	○○○●○	wenig Outsourcing
sehr digitalisiert	○○●○○	weniger digitalisiert

Weitere Informationen unter:
www.cio.de/top500/detail/vattenfall-ab,815

Mahle GmbH

UNTERNEHMENSINFORMATIONEN

Die **Mahle GmbH** ist eines der weltweit führenden Zulieferunternehmen für die Automobilindustrie. Die Firma mit Sitz in Stuttgart ist besonders bekannt für die Fertigung von Motoren und Motorteilen. Die Geschichte reicht zurück bis ins Jahr 1920, als die Motorenwerkstatt des Ingenieurs Hellmuth Hirth in die Firma Versuchsbau Hellmuth Hirth umgewandelt wurde.

Zu den Vorzeigeprodukten des Unternehmens im Bereich der Motorentechnologie gehören vorrangig Kolben- und Zylindersysteme sowie Ventilsteuerungen. Produkte aus der Mahle GmbH finden sich nicht nur in Pkws wieder, sondern werden auch bei der Herstellung von Nutzfahrzeugen verwendet. Auch die Technologien von Rennwagen verschiedener Motorsportwettbewerbe greifen auf Systeme aus dem Haus Mahle zurück.

Markus Bentele

Hauptsitz	Stuttgart
Website	www.mahle.com
Umsatz	12.581 Millionen Euro (2018)
EBIT	773 Millionen Euro (2018)
Mitarbeiter	79.564 (2018)
CIO	Markus Bentele
IT-Mitarbeiter	863
IT-Benutzer	50.000
IT-Budget	1,25 Prozent vom Umsatz
IT-Ziele	Globale Bereitstellung von hochqualitativen IT-Services zu marktgerechten Preisen und Vorantreiben von Innovationen für das Business. Ziele: Treiber der Digitalisierung; Operational Excellence; Sichere und robuste Prozesse
IT-Organisationsstruktur	Der CIO berichtet an den Corporate CFO. Es gibt ein IT Steering Committee.
IT-Dienstleister	k.A.
IT-Anwendungen	SAP, Microsoft

Bewerbung als IT-Mitarbeiter unter www.jobs.mahle.com

AUSRICHTUNG

zentral	○○○●○	dezentral
standardisiert	○●○○○	best of breed
viel Outsourcing	○○○○●	wenig Outsourcing
sehr digitalisiert	○○●○○	weniger digitalisiert

Weitere Informationen unter:
www.cio.de/top500/detail/mahle-gmbh,773

Brenntag AG

UNTERNEHMENSINFORMATIONEN

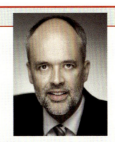

Stefan Haverkock

Brenntag, der Weltmarktführer in der Chemiedistribution, ist mit seinem umfangreichen Produkt- und Serviceportfolio in allen bedeutenden Märkten der Welt vertreten. Vom Hauptsitz in Essen aus betreibt Brenntag ein weltweites Netzwerk mit mehr als 580 Standorten in 76 Ländern.

Brenntag ist das Bindeglied zwischen Chemieproduzenten und der weiterverarbeitenden Industrie. Das Unternehmen unterstützt seine Kunden und Lieferanten mit maßgeschneiderten Distributionslösungen für Industrie- und Spezialchemikalien. Mit über 10.000 verschiedenen Produkten und einer Lieferantenbasis von Weltrang bietet Brenntag seinen etwa 195.000 Kunden Lösungen aus einer Hand. Dazu gehören spezifische Anwendungstechniken, ein umfassender technischer Service und Mehrwertleistungen wie Just-in-time-Lieferung, Mischungen & Formulierungen, Neuverpackung, Bestandsverwaltung und Abwicklung der Gebinderückgabe. Langjährige Erfahrung und lokale Stärke zeichnen den Weltmarktführer in der Chemiedistribution aus.

Hauptsitz	Essen
Website	www.brenntag.com
Umsatz	12.550 Millionen Euro (2018)
EBIT	462,3 Millionen Euro (2018)
Mitarbeiter	16.600 (2018)
CIO	Stefan Haverkock
IT-Mitarbeiter	150 (EMEA)
IT-Benutzer	zirka 11.500 (EMEA)
IT-Budget	k.A.
IT-Ziele	Standardisierung, Harmonisierung und Automatisierung der Geschäftsprozesse, Konsolidierung der Infrastruktur, Digitalisierung, IT-Security
IT-Organisationsstruktur	Der CIO berichtet an den CEO
IT-Dienstleister	k.A.
IT-Anwendungen	SAP, Salesforce, Oracle Applications

Bewerbung als IT-Mitarbeiter unter
www.brenntag.com/corporate/de/people/arbeiten-bei-brenntag/index.jsp

AUSRICHTUNG*

zentral	○○○●○	dezentral
standardisiert	○○○●○	best of breed
viel Outsourcing	○○●○○	wenig Outsourcing
sehr digitalisiert	○○○●○	weniger digitalisiert

Weitere Informationen unter:
www.cio.de/top500/detail/brenntag-ag,821

*Schätzung der CIO-Redaktion

Lekkerland AG & Co. KG

UNTERNEHMENSINFORMATIONEN

Die europaweit erfolgreiche **Lekkerland Gruppe** hat sich zum Ziel gesetzt, der bevorzugte 360-Grad-Konzeptanbieter für alle Kanäle der Unterwegsversorgung und alle Aspekte des Convenience-Geschäfts zu sein. Lekkerland betreut rund 90.000 Verkaufspunkte in sechs europäischen Ländern und hat topaktuelle Marken und Eigenmarken im Sortiment. Zu den Kunden zählen Tankstellen, Kioske, Convenience-Stores, Bäckereien, Lebensmitteleinzelhändler und Quick-Service-Restaurants.

Christian Grotowsky

Hauptsitz	Frechen
Website	www.lekkerland.com
Umsatz	12.384 Millionen Euro (2018)
EBIT	93 Millionen Euro (2018)
Mitarbeiter	4.893
CIO	Christian Grotowsky
IT-Mitarbeiter	105
IT-Benutzer	zirka 6.000
IT-Budget	k.A.
IT-Töchter	Lekkerland Information Systems GmbH
IT-Ziele	Die Lekkerland-IT stellt Kunden und Anwendern einen „Digital Core" mit flexiblen Anwendungen auf verschiedenen Plattformen zur Verfügung. Es ist das Ziel, dass zukünftig innerhalb aller europäischen und nationalen Standorte die IT-Systeme und Prozesse harmonisiert und standardisiert sind. Im externen Markt soll die Corporate IT von Lekkerland bei Partnern, Kunden und Lieferanten als starker Bestandteil des Geschäftsmodells der Lekkerland Gruppe gesehen werden.
IT-Organisationsstruktur	Der CIO berichtet an den CFO. Es gibt ein IT-Steering-Board.
IT-Dienstleister	Arvato (Hosting, SAP Implementierung und Betrieb), Bechtle (Support Services), ComSol AG (SAP Beratung), IBM (Hosting)
IT-Anwendungen	SAP ERP, SAP CRM, SAP eWM und andere SAP Anwendungen, Microsoft Office 365

Bewerbung als IT-Mitarbeiter unter www.lekkerland.de/karriere

AUSRICHTUNG

zentral	○○●○○	dezentral
standardisiert	○○●○○	best of breed
viel Outsourcing	○●○○○	wenig Outsourcing
sehr digitalisiert	○●○○○	weniger digitalisiert

Weitere Informationen unter:
www.cio.de/top500/detail/lekkerland-ag-und-co-kg,255

Hapag-Lloyd AG

UNTERNEHMENSINFORMATIONEN

Die **Hapag-Lloyd AG** gehört zu den international bedeutsamen Unternehmen in den Bereichen Transport und Logistik. Seit 1970 existiert das in Hamburg gegründete Unternehmen bereits, seinen Unternehmenssitz hat es heute noch in der Hansestadt. Die Vorläuferunternehmen der Hapag-Lloyd AG waren zwei Reedereien – die Hamburg-Amerikanische Packetfahrt-Actien-Gesellschaft (HAPAG) und die Bremer Reederei Norddeutscher Lloyd (NDL). Beide Vorläufer gehen auf die Mitte des 19. Jahrhunderts zurück.

Martin Gnass

Hauptsitz	Hamburg
Website	www.Hapag-Lloyd.com
Umsatz	11.515 Millionen Euro (2018)
EBIT	443 Millionen Euro (2018)
Mitarbeiter	12.900 (2018)
CIO	Martin Gnass
IT-Mitarbeiter	k.A.
IT-Benutzer	zirka 12.000
IT-Budget	k.A.
IT-Ziele	Digitale Abbildung der globalen Transportkette durch moderne, vernetzte und workflowbasierte IT-Systeme; Nur so wird ein schneller Informationsaustausch zwischen den beteiligten Partnern an verschiedenen Standorten weltweit sichergestellt; Ständige Optimierung des selbst entwickelten IT-Carrier-Systems; Ausbau der Business-Intelligence- und Business-Analytics-Anwendungen
IT-Organisationsstruktur	Der Managing Director IT berichtet direkt an den COO. Das IT-Budget wird durch den Vorstand der Hapag-Lloyd AG genehmigt.
IT-Dienstleister	IBM / SITA / Microsoft / Salesforce
IT-Anwendungen	k.A.

Bewerbung als IT-Mitarbeiter unter **www.hapag-lloyd.com/de/career.html**

AUSRICHTUNG

zentral	●○○○○	dezentral	
standardisiert	○○●○○	best of breed	
viel Outsourcing	○●○○○	wenig Outsourcing	
sehr digitalisiert	○●○○○	weniger digitalisiert	

Weitere Informationen unter:
www.cio.de/top500/detail/hapag-lloyd-ag,161

VNG AG

UNTERNEHMENSINFORMATIONEN

Die **VNG AG** beliefert schon seit vielen Jahren zuverlässig Kunden aus dem In- und Ausland mit Erdgas, das aus eigener Herstellung sowie dem europäischen Handelsmarkt stammt. Der Vorläufer des derzeitigen Unternehmens entstand 1958 in Dessau. In der Folge bildete sich im Jahre 1990 die VNG-Verbundnetz Gas AG mit Hauptsitz in Leipzig.

Der Schwerpunkt des Konzerns liegt im Bereich Energie und Rohstoffe und damit verbundenen Projekten. Individuell auf die jeweiligen Bedürfnisse zugeschnittene Produkte machen den Erfolg aus. Der Kunde kann zwischen der Vollversorgung und flexiblen kleinen Lieferungen wählen. Um die Wachstumsentwicklung zu fördern, arbeitet das Unternehmen stetig an der Optimierung seines Leistungsangebotes sowie am Ausbau seiner Absatzmärkte.

Bodo Rodestock

Hauptsitz	Leipzig
Website	www.vng.de/de
Umsatz	11.219 Millionen Euro (2018)
EBIT	142,3 Millionen Euro (2018, Ergebnis nach Zinsen und Steuern)
Mitarbeiter	1.101 (2018)
CIO	Bodo Rodestock
IT-Mitarbeiter	k.A.
IT-Benutzer	k.A.
IT-Budget	k.A.
IT-Töchter	k.A.
IT-Ziele	Stabilität und Sicherheit der IT-Systeme und konsequente Nutzung der Vorteile von Digitalisierung, KI und Big Data
IT-Organisationsstruktur	Der CIO berichtet an den CEO
IT-Dienstleister	k.A.
IT-Anwendungen	Vertrags- und Datenlogistik sowie Netzsteuerung

Bewerbung als IT-Mitarbeiter unter https://vng.de/de/karriere

AUSRICHTUNG

zentral	○●○○○	dezentral
standardisiert	○●○○○	best of breed
viel Outsourcing	●○○○○	wenig Outsourcing
sehr digitalisiert	○○●○○	weniger digitalisiert

Weitere Informationen unter:
https://www.cio.de/top500/detail/vng-verbundnetz-gas-ag,34

Platz 60 / Konzerne 125

Airbus Defence and Space

UNTERNEHMENSINFORMATIONEN

Airbus Defence and Space ist eine Division des Airbus-Konzerns, die aus der Zusammenlegung der EADS-Divisionen Cassidian, Airbus Military und Astrium entstanden ist. Schwerpunkte sind die militärische Luftfahrt, militärische und zivile Raumfahrtsysteme sowie Sensoren und Kommunikationstechnologie für Verteidigung und Sicherheit. Im Bereich „Military Transport & Mission" hat die neue Division heute eine weltweit führende Position.

Hauptsitz	Taufkirchen bei München
Website	www.airbus.com
Umsatz	11.063 Millionen Euro (2018)
EBIT	935 Millionen Euro (2018)
Mitarbeiter	32.200 (2018)
CIO	Dieter Schmidbaur
IT-Mitarbeiter	1.035
IT-Benutzer	52.000
IT-Budget	zirka 400 Millionen Euro
IT-Töchter	keine
IT-Ziele	Vom IT-Dienstleister zum Business Enabler mit Fokus auf der Optimierung von IT-Kosten; Teil der Wertschöpfungskette werden und direkten Wertbeitrag für das Business erzeugen
IT-Organisationsstruktur	Der CIO berichtet an den Digital Transformation Officer (DTO), der im Vorstand sitzt. Im IT-Entscheider-Board sind alle Funktionen auf n-1-Ebene vertreten.
IT-Dienstleister	Cap Gemini (Engineering-Tools-Support), Accenture (Projekte und Application Management), Sopra/Steria (Fertigungssysteme), CGI/SAP/Deloitte (SAP), ComputaCenter (User Help Desk, Netzwerk), Orange/BT/Deutsche Telekom (WAN), T-Systems (Arbeitsplatzsysteme), Dimension Data (Telefonie, Video, Mobil, Unified Communication)
IT-Anwendungen	SAP, 3DX/Catia, Windchill, diverse Engineering Tools, Unified Planning (Planisware), MS CRM, MS SharePoint, MS Office, GSuite „Digital Workplace", AWS Public Cloud, Private Cloud

Bewerbung als IT-Mitarbeiter unter www.airbus.com/careers.html

AUSRICHTUNG

zentral ○○●○○ dezentral		Weitere Informationen unter:
standardisiert ○○●○○ best of breed		www.cio.de/top500/detail/
viel Outsourcing ○●○○○ wenig Outsourcing		airbus-operations-gmbh,811
sehr digitalisiert ○○●○○ weniger digitalisiert		

MAN Truck & Bus SE

UNTERNEHMENSINFORMATIONEN

MAN Truck & Bus zählt zu den führenden Herstellern von Nutzfahrzeugen in Europa und verfügt über Produktionsstätten in drei europäischen Ländern sowie in Russland, Südafrika und der Türkei. Das Produktportfolio umfasst Transporter, Lkw, Busse, Diesel- und Gasmotoren sowie Dienstleistungen rund um Personenbeförderung und Gütertransport.

2017 erweiterte MAN Truck & Bus das Produktportfolio um die Fahrzeugklasse großer Transporter und ist seither Full-Range-Anbieter von Nutzfahrzeugen zwischen 3 und 44 Tonnen für jeden Einsatzbereich sowie von Sonderfahrzeugen bis 250 Tonnen Gesamtgewicht. Passend zum gesamten, erweiterten Nutzfahrzeugportfolio bietet MAN Truck & Bus den Kunden ein umfangreiches Dienstleistungsangebot aus einer Hand an.

Stephan Fingerling

Hauptsitz	München
Website	www.mantruckandbus.com
Umsatz	10.800 Millionen Euro (2018)
EBIT	k.A.
Mitarbeiter	36.500 (2018)
CIO	Stephan Fingerling
IT-Mitarbeiter	500
IT-Benutzer	40.000
IT-Budget	k.A.
IT-Ziele	„We drive value. We live IT. We ensure business. We focus on customers"
IT-Organisationsstruktur	Der CIO berichtet an den CFO, es gibt ein IT-Board und ein Board für Digitalisierung
IT-Dienstleister	Dimension Data
IT-Anwendungen	SAP, Salesforce, Windchill PTC, RIO sowie individuell entwickelte Applikationen

Bewerbung als IT-Mitarbeiter unter www.karriere.man.eu

AUSRICHTUNG

zentral	●○○○○	dezentral	
standardisiert	●○○○○	best of breed	
viel Outsourcing	○●○○○	wenig Outsourcing	
sehr digitalisiert	○●○○○	weniger digitalisiert	

Weitere Informationen unter:
www.cio.de/top500/detail/man-se,117

dm-drogerie markt GmbH & Co. KG

UNTERNEHMENSINFORMATIONEN

Mit der Eröffnung des ersten **dm**-Marktes 1973 in Karlsruhe gründete Prof. Götz W. Werner ein Unternehmen, das ganzheitliches unternehmerisches und soziales Denken in den Mittelpunkt stellt. Respekt vor der Individualität des Menschen und vor dem regionalen Umfeld der dm-Märkte wurde zur Grundlage für das organische Wachstum von dm-drogerie markt.

Heute gehört die Firma zu den größten Drogerieunternehmen Europas. Das Unternehmen betreibt neben dm-Märkten in Deutschland auch Geschäfte in zwölf weiteren europäischen Ländern.

Roman Melcher

Hauptsitz	Karlsruhe
Website	www.dm.de
Umsatz	10.701 Millionen Euro (2018)
EBIT	k.A.
Mitarbeiter	61.721 (2018)
CIO	Roman Melcher (als Geschäftsführer verantwortlich für das Ressort IT)
IT-Mitarbeiter	zirka 800
IT-Benutzer	k.A.
IT-Budget	k.A.
IT-Töchter	dmTECH GmbH
IT-Ziele	Die 100-prozentige Tochtergesellschaft dmTECH ist für alle technischen Lösungen im Online-Shop, die Kunden- und Mitarbeiter-Apps des Konzerns sowie für die IT in den dm-Märkten, den Verteilzentren und der Zentrale verantwortlich. Ziel ist es, mit innovativen Ideen und intelligenten Services die digitale Zukunft des Handels mitzugestalten.
IT-Organisationsstruktur	Der CIO ist zugleich im Top-Management vertreten
IT-Dienstleister	k.A.
IT-Anwendungen	Warenwirtschaft, Filialsysteme, Logistik, Marketing/CRM, HR, Web-Systeme

Bewerbung als IT-Mitarbeiter unter www.dm.de/arbeiten-und-lernen/offene-stellen

AUSRICHTUNG*

zentral	○●○○○	dezentral
standardisiert	○○●○○	best of breed
viel Outsourcing	○○○●○	wenig Outsourcing
sehr digitalisiert	○○●○○	weniger digitalisiert

Weitere Informationen unter:
www.cio.de/top500/detail/dm-drogerie-markt-gmbh-und-co-kg,357

*Schätzung der CIO-Redaktion

Aurubis AG

UNTERNEHMENSINFORMATIONEN

Der Kupferkonzern und größte Kupferrecycler der Welt, die **Aurubis AG**, gehört zur Spitzengruppe in der Kupferbranche. Die Hauptkompetenz des Unternehmens liegt in der Produktion, mit Produktionsstandorten in Europa und in den USA, wobei reines Kupfer und Kupferprodukte hergestellt werden. Das Kernprodukt der Aurubis AG sind Kupferkathoden aus Altkupfer, Kupferkonzentraten und anderen Recyclingrohstoffen, welche unter anderem zu Walzprodukten, Stranggussformaten, Gießwalzdraht sowie Kupferlegierungen weiterverarbeitet werden. In der Kupferproduktion verfügt die Aurubis AG über ein exzellentes Know-how in den Bereichen des Gießens, der Verformung und der Oberflächenbehandlung der hochwertigen Kupferprodukte aus Kathoden. Nachhaltiges Wachstum wird als wichtiger Teil der Unternehmensphilosophie durch einen ressourcenschonenden Umgang mit Umwelt und Personal umgesetzt.

Andreas Schumann

Hauptsitz	Hamburg
Website	www.aurubis.com
Umsatz	10.400 Millionen Euro (2018)
EBIT	332 Millionen Euro (2018)
Mitarbeiter	6.400 (2018)
CIO	Andreas Schumann
IT-Mitarbeiter	80
IT-Benutzer	4.000
IT-Budget	1,0 Prozent vom Umsatz
IT-Ziele	IT-Business-Alignment, konzernweite Integration und Harmonisierung von Prozessen, Standardisierung und Rollout der Kernsysteme, Digitalisierung des Shop Floor
IT-Organisationsstruktur	Zentrale Aufstellung der IT innerhalb der Aurubis AG, föderalistische Steuerung der IT im Aurubis-Konzern. Der CIO berichtet an den CFO.
IT-Dienstleister	Verizon, IBM, Bechtle, SAP
IT-Anwendungen	SAP, PSI Metals, Office 365

Bewerbung als IT-Mitarbeiter unter **www.aurubis.com/de/karriere/uebersicht**

AUSRICHTUNG

zentral	○ ● ○ ○ ○	dezentral
standardisiert	○ ● ○ ○ ○	best of breed
viel Outsourcing	● ○ ○ ○ ○	wenig Outsourcing
sehr digitalisiert	○ ○ ○ ● ○	weniger digitalisiert

Weitere Informationen unter:
www.cio.de/top500/detail/aurubis-ag,4

Vodafone GmbH

UNTERNEHMENSINFORMATIONEN

Vodafone Deutschland ist einer der größten Telekommunikationsanbieter in Europa. Als Technologie- und Dienstleistungskonzern steht Vodafone Deutschland für Kommunikation aus einer Hand: Mobilfunk und Festnetz sowie Internet und Breitband-Datendienste für Geschäfts- und Privatkunden. Kontinuierliche Entwicklungen, zahlreiche Patente sowie Investitionen in neue Produkte, Services und das moderne Netz haben Vodafone zum Innovationsführer im deutschen Telekommunikationsmarkt werden lassen.

Marc Spenlé

Hauptsitz	Düsseldorf
Website	www.vodafone.de
Umsatz	10.306 Millionen Euro (Geschäftsjahr 2018/19)
EBIT	4.098 (EBITDA Geschäftsjahr 2018/19)
Mitarbeiter	13.500 (2018)
CIO	Marc Spenlé
IT-Mitarbeiter	940
IT-Benutzer	51.300
IT-Budget	4,5 Prozent vom Umsatz
IT-Töchter	Shared Service Center, GDC Global Data Center
IT-Ziele	Business Alignment, Data & Analytics, Ensuring Efficiency, Digital Transformation, Radical Simplification
IT-Organisationsstruktur	Der CIO berichtet an den Geschäftsführer des Geschäftsbereiches „Technology". An den CIO berichten noch weitere Bereichsleiter, die gemeinsam in einem Committee sitzen. Der CIO sitzt zudem noch in einem weiteren Steering Committee zusammen mit den anderen führenden Managern der verschiedenen Technologiebereiche.
IT-Dienstleister	Computacenter
IT-Anwendungen	Office 365 / Azure

Bewerbung als IT-Mitarbeiter unter https://jobs.vodafone.de/

AUSRICHTUNG

zentral	○○●○○	dezentral
standardisiert	○○●○○	best of breed
viel Outsourcing	○○●○○	wenig Outsourcing
sehr digitalisiert	○○●○○	weniger digitalisiert

Weitere Informationen unter:
www.cio.de/top500/detail/vodafone-gmbh,884

50Hertz Transmission GmbH

UNTERNEHMENSINFORMATIONEN

Die **50Hertz Transmission** sorgt für den Betrieb, die Instandhaltung, die Planung und den Ausbau des 380/220-Kilovolt-Übertragungsnetzes im Norden und Osten Deutschlands. Dieses Stromnetz ist eines der modernsten in Europa und als Teil des europäischen Verbundnetzes direkt mit Nachbarländern wie Polen, Tschechien und Dänemark verknüpft. 50Hertz koordiniert zudem das Zusammenspiel aller Strommarkt-Akteure in den Bundesländern Berlin, Brandenburg, Hamburg, Mecklenburg-Vorpommern, Sachsen, Sachsen-Anhalt und Thüringen.

Hauptsitz	Berlin
Website	www.50hertz.com
Umsatz	10.273 Millionen Euro (2018)
EBIT	237 Millionen Euro (2018)
Mitarbeiter	1.046 (2018)
CIO	k.A.
IT-Mitarbeiter	k.A.
IT-Benutzer	k.A.
IT-Budget	k.A.
IT-Ziele	k.A.
IT-Organisationsstruktur	k.A.
IT-Dienstleister	k.A.
IT-Anwendungen	k.A.

Bewerbung als IT-Mitarbeiter unter **www.50hertz.com/de/Karriere**

AUSRICHTUNG*

zentral	○●○○○	dezentral
standardisiert	○○●○○	best of breed
viel Outsourcing	○○○●○	wenig Outsourcing
sehr digitalisiert	○●○○○	weniger digitalisiert

Weitere Informationen unter:
www.cio.de/top500/detail/
50hertz-transmission-gmbh,905

*Schätzung der CIO-Redaktion

Dirk Rossmann GmbH

UNTERNEHMENSINFORMATIONEN

Die **Dirk Rossmann GmbH** ist die zweitgrößte Drogeriemarktkette und betreibt in Deutschland etwa 2.150 Märkte, international kommen noch einmal etwa 1.780 hinzu. Außer in Deutschland ist Rossmann auch in Albanien, Tschechien, Polen, Ungarn, Kosovo und der Türkei präsent. Das Sortiment umfasst über 21.400 Artikel. Zudem verfügt Rossmann mit 28 Marken und rund 4.600 Artikeln über das umfangreichste Eigenmarkensortiment bei Drogeriewaren in Deutschland. Außerdem wird großer Wert auf preiswerten Fotoservice, einen hohen Anteil umweltfreundlicher Produkte und das hauseigene Qualitätsmarken-Programm gelegt.

Antje König

Hauptsitz	Burgwedel
Website	www.rossmann.de
Umsatz	9.460 Millionen Euro (2018)
EBIT	k.A.
Mitarbeiter	56.000 (2018)
CIO	Antje König
IT-Mitarbeiter	200
IT-Benutzer	k.A.
IT-Budget	k.A.
IT-Ziele	Als Lösungsanbieter sind die übergreifenden Ziele die Weiterentwicklung und der zeitgemäße Betrieb der Unternehmensapplikationen und IT-Systeme unter Einsatz agiler Arbeitsweisen: Konkret bietet die Rossmann-IT Unterstützung und Dienstleistungen für alle Unternehmensbereiche. So ist sie für die Zentrale, die Logistik und ihre Lagerstandorte zuständig sowie für die Filialen und den eCommerce-Bereich. Das Online-Geschäft wird mit dem stationären Handel verbunden, um Synergien und Mehrwert zu generieren.
IT-Organisationsstruktur	Der CIO ist Mitglied der Geschäftsleitung und berichtet an die Geschäftsführung.
IT-Anwendungen	Anwendungen zur Warenwirtschaft und Warenflussprozesse (Disposition, Bestandsführung, Datenlogistik Filialen, Space-/Floorplanning, Lagerführung), E-Commerce-Systeme, Marketing/CRM

Bewerbung als IT-Mitarbeiter unter https://jobs.rossmann.de

AUSRICHTUNG

zentral	○●○○○	dezentral
standardisiert	○○●○○	best of breed
viel Outsourcing	○○○●○	wenig Outsourcing
sehr digitalisiert	○○●○○	weniger digitalisiert

Weitere Informationen unter:
www.cio.de/top500/detail/dirk-rossmann-gmbh,455

Freudenberg SE

UNTERNEHMENSINFORMATIONEN

Freudenberg ist ein globales Technologieunternehmen, das seine Kunden und die Gesellschaft durch wegweisende Innovationen nachhaltig stärkt. Gemeinsam mit Partnern, Kunden und der Wissenschaft entwickelt die Freudenberg Gruppe technisch führende Produkte, exzellente Lösungen und Services für mehr als 30 Marktsegmente und für Tausende von Anwendungen: Dichtungen, schwingungstechnische Komponenten, Vliesstoffe, Filter, Spezialchemie, medizintechnische Produkte, IT-Dienstleistungen und modernste Reinigungsprodukte.

Harald Berger

Überwiegend liefert Freudenberg technische Zwischenprodukte an Weiterverarbeiter oder Hersteller von Endprodukten. Mit Haushaltsprodukten wie unter anderem vileda und O-Cedar wendet sich Freudenberg aber auch direkt an Endverbraucher.

Hauptsitz	Weinheim
Website	www.freudenberg.com
Umsatz	9.455 Millionen Euro (2018)
EBIT	829 Millionen Euro (2018)
Mitarbeiter	49.137 (2018)
CIO	Harald Berger
IT-Mitarbeiter	zirka 650
IT-Benutzer	zirka 32.000
IT-Budget	k.A.
IT-Ziele	k.A.
IT-Organisationsstruktur	CIO berichtet an den Vorstand (CFO) der Freudenberg SE
IT-Dienstleister	SAP, Microsoft
IT-Anwendungen	SAP Produktportfolio, Microsoft Produktportfolio, Workday

Bewerbung als IT-Mitarbeiter unter www.jobs.freudenberg.com

AUSRICHTUNG

zentral	○○●○○	dezentral	
standardisiert	○○●○○	best of breed	
viel Outsourcing	○○●○○	wenig Outsourcing	
sehr digitalisiert	○○●○○	weniger digitalisiert	

Weitere Informationen unter:
www.cio.de/top500/detail/freudenberg-und-co-kg,439

Platz 68 / Konzerne

Salzgitter AG

UNTERNEHMENSINFORMATIONEN

Die **Salzgitter AG** ist ein Stahlkonzern aus Salzgitter in Niedersachsen. Der Konzern hat eine bewegte Geschichte hinter sich: 1858 gegründet, ist die Firma eine der ältesten deutschen Aktiengesellschaften. 1989 wurde sie im Zuge der Privatisierung von der Preussag AG übernommen. Als die Preussag AG 1998 ihre Stahlsparte aufgab, wurde die Salzgitter AG neu gegründet.

Zur Unternehmensgruppe gehören zahlreiche Tochterfirmen, die bekanntesten sind die Peiner Träger GmbH, die Mannesmannröhren-Werke GmbH, die Salzgitter Flachstahl GmbH und die KHS GmbH. Der Industriekonzern beschäftigt eine hohe Zahl von Mitarbeitern auf der ganzen Welt. Vor allem in der Produktion von Flach- und Profilstahl sowie in der Herstellung von Stahlrohren gehört das börsennotierte Unternehmen zu den weltweit erfolgreichsten Anbietern auf dem Markt.

Uwe Kruse

Hauptsitz	Salzgitter
Website	www.salzgitter-ag.de
Umsatz	9.278 Millionen Euro (2018)
EBIT	413 Millionen Euro (2018)
Mitarbeiter	25.363 (2018)
CIO	Uwe Kruse
IT-Mitarbeiter	k.A.
IT-Benutzer	k.A.
IT-Budget	k.A.
IT-Ziele	Standardisierung und Harmonisierung der IT-Services, Applikationen und Infrastruktur im Konzern; Steigerung der Effizienz der Geschäftsprozesse mit Hilfe flexibler IT-Leistungen
IT-Organisationsstruktur	Der CIO berichtet an den Finanzvorstand
IT-Dienstleister	k.A.
IT-Anwendungen	ERP-Systeme (SAP), Materialversorgungssysteme (MES), Customer Relationship Management, E-Service Plattform

Bewerbung als IT-Mitarbeiter unter **www.salzgitter-ag.com/de/jobs-karriere.html**

AUSRICHTUNG*

zentral	○○○●○	dezentral
standardisiert	○○●○○	best of breed
viel Outsourcing	○○●○○	wenig Outsourcing
sehr digitalisiert	○○●○○	weniger digitalisiert

Weitere Informationen unter:
www.cio.de/top500/detail/salzgitter-ag,203

*Schätzung der CIO-Redaktion

Helios Kliniken Gruppe

UNTERNEHMENSINFORMATIONEN

Die **Helios Kliniken Gruppe** ist einer der größten Anbieter von stationärer und ambulanter Patientenversorgung Europas. Ihren Hauptsitz hat sie in Berlin.

In Deutschland verfügt Helios über 90 Kliniken, Medizinische Versorgungszentren (MVZ) und Präventionszentren. Helios bietet Kompetenz in allen Bereichen der Patientenversorgung: von der ambulanten und stationären Akutmedizin über die Rehabilitation und Prävention bis hin zur Altenpflege.

Dirk Herzberger

Hauptsitz	Berlin
Website	www.helios-gesundheit.de
Umsatz	8.993 Millionen Euro (2018)
EBIT	k.A.
Mitarbeiter	100.144 (2018)
CIO	Dirk Herzberger
IT-Mitarbeiter	k.A.
IT-Benutzer	k.A.
IT-Budget	k.A.
IT-Töchter	smart Helios GmbH / helios.hub
IT-Ziele	k.A.
IT-Organisationsstruktur	k.A.
IT-Dienstleister	k.A.
IT-Anwendungen	k.A.

Bewerbung als IT-Mitarbeiter unter **www.helios-gesundheit.de/karriere/**

AUSRICHTUNG*

zentral	○○○●○	dezentral
standardisiert	○●○○○	best of breed
viel Outsourcing	○○○●○	wenig Outsourcing
sehr digitalisiert	○○●○○	weniger digitalisiert

Weitere Informationen unter:
www.cio.de/top500/detail/helios-kliniken-gmbh,523

Schätzung der CIO-Redaktion

DKV Mobility Services Group

UNTERNEHMENSINFORMATIONEN

Die **DKV Mobility Services Group** bietet intelligente Lösungen für Mobilitätsdienstleistungen. Von der bargeldlosen Unterwegsversorgung mit Kraftstoffen, über Mautabrechnung bis zur Mehrwertsteuer-Rückerstattung und Fahrzeugservices bietet der DKV zahlreiche Dienstleistungen zur Kostenoptimierung und zur Steuerung von Fuhrparks.

Eines der wichtigsten Produkte der Gruppe ist die sogenannte DKV Card, mit der das bargeldlose Tanken an vielen Orten in ganz Europa möglich ist. Mit dem Service Refund Plus ermöglicht DKV seinen Kunden eine Rückerstattung von Mehrwert- und Mineralölsteuern, die bei Fahrten im Ausland angefallen sind. Der Fahrzeugservice Plus bündelt außerdem diverse Mobilitätsangebote wie 24-Stunden-Notruf, Reparaturservice und Reifenservice.

Guido Stöcker

Hauptsitz	Ratingen
Website	www.dkv-mobility.com
Umsatz	8.600 Millionen Euro (2018)
EBIT	k.A.
Mitarbeiter	zirka 1.000 Full-Time-Equivalents (2018)
CIO	Guido Stöcker
IT-Mitarbeiter	122 Full-Time-Equivalents (2019)
IT-Benutzer	k.A.
IT-Budget	27 Millionen Euro (2019)
IT-Ziele	Kunden mit schnellen und erstklassigen Dienstleistungen auf Basis einer nachhaltigen Architektur begeistern; Die Governance ermöglicht, Partner und Lieferanten zu koordinieren, um bestmögliche Ergebnisse zu erzielen.
IT-Organisationsstruktur	Der CIO berichtet an den Managing Director DKV
IT-Dienstleister	OEDIV (Rechenzentrum), SAP (Abrechnung), EquensWorldline (Transaktionsautorisierung), Anywhere24 (SRM/CRM), Interroute (Netzanbindung), Microsoft (Office Suite / CRM Dynamics)
IT-Anwendungen	k.A.

Bewerbung als IT-Mitarbeiter unter www.dkv-mobility.com/karriere.html

AUSRICHTUNG

zentral	○○●○○	dezentral
standardisiert	○○●○○	best of breed
viel Outsourcing	○○●○○	wenig Outsourcing
sehr digitalisiert	○○○●○	weniger digitalisiert

Weitere Informationen unter:

www.cio.de/top500/detail/dkv-mobility-services-group,214

Stadtwerke München GmbH

UNTERNEHMENSINFORMATIONEN

Die **Stadtwerke München GmbH** ist einer der größten kommunalen Dienstleister Deutschlands und zu 100 Prozent im Eigentum der bayerischen Landeshauptstadt. Gleichzeitig zählt das Unternehmen zu den größten Energieversorgern in der Bundesrepublik. Die Geschäftsbereiche umfassen neben Strom, Gas und Fernwärme auch Wasser sowie die städtischen Bäder. Der Schwerpunkt liegt im Bereich Energie und Rohstoffe. Hier verfügen die Stadtwerke München über zahlreiche Mehrheitsbeteiligungen, vorwiegend bei Kommunalbetrieben im Bundesland Bayern. Seit 2008 ist der Ausbau der erneuerbaren Energien zentraler Bestandteil.

Jörg Ochs

Hauptsitz	München
Website	www.swm.de
Umsatz	8.300 Millionen Euro (2018)
EBIT	523 Millionen Euro (2018)
Mitarbeiter	9.040 (2018)
CIO	Jörg Ochs (IT-Leiter)
IT-Mitarbeiter	250
IT-Benutzer	4.000
IT-Budget	k.A.
IT-Töchter	SWM Services GmbH
IT-Ziele	Verstärktes Sourcing von Standarddiensten an externe Dienstleister; Konzentration auf differenzierende Dienste mit Mehrwerten für die Münchner Bürger
IT-Organisationsstruktur	k.A.
IT-Dienstleister	k.A.
IT-Anwendungen	k.A.

Bewerbung als IT-Mitarbeiter unter **www.swm.de/privatkunden/karriere.html**

AUSRICHTUNG

zentral	○○●○○	dezentral
standardisiert	○○●○○	best of breed
viel Outsourcing	○○○●○	wenig Outsourcing
sehr digitalisiert	○○●○○	weniger digitalisiert

Weitere Informationen unter:
www.cio.de/top500/detail/stadtwerke-muenchen-gmbh,361

Platz 72 / Konzerne

Helm AG

UNTERNEHMENSINFORMATIONEN

Die **Helm AG**, 1900 von Karl Otto Helm in Hamburg gegründet, ist ein deutscher Mischkonzern, der vorwiegend als Händler in den Bereichen Chemie, Pharmazie, Pflanzenschutz und Düngemittel tätig ist. Helm gehört zu den weltweit größten Chemie-Marketingunternehmen und verfügt über mehr als 100 Niederlassungen, Verkaufsbüros und Beteiligungen in über 30 Ländern. Das Unternehmen gehört heute zu den größten Familienunternehmen Deutschlands.

Hauptsitz	Hamburg
Website	www.helmag.com
Umsatz	8.297 Millionen Euro (2018)
EBIT	k.A.
Mitarbeiter	1.621 (2018)
CIO	Oliver Bösch
IT-Mitarbeiter	k.A.
IT-Benutzer	k.A.
IT-Budget	k.A.
IT-Ziele	k.A.
IT-Organisationsstruktur	k.A.
IT-Dienstleister	k.A.
IT-Anwendungen	k.A.

Bewerbung als IT-Mitarbeiter unter **www.helmag.com/de/karriere/**

AUSRICHTUNG*

zentral	○○○●○	dezentral
standardisiert	○○●○○	best of breed
viel Outsourcing	○○●○○	wenig Outsourcing
sehr digitalisiert	○○●○○	weniger digitalisiert

Weitere Informationen unter:
www.cio.de/top500/detail/helm-ag,37

*Schätzung der CIO-Redaktion

Benteler Deutschland GmbH

UNTERNEHMENSINFORMATIONEN

Eines der führenden deutschen Unternehmen im Bereich der Automobiltechnologie ist die **Benteler Deutschland GmbH**. Das aus Ostwestfalen stammende Unternehmen geht auf den Eisenwarenladen von Carl Benteler zurück, der 1876 seine Türen öffnete. Binnen 140 Jahren wurde daraus ein globaler Konzern, der sicherheitsrelevante Produkte, Systeme und Dienstleistungen für die Bereiche Automobil, Energie und Maschinenbau entwickelt, produziert und vertreibt.

Stefan Melchior

Zu den zentralen Produkten gehören zum einen für die Automobilindustrie angefertigte Fahrzeugteile, mit der das Unternehmen nahezu alle großen Fahrzeughersteller beliefert. Neben Motor- und Abgassystemen zählen dazu auch Fahrwerke und Strukturteile. Zum anderen stellt die Firma auch Spezialrohre für Airbags her.

Hauptsitz	Paderborn
Website	www.benteler.com/de/
Umsatz	8.072 Millionen Euro (2018)
EBIT	119,3 Millionen Euro (2018)
Mitarbeiter	28.578 weltweit (2018)
CIO	Stefan Melchior
IT-Mitarbeiter	k.A.
IT-Benutzer	k.A.
IT-Budget	k.A.
IT-Ziele	Business-Orientierung, Prozessintegration, Unterstützung von Globalisierung & Wachstum, Harmonisierung & Standardisierung, striktes Kostenmanagement
IT-Organisationsstruktur	Der CIO berichtet an den CEO sowie die Geschäftsführung der Benteler Deutschland GmbH und verantwortet die IT global. Drei divisionale IT-Direktoren (Automobiltechnik, Stahl/Rohr, Distribution) sind für die Ausprägung der IT in den jeweiligen Geschäftsbereichen zuständig und haben dort eine zweite Berichtslinie.
IT-Dienstleister	SAP, Microsoft, IBM, HP, T-Systems, Verizon, itelligence, Infosys
IT-Anwendungen	k.A.

Bewerbung als IT-Mitarbeiter unter https://career.benteler.de/

AUSRICHTUNG*

zentral	○●○○○	dezentral
standardisiert	○●○○○	best of breed
viel Outsourcing	○○○○●	wenig Outsourcing
sehr digitalisiert	○○●○○	weniger digitalisiert

Weitere Informationen unter:
www.cio.de/top500/detail/benteler-deutschland-gmbh,190

*Schätzung der CIO-Redaktion

Platz 74 / Konzerne

Kion Group AG

UNTERNEHMENSINFORMATIONEN

Die **Kion Group** ist ein weltweiter Anbieter von Gabelstaplern und Lagertechnik, verbundenen Dienstleistungen sowie Supply-Chain-Lösungen. In mehr als 100 Ländern optimiert die Kion Group mit ihren Logistik-Lösungen den Material- und Informationsfluss in Fabriken, Lagerhäusern und Vertriebszentren. Der Konzern ist in Europa der größte Hersteller von Flurförderzeugen, weltweit die Nummer Zwei und zudem ein Anbieter von Automatisierungstechnologie.

Hauptsitz	Frankfurt am Main
Website	www.kiongroup.com/de
Umsatz	7.995,7 Millionen Euro (2018)
EBIT	642,8 Millionen Euro (2018)
Mitarbeiter	33.128 (2018)
CIO	Bernd Kombrecht (Senior Vice President IT Global Key Account Management, interimistisch)
IT-Mitarbeiter	zirka 640 weltweit zirka 300 in Deutschland
IT-Benutzer	k.A.
IT-Budget	k.A.
IT-Töchter	Kion Information Management Services GmbH (Deutschland)
IT-Ziele	Kion Group im Rahmen von Industrie 4.0 digital aufstellen; IT noch intensiver auf Kunden und Serviceorientierung ausrichten, Investitionen in Sales- und Service-Prozesse.
IT-Organisationsstruktur	Bernd Kombrecht, Senior Vice President IT Global Key Account Management, berichtet seit Mai 2019 interimistisch in einer erweiterten Rolle an Susanna Schneeberger, CDO der Kion Group.
IT-Dienstleister	k.A.
IT-Anwendungen	k.A.

Bewerbung als IT-Mitarbeiter unter www.kiongroup.com/de/Karriere/Arbeiten-bei-KION/

AUSRICHTUNG

zentral	○●○○○	dezentral
standardisiert	○●○○○	best of breed
viel Outsourcing	○○●○○	wenig Outsourcing
sehr digitalisiert	○○●○○	weniger digitalisiert

Weitere Informationen unter:
www.cio.de/top500/detail/kion-group-ag,805

Remondis SE & Co. KG

UNTERNEHMENSINFORMATIONEN

Remondis ist einer der weltweit größten Dienstleister für Recycling, Service und Wasser. An rund 800 Standorten auf vier Kontinenten arbeiten über 36.000 Mitarbeiterinnen und Mitarbeiter für mehr als 30 Millionen Bürger und viele tausend Unternehmen.

Hauptsitz	Lünen
Website	www.remondis.de
Umsatz	7.900 Millionen Euro (2018)
EBIT	k.A.
Mitarbeiter	36.000 (2018)
CIO	Josef Brösterhaus
IT-Mitarbeiter	230
IT-Benutzer	k.A.
IT-Budget	k.A.
IT-Töchter	Remondis IT Services GmbH & Co. KG
IT-Ziele	Die Remondis IT Services GmbH & Co. KG (RITS) ist der zentrale IT-Dienstleister der Remondis-Gruppe. Die RITS entwirft, entwickelt und betreibt passgenaue IT-Lösungen für nationale und internationale Gesellschaften. Sie definiert und verantwortet gruppenweite Standards und unterstützt die Remondis-Gruppe nachhaltig bei der Digitalisierung der Geschäftsprozesse.
IT-Organisationsstruktur	Der CIO ist Geschäftsführer der RITS und berichtet an den Vorstand
IT-Dienstleister	Microsoft, IBM, Oracle, Telekom, adesso
IT-Anwendungen	k.A.

Bewerbung als IT-Mitarbeiter unter www.remondis-it.de

AUSRICHTUNG

zentral	○●○○○	dezentral
standardisiert	○○●○○	best of breed
viel Outsourcing	○○○●○	wenig Outsourcing
sehr digitalisiert	○○●○○	weniger digitalisiert

Weitere Informationen unter:
www.cio.de/top500/detail/remondis-se-und-co-kg,844

Infineon Technologies AG

UNTERNEHMENSINFORMATIONEN

Robert Leindl

Infineon Technologies AG ist ein Unternehmen im Bereich der Halbleitertechnologie, das im Jahr 1999 durch die Ausgliederung dieses Bereichs aus dem Siemens-Konzern entstand. Nach dem Börsengang im Jahr 2000 entwickelte sich das Unternehmen zu einem der führenden Vertreter der Computerchip-Industrie. Der Hauptsitz des Unternehmens befindet sich in Neubiberg bei München und ist unter dem Namen Campeon bekannt.

Die Infineon Technologies AG hat zahlreiche Unternehmenszweige, die auf verschiedene Industrien spezialisiert sind. Der Bereich „Automotive" liefert Halbleitertechnologien für Motoren und für andere Fahrzeuganwendungen. Das Ressort „Industrial Power Control" umfasst Technologien, die den Energieverbrauch von elektrischen Anlagen kontrollieren. Außerdem verfügt das Unternehmen über Abteilungen, die Halbleiterlösungen für PCs, Fernseher und Mobilfunkgeräte konzipieren.

Hauptsitz	Neubiberg
Website	www.infineon.com
Umsatz	7.600 Millionen Euro (2018)
EBIT	1.353 Millionen Euro (2018)
Mitarbeiter	40.100 (2018)
CIO	Robert Leindl
IT-Mitarbeiter	1.000 (2018)
IT-Benutzer	48.000
IT-Budget	270 Millionen Euro (2018)
IT-Töchter	Infineon Technologies IT-Services GmbH (Klagenfurt)
IT-Ziele	Digitalisierung und Innovation; Kundenfokus; Operative Spitzenleistung; Mitarbeiter und Leadership; Skalierbarkeit und Tempo
IT-Organisationsstruktur	Der CIO berichtet an den CFO. Der Verantwortungsbereich des CIO umfasst Business-Applikationen und Infrastruktur aller Geschäftsfelder, Entwicklungsabteilungen und Fertigungen in über 50 Ländern.
IT-Dienstleister	Tata Consultancy Services, Larsen & Toubro Infotech, SanData, Capgemini, PTC und mehr
IT-Anwendungen	MS Dynamics, S4H, SuccessfFactors, Concur, PTC PLM, JDA S&OP, MES, EDA und mehr

Bewerbung als IT-Mitarbeiter unter www.infineon.com/cms/de/careers

AUSRICHTUNG

zentral	○●○○○	dezentral
standardisiert	○○●○○	best of breed
viel Outsourcing	○○○●○	wenig Outsourcing
sehr digitalisiert	○●○○○	weniger digitalisiert

Weitere Informationen unter:
www.cio.de/top500/detail/infineon-technologies-ag,442

Tengelmann Warenhandelsgesellschaft KG

UNTERNEHMENSINFORMATIONEN

Die Unternehmensgruppe **Tengelmann** ist eines der weltweit bedeutendsten Handelsunternehmen. Heute gehören zur Unternehmensgruppe Tengelmann 73 Beteiligungen. Zum Firmenverbund zählen der Textildiscounter KiK, die OBI Bau- und Heimwerkermärkte sowie Baby-Markt.de. Ebenfalls zum Konzern gehören die Immobiliengesellschaft Trei Real Estate sowie die Beteiligungsgesellschaften Emil Capital Partners in den Vereinigten Staaten und Tengelmann Ventures in Deutschland, die seit mehreren Jahren in Startup-Unternehmen investieren. Verschiedene Dienstleistungsgesellschaften und Beteiligungen runden das Portfolio des Familienunternehmens ab.

Riccardo Sperrle

Hauptsitz	Mülheim an der Ruhr
Website	www.tengelmann.de
Umsatz	7.457 Millionen Euro (2018)
EBIT	k.A.
Mitarbeiter	58.819 (2018)
CIO	Riccardo Sperrle
IT-Mitarbeiter	k.A.
IT-Benutzer	k.A.
IT-Budget	k.A.
IT-Ziele	k.A.
IT-Organisationsstruktur	Der CIO der Gruppe berichtet an den geschäftsführenden Gesellschafter der Unternehmensgruppe. Die CIOs der einzelnen Geschäftsfelder berichten direkt an die jeweiligen Geschäftsführungen. Die einzelnen Geschäftsfelder sind autark in der Formulierung und Umsetzung ihrer jeweiligen IT-Strategie.
IT-Dienstleister	k.A.
IT-Anwendungen	k.A.

Bewerbung als IT-Mitarbeiter unter www.tengelmann.de/karriere.html

AUSRICHTUNG*

zentral	○○○○●	dezentral
standardisiert	○○○●○	best of breed
viel Outsourcing	○○○○●	wenig Outsourcing
sehr digitalisiert	○○●○○	weniger digitalisiert

Weitere Informationen unter:
www.cio.de/top500/detail/tengelmann-warenhandelsgesellschaft-kg,239

*Schätzung der CIO-Redaktion

Telefónica Deutschland Holding AG

UNTERNEHMENSINFORMATIONEN

Die **Telefónica Deutschland Holding AG** ist seit 2012 an der Frankfurter Wertpapierbörse notiert und seit 24.09.2018 im MDAX sowie seit 2013 im TecDAX gelistet. Unter ihrem Dach agiert die hundertprozentige, operativ tätige Tochtergesellschaft Telefónica Germany GmbH & Co. OHG. Das Unternehmen gehört mehrheitlich zum spanischen Telekommunikationskonzern Telefónica S. A. – einem der weltweit größten Telekommunikationsanbieter mit Sitz in Madrid und als Gruppe zu den 100 digitalen Pionieren in Europa.

Guido Eidmann

Hauptsitz	München
Website	www.telefonica.de
Umsatz	7.320 Millionen Euro (2018)
EBIT	k.A.
Mitarbeiter	8.868 (2018)
CIO	Guido Eidmann
IT-Mitarbeiter	k.A.
IT-Benutzer	k.A.
IT-Budget	k.A.
IT-Ziele	Operational Excellence, Speed, Digital Enabling
IT-Organisationsstruktur	Der CIO ist Mitglied im Vorstand und verantwortet die Umsetzung der digitalen Transformation.
IT-Dienstleister	k.A.
IT-Anwendungen	k.A.

Bewerbung als IT-Mitarbeiter unter www.telefonica.de/unternehmen/karriere.html

AUSRICHTUNG*

zentral	○○○●○	dezentral
standardisiert	○○●○○	best of breed
viel Outsourcing	○○●○○	wenig Outsourcing
sehr digitalisiert	○○●○○	weniger digitalisiert

Weitere Informationen unter:
www.cio.de/top500/detail/telef-nica-deutschland-holding-ag,803

*Schätzung der CIO-Redaktion

Beiersdorf AG

UNTERNEHMENSINFORMATIONEN

Die **Beiersdorf AG** ist ein führender Anbieter innovativer und hochwertiger Hautpflegeprodukte und verfügt über mehr als 135 Jahre Erfahrung in diesem Marktsegment. Das Unternehmen beschäftigt weltweit rund 20.000 Mitarbeiter und ist im DAX gelistet.

Zum Produktportfolio gehören international führende Haut- und Körperpflegemarken wie NIVEA, Eucerin, Hansaplast oder La Prairie. Die hundertprozentige Tochtergesellschaft tesa SE versorgt zudem Industrie, Gewerbe und Verbraucher mit selbstklebenden Produkt- und Systemlösungen.

Barbara Saunier

Hauptsitz	Hamburg
Website	www.beiersdorf.com
Umsatz	7.233 Millionen Euro (2018)
EBIT	1.097 Millionen Euro (2018)
Mitarbeiter	zirka 20.000 weltweit (2018)
CIO	Barbara Saunier
IT-Mitarbeiter	254
IT-Benutzer	16.900
IT-Budget	k.A.
IT-Töchter	Beiersdorf Shared Services GmbH, BSS (Hamburg)
IT-Ziele	Die BSS ist als hundertprozentige Tochtergesellschaft der strategische Partner rund um die IT und das Accounting von Beiersdorf. Sie entwirft die IT-Landschaft und sichert den störungsfreien Betrieb. Zudem setzt BSS auf die Harmonisierung und Digitalisierung aller Geschäftsprozesse sowie weitreichende Standardisierung und Automatisierung.
IT-Organisationsstruktur	Barbara Saunier ist CIO von Beiersdorf und Geschäftsführerin der IT von BSS. Sie berichtet an CFO Dessi Temperley. Die IT Demand- und Supportverantwortung liegt bei BSS. Die IT Demands werden im IT Demand Board priorisiert.
IT-Dienstleister	SAP, Microsoft, HP, VMware, IBM, Infotech
IT-Anwendungen	SAP ERP, APO, BI (SAP); Ariba, Successfactors, Concur, Hybris, Office 365, Power BI, TM1, Tradepromotions, Salesforce

Bewerbung als IT-Mitarbeiter unter
www.beiersdorf.de/karriere/bereiche-und-teams/unsere-tochtergesellschaften

AUSRICHTUNG

zentral	●○○○○	dezentral
standardisiert	○●○○○	best of breed
viel Outsourcing	○○●○○	wenig Outsourcing
sehr digitalisiert	○●○○○	weniger digitalisiert

Weitere Informationen unter:
www.cio.de/top500/detail/beiersdorf-ag,154

Platz 80 / Konzerne

Knauf Gruppe

UNTERNEHMENSINFORMATIONEN

Unter Baufachleuten und Enthusiasten ist **Knauf** ein Synonym für Baustoffe, denn das Unternehmen ist einer der weltweit führenden Hersteller von modernen Dämmstoffen, Trockenbausystemen, Putzen und Zubehör, Wärmedämmverbundsystemen, Farben, Estrichen, Bodensystemen sowie Baugeräten und Werkzeugen. Mit über 220 Produktionsstätten und Vertriebsorganisationen in nahezu 100 Ländern gehört Knauf zu den großen Playern auf dem Markt – in Europa, den USA, Südamerika, Russland, Asien, Afrika und Australien.

Ihren weltweiten Hauptsitz hat die Knauf IT in Kitzingen, Deutschland, wo das Team mit dem Rest der Knauf-Gruppe zusammenarbeitet, um innovative und zuverlässige Lösungen bereitzustellen.

Patrick Wader

Hauptsitz	Iphofen
Website	www.knauf.de
Umsatz	7.200 Millionen Euro (2018)
EBIT	k.A.
Mitarbeiter	28.000 (2018)
CIO	Patrick Wader
IT-Mitarbeiter	zirka 500
IT-Benutzer	k.A.
IT-Budget	zirka 100 Millionen Euro
IT-Töchter	Knauf Information Service GmbH (Kitzingen)
IT-Ziele	k.A.
IT-Organisationsstruktur	k.A.
IT-Dienstleister	k.A.
IT-Anwendungen	k.A.

Bewerbung als IT-Mitarbeiter unter **www.knauf-jobsundkarriere.de/**

AUSRICHTUNG

zentral	○●○○○	dezentral
standardisiert	○○●○○	best of breed
viel Outsourcing	○○○●○	wenig Outsourcing
sehr digitalisiert	○●○○○	weniger digitalisiert

Weitere Informationen unter:
www.cio.de/top500/detail/knauf-gips-kg,414

Lanxess AG

UNTERNEHMENSINFORMATIONEN

Lanxess ist ein führender Spezialchemie-Konzern, der rund 15.500 Mitarbeiter in 33 Ländern beschäftigt. Das Unternehmen ist an 60 Produktionsstandorten weltweit präsent. Das Kerngeschäft von Lanxess bilden Entwicklung, Herstellung und Vertrieb von chemischen Zwischenprodukten, Additiven, Spezialchemikalien und Kunststoffen.

Lanxess ist Mitglied in den führenden Nachhaltigkeitsindizes Dow Jones Sustainability Index (DJSI World und Europe) und FTSE4Good.

Kai Finke

Hauptsitz	Köln
Website	www.lanxess.de
Umsatz	7.197 Millionen Euro (2018)
EBIT	504 Millionen Euro (2018)
Mitarbeiter	15.400 (2018)
CIO	Kai Finke
IT-Mitarbeiter	378
IT-Benutzer	15.800
IT-Budget	k.A.
IT-Ziele	Die globale Group Function IT steuert weltweit die IT-Services und Applikationen. Mit ausgeprägtem Geschäfts- und Prozesswissen werden Geschäftsprozesse unterstützt und standardisiert/digitalisiert. Kombiniert mit der Modernisierung der IT-Landschaft wird so die Digitalisierung, Optimierung und Differenzierung im Rahmen der Gesamtstrategie ermöglicht.
IT-Organisationsstruktur	Der CIO berichtet an den CFO. Es gibt ein IT Governance Board.
IT-Dienstleister	k.A.
IT-Anwendungen	SAP für ERP und BI, SuccessFactors, Microsoft

Bewerbung als IT-Mitarbeiter unter www.karriere.lanxess.de/de/startseite/

AUSRICHTUNG

zentral	○●○○○	dezentral
standardisiert	○●○○○	best of breed
viel Outsourcing	○●○○○	wenig Outsourcing
sehr digitalisiert	○●○○○	weniger digitalisiert

Weitere Informationen unter:
www.cio.de/top500/detail/lanxess-ag,556

Platz 82 / Konzerne

Dr. August Oetker KG

UNTERNEHMENSINFORMATIONEN

Die **Dr. August Oetker KG** ist ein deutsches Familienunternehmen mit Hauptsitz in Bielefeld. Aufgrund seiner Aktivitäten in der Nahrungsmittelbranche, in der es verschiedene Produkte unter dem Markennamen Dr. Oetker vertreibt, ist das Unternehmen den meisten Menschen ein Begriff. Im Jahre 1891 von August Oetker gegründet, durchlief der Konzern eine beeindruckende Entwicklung und zählt heute zu den größten Familienunternehmen in Deutschland.

Zur Dr. August Oetker KG gehören mittlerweile mehr als 400 Firmen aus verschiedenen Branchen. Das Unternehmen operiert in verschiedenen Geschäftsfeldern, wie zum Beispiel der Schifffahrt, dem Bankenwesen oder auch der chemischen Industrie. In der Öffentlichkeit populäre Namen wie Radeberger und die Henkell Sektkellerei sind ebenfalls Bestandteile der Dr. August Oetker KG.

Hauptsitz	Bielefeld
Website	www.oetker-gruppe.com
Umsatz	7.140 Millionen Euro (2018)
EBIT	k.A.
Mitarbeiter	30.937 (2018)
CIO	Frank Pickert
IT-Mitarbeiter	k.A.
IT-Benutzer	k.A.
IT-Budget	k.A.
IT-Ziele	k.A.
IT-Organisationsstruktur	k.A.
IT-Dienstleister	k.A.
IT-Anwendungen	k.A.

Bewerbung als IT-Mitarbeiter unter **www.oetker-gruppe.de/de/karriere/uebersicht**

AUSRICHTUNG*

zentral	○○●○○	dezentral
standardisiert	○●○○○	best of breed
viel Outsourcing	○○○●○	wenig Outsourcing
sehr digitalisiert	○○●○○	weniger digitalisiert

Weitere Informationen unter:
www.cio.de/top500/detail/dr-august-oetker-kg,546

*Schätzung der CIO-Redaktion

Real GmbH

UNTERNEHMENSINFORMATIONEN

Real ist eine Vertriebslinie der Metro AG und SB-Warenhausbetreiber in Deutschland. Das Unternehmen umfasst ein Angebot an Lebensmitteln und Nicht-Lebensmitteln wie Elektronikartikel, Haushaltswaren und Textilien. Unter dem Dach der real-Group führt das Unternehmen rund 280 SB-Warenhäuser in Deutschland. Dazu gehören auch die Markthalle Krefeld sowie der Emmas Enkel Markt in Düsseldorf. Hinzu kommt der Real Online-Shop und in einigen Regionen der Real-Online-Lebensmittelshop mit Click&Collect- und Lieferservice. Die SB-Warenhäuser von real verfügen über Verkaufsflächen von 5.000 bis 15.000 Quadratmetern. Sie bieten Kunden alle Produkte des täglichen Bedarfs unter einem Dach.

Uwe Pieper

Hauptsitz	Düsseldorf
Website	www.real.de
Umsatz	7.100 Millionen Euro (2018)
EBIT	k.A.
Mitarbeiter	34.000 (2018)
CIO	Uwe Pieper
IT-Mitarbeiter	150
IT-Benutzer	zirka 22.000
IT-Budget	0,9 Prozent vom Umsatz
IT-Ziele	k.A.
IT-Organisationsstruktur	Der CIO berichtet an den CEO/CFO. Strategische Projekte werden im Führungskreis (operative Führung des Unternehmens) besprochen. Der CIO verantwortet sowohl Demand- als auch Support-Organisation.
IT-Dienstleister	MetroNom (zentraler IT-Dienstleister Metro Group), Toshiba (POS Systeme)
IT-Anwendungen	Warenwirtschaft, Webshop, SAP, Teradata DWH, Toshiba POS System

Bewerbung als IT-Mitarbeiter unter www.real-digital.de/karriere/

AUSRICHTUNG

zentral	●○○○○	dezentral
standardisiert	○●○○○	best of breed
viel Outsourcing	○○●○○	wenig Outsourcing
sehr digitalisiert	○●○○○	weniger digitalisiert

Weitere Informationen unter:
www.cio.de/top500/detail/real-sb-warenhaus-gmbh,63

Platz 84 / Konzerne

Noweda Apothekergenossenschaft eG

UNTERNEHMENSINFORMATIONEN

Die **Noweda eG** entstand im Jahre 1939 durch den Zusammenschluss von sieben Apothekern mit dem Zweck, Einkauf, Lagerung und Verteilung von Arzneimitteln in Eigenregie zu regeln. Die Rechtsform der Genossenschaft wurde gewählt, da sie eine Kooperation unter selbstständigen Unternehmern am besten ermöglicht.

Heute ist die in Essen ansässige Noweda eG als apothekereigenes Mittelstandsunternehmen deutschlandweit mit mehreren Niederlassungen vertreten. Das Handelsunternehmen besitzt außerdem Beteiligungen an Unternehmen in Luxemburg und in der Schweiz. Apotheken in ganz Deutschland werden von der Noweda mehrmals täglich mit Medikamenten beliefert, womit das Unternehmen wesentlich zur Versorgung der Bevölkerung mit Arzneimitteln beiträgt. Weiterhin stellt die Noveda eG ihren Mitgliedern zahlreiche Dienstleistungen zur Verfügung, die vom einfachen Kundendienst bis hin zu individuell zugeschnittenen Marketingkonzepten reichen.

Hauptsitz	Essen
Website	www.noweda.de
Umsatz	7.066 Millionen Euro (2018)
EBIT	64 Millionen Euro (2018)
Mitarbeiter	2.737 (2018)
CIO	k.A.
IT-Mitarbeiter	k.A.
IT-Benutzer	k.A.
IT-Budget	k.A.
IT-Ziele	k.A.
IT-Organisationsstruktur	k.A.
IT-Dienstleister	k.A.
IT-Anwendungen	k.A.

Bewerbung als IT-Mitarbeiter unter https://www.noweda.de/karriere/

AUSRICHTUNG*

zentral	○○○●○	dezentral
standardisiert	○○●○○	best of breed
viel Outsourcing	○○○●○	wenig Outsourcing
sehr digitalisiert	○○●○○	weniger digitalisiert

Weitere Informationen unter:
www.cio.de/top500/detail/noweda-eg-apothekergenossenschaft,72

*Schätzung der CIO-Redaktion

Hella KGaA Hueck & Co.

UNTERNEHMENSINFORMATIONEN

Das Familienunternehmen **Hella KGaA Hueck & Co.** mit Hauptsitz in Lippstadt entwickelt und produziert im Bereich Automotive Komponenten sowie Elektronik und Lichtsysteme für unterschiedliche Automobilhersteller und Zulieferbetriebe. Ein weiteres Segment bildet der Vertrieb von Kfz-Teilen und Zubehör an Werkstätten und Teilehändler. Das Gebiet „Special Applications" umfasst verschiedene Elektronik- und Lichtelemente, die sich nach den individuellen Anforderungen des Auftraggebers richten.

Felix Willing

Hauptsitz	Lippstadt
Website	www.hella.com
Umsatz	7.060 Millionen Euro (2017/18)
EBIT	574 Millionen Euro (2017/18)
Mitarbeiter	zirka 39.000 (2018)
CIO	Felix Willing
IT-Mitarbeiter	zirka 600
IT-Benutzer	k.A.
IT-Budget	k.A.
IT-Ziele	Das Hella Informationsmanagement ist der strategische Hebel der digitalen Transformation. Auf Basis globaler und intelligenter Services sowie agiler Prozesse und durch Einsatz technologischer Enabler werden Wertbeiträge innerhalb der Geschäftsmodelle generiert.
IT-Organisationsstruktur	k.A.
IT-Dienstleister	SAP ERP/PLM/PPM, CATIA, CRM Salesforce
IT-Anwendungen	SAP, MES, Office 365, Cloud-Solutions

Bewerbung als IT-Mitarbeiter unter www.hella.com/karriere

AUSRICHTUNG

zentral	○●○○○	dezentral
standardisiert	○●○○○	best of breed
viel Outsourcing	○○○●○	wenig Outsourcing
sehr digitalisiert	○●○○○	weniger digitalisiert

Weitere Informationen unter:
www.cio.de/top500/detail/
hella-kgaa-hueck-und-co,277

B. Braun Melsungen AG

UNTERNEHMENSINFORMATIONEN

Die **B. Braun Melsungen AG** ist ein internationales Chemie- und Pharmazieunternehmen aus Deutschland. Das Unternehmen ist in die vier Geschäftssparten Hospital Care, Aesculap sowie Out Patient Market und B. Braun Avitum gegliedert. Diese Sparten umfassen die Ausrüstung von Krankenhäusern mit medizinischen Materialien, chirurgischen Instrumenten, Material für die Nachsorge und Behandlung von Langzeitpatienten und Menschen mit chronischen Erkrankungen sowie extrakorporale Blutbehandlung.

Gerd Niehage

Hauptsitz	Melsungen
Website	www.bbraun.com/en
Umsatz	6.908 Millionen Euro (2018)
EBIT	521 Millionen Euro (2018)
Mitarbeiter	63.751 (2018)
CIO	Gerd Niehage
IT-Mitarbeiter	zirka 800 (07/2019)
IT-Benutzer	zirka 35.000
IT-Budget	zirka 160 Millionen Euro
IT-Ziele	Wachstum durch digitale Innovation, Rentabilität durch digitale Transformation, Harmonisierung und Standardisierung ermöglichen
IT-Organisationsstruktur	Der CIO berichtet an den CFO, Dr. Annette Beller
IT-Dienstleister	k.A.
IT-Anwendungen	SAP, Microsoft, Salesforce

Bewerbung als IT-Mitarbeiter unter www.bbraun.com/en/company/career.html

AUSRICHTUNG

zentral	○●○○○	dezentral
standardisiert	○○●○○	best of breed
viel Outsourcing	○○○●○	wenig Outsourcing
sehr digitalisiert	○○●○○	weniger digitalisiert

Weitere Informationen unter:
www.cio.de/top500/detail/b-braun-melsungen-ag,197

Klöckner & Co. SE

UNTERNEHMENSINFORMATIONEN

Die **Klöckner & Co. SE** mit Sitz in Duisburg gilt als einer der größten Stahl- und Metalldistributoren, der produzentenunabhängig agiert. Auf dem europäischen und amerikanischen Gesamtmarkt stellt das Unternehmen eines der bedeutendsten Stahl-Service-Center-Unternehmen dar und bietet Gesamtlösungen für Industrieunternehmen aus einer Hand. Von der Beratung und Beschaffung über die Lagerhaltung bis hin zur Anarbeitung und Distribution bietet die Klöckner ein breites Leistungsspektrum.

Das Unternehmen ist an zahlreichen Standorten in mehreren Ländern vertreten und verfügt über ein umfassendes Distributions- und Service-Netz mit Standorten unter anderem in Frankreich, Großbritannien und Spanien. Die Belieferung erfolgt über das internationale Distributionsnetzwerk.

Claudia Bertram-Kretzberg

Hauptsitz	Duisburg
Website	www.kloeckner.com
Umsatz	6.790 Millionen Euro (2018)
EBIT	69 Millionen Euro (2018)
Mitarbeiter	8.579 (2018)
CIO	Claudia Bertram-Kretzberg
IT-Mitarbeiter	zirka 170
IT-Benutzer	k.A.
IT-Budget	zirka 42 Millionen Euro (zentrales IT-Budget)
IT-Ziele	Konsequente Umsetzung der Digitalisierungsstrategie der Klöckner Gruppe; Einführen von SAP S/4HANA in Europa; Modernes KPI-Reporting für alle Businesszweige; Konsolidieren von MES-Initiativen; Rollout des Projekts „Evergreen Workplace"
IT-Organisationsstruktur	Der CIO berichtet an den CFO, es existiert ein IT-Board. Die Demand-Seite verantwortet die Klöckner Group IT. Die Supply-Seite wird vollständig über Outsourcing abgebildet.
IT-Dienstleister	k.A.
IT-Anwendungen	SAP zur Steuerung der Unternehmensabläufe; Microsoft für Produktivität und Collaboration

Bewerbung als IT-Mitarbeiter unter www.kloeckner.com/de/karriere/karriere.html

AUSRICHTUNG*

zentral	○●○○○	dezentral
standardisiert	○●○○○	best of breed
viel Outsourcing	●○○○○	wenig Outsourcing
sehr digitalisiert	○●○○○	weniger digitalisiert

Weitere Informationen unter:
www.cio.de/top500/detail/kloeckner-und-co-se,242

*Schätzung der CIO-Redaktion

Südzucker AG

UNTERNEHMENSINFORMATIONEN

Die **Südzucker AG** mit Hauptsitz in Mannheim wurde im Jahr 1926 durch den Zusammenschluss regionaler Zuckerfabriken gegründet und gilt heute als größter Zuckerproduzent Europas. Zudem zählt das Unternehmen zu den größten Nahrungsmittelkonzernen der Bundesrepublik Deutschland.

Die Südzucker AG ist in die Segmente Zucker, Frucht, Spezialitäten und CropEnergies gegliedert. Produziert wird unter anderem Zucker zur Verwendung im Haushalt. So findet man im Handel Spezialitäten zum Backen, verschiedene Sorten von Gelierzucker oder Kandis und Rohrzucker, welcher zur Herstellung von Marmelade geeignet ist. Im Segment Spezialitäten werden Stärke für Speisen oder funktionelle Inhaltsstoffe für Pizzen produziert. Das Segment Frucht konzentriert sich auf Fruchtsaftkonzentrate für die Nahrungsmittelindustrie und die Spezialisten der CropEnergie produzieren Bioethanol für die Kraftstoffindustrie.

Jakob Lang

Hauptsitz	Mannheim
Website	www.suedzucker.de
Umsatz	6.754 Millionen Euro (2018/19)
EBIT	27 Millionen Euro (2018/19)
Mitarbeiter	19.219 (2018)
CIO	Jakob Lang
IT-Mitarbeiter	110
IT-Benutzer	4.700
IT-Budget	k.A.
IT-Ziele	Unterstützung der Gesellschaften und Geschäftsbereiche durch den wertschaffenden Einsatz von IT-Technologie; Kontinuierliche Verbesserung der Geschäftsprozesse; IT-Business-Alignment mittels einer Business-Process-Management-Organisation; Etablierung einer DigiUnit, welche sich in erster Linie um nutzbringende Einsatzmöglichkeiten neuer Technologien kümmert
IT-Organisationsstruktur	Der IT-Verantwortliche berichtet an den CEO
IT-Dienstleister	SAP, Microsoft, Deutsche Telekom, Cisco, EMC, HP
IT-Anwendungen	k.A.

Bewerbung als IT-Mitarbeiter unter www.suedzucker.de/de/Karriere/

AUSRICHTUNG

zentral	○●○○○	dezentral
standardisiert	○○●○○	best of breed
viel Outsourcing	○○○●○	wenig Outsourcing
sehr digitalisiert	○○●○○	weniger digitalisiert

Weitere Informationen unter:
www.cio.de/top500/detail/suedzucker-ag,322

Globus SB-Warenhaus

UNTERNEHMENSINFORMATIONEN

Die **Globus SB-Warenhaus Holding GmbH & Co. KG** hat ihren Hauptsitz in Sankt Wendel. Gegründet wurde das Unternehmen 1828 von Franz Bruch und entwickelte sich von einem Familienunternehmen zu einem der führenden Handelsunternehmen Deutschlands. Dabei agiert Globus gänzlich konzernunabhängig. In Deutschland, Luxemburg, Tschechien und Russland betreibt die Globus SB-Warenhaus Holding GmbH & Co. KG mittlerweile zahlreiche SB-Warenhäuser und Baumärkte sowie verschiedene Drive Stationen und Elektrofachmärkte. Zudem ist eine Onlinebestellung in einigen Warenhäusern möglich, wobei die Abholung der Waren durch den Kunden erfolgt.

Die Globus SB-Warenhäuser wurden für die Vereinbarkeit von Arbeits- und Privatleben ausgezeichnet und erhielten von der Hertie-Stiftung das Zertifikat „berufundfamilie".

Hauptsitz	Sankt Wendel
Website	www.globus.de
Umsatz	6.666 Millionen Euro (2018)
EBIT	k.A.
Mitarbeiter	44.854 (2018)
CIO	Bernd Grande
IT-Mitarbeiter	k.A.
IT-Benutzer	k.A.
IT-Budget	k.A.
IT-Ziele	k.A.
IT-Organisationsstruktur	k.A.
IT-Dienstleister	k.A.
IT-Anwendungen	k.A.

Bewerbung als IT-Mitarbeiter unter www.globus.de/de/unternehmen/arbeitenbeiglobus/

AUSRICHTUNG*

zentral	○●○○○	dezentral
standardisiert	○○●○○	best of breed
viel Outsourcing	○○●○○	wenig Outsourcing
sehr digitalisiert	○○●○○	weniger digitalisiert

Weitere Informationen unter:
www.cio.de/top500/detail/globus-sb-warenhaus-holding-gmbh-und-co-kg,12

*Schätzung der CIO-Redaktion

Platz 90 / Konzerne

Tönnies Lebensmittel GmbH & Co. KG

UNTERNEHMENSINFORMATIONEN

Die **Tönnies Lebensmittel GmbH & Co. KG** mit Sitz in Rheda-Wiedenbrück (Nordrhein-Westfalen) bietet zahlreiche Leistungen und Produkte rund um die Schlachtung, Zerlegung und Verarbeitung von Schweinen und Rindern. Das Unternehmen teilt sich in die vier Geschäftsfelder Meat (Fleisch), Convenience (Fertigprodukte), Ingredients (Innereien & Zutaten) und Logistics.

Bekannte Marken des Nahrungsmittel-Konzerns, der 1971 gegründet wurde, sind Toasty oder Tillmans. Dabei ist Tillmanns die führende Marke für verpacktes und frisches Fleisch in Deutschland. Mehr als die Hälfte der Produkte werden ins Ausland exportiert, allerdings gehört die Tönnies Lebensmittel GmbH & Co. KG auch zu den größten Zulieferern für diverse deutsche Handelsketten wie Lidl, Aldi oder Rewe.

Hauptsitz	Rheda-Wiedenbrück
Website	www.toennies.de
Umsatz	6.650 Millionen Euro (2018)
EBIT	k.A.
Mitarbeiter	16.500 (2018)
CIO	Thomas Rehsöft
IT-Mitarbeiter	k.A.
IT-Benutzer	k.A.
IT-Budget	k.A.
IT-Ziele	k.A.
IT-Organisationsstruktur	k.A.
IT-Dienstleister	k.A.
IT-Anwendungen	k.A.

Bewerbung als IT-Mitarbeiter unter www.karriere-bei-toennies.de

AUSRICHTUNG*

zentral	○○○●○	dezentral
standardisiert	○●○○○	best of breed
viel Outsourcing	○○○●○	wenig Outsourcing
sehr digitalisiert	○○●○○	weniger digitalisiert

Weitere Informationen unter:
www.cio.de/top500/detail/toennies-lebensmittel-gmbh-und-co-kg,192

*Schätzung der CIO-Redaktion

Knorr-Bremse AG

UNTERNEHMENSINFORMATIONEN

Die in München ansässige **Knorr-Bremse AG** ist der international führende Hersteller von Bremssystemen für Schienen- und Nutzfahrzeuge. Das Unternehmen, dessen Wurzeln auf einen 1883 gegründeten Betrieb für die Produktion von Eisenbahn-Druckluftbremsen zurückgehen, wurde 1905 von Georg Knorr im heutigen Stadtgebiet von Berlin als Knorr-Bremse GmbH gegründet und sechs Jahre später in eine Aktiengesellschaft umgewandelt. 1923 gelang mit der Herstellung von Druckluftbremsen für Nutzfahrzeuge der Einstieg in die Automobilbranche.

Michael Hilzinger

Heute produziert der in Sparten gegliederte Konzern an mehreren Standorten in Deutschland und Europa. International ist die Knorr-Bremse AG durch die Übernahme vor allem US-amerikanischer und europäischer Hersteller vertreten. Mittlerweile erzeugt die Gruppe auch On-Board-Systeme, Türsysteme und Klimaanlagen für Schienenfahrzeuge, Bahnsteigtürsysteme sowie Drehschwingungsdämpfer für Dieselmotoren.

Hauptsitz	München
Website	www.knorr-bremse.com/de
Umsatz	6.616 Millionen Euro (2018)
EBIT	972 Millionen Euro (2018)
Mitarbeiter	28.452 (2018)
CIO	Michael Hilzinger
IT-Mitarbeiter	zirka 450 weltweit
IT-Benutzer	zirka 28.452
IT-Budget	k.A.
IT-Töchter	Knorr-Bremse IT-Services GmbH
IT-Ziele	Technologie-Partner des Business sein
IT-Organisationsstruktur	Der CIO berichtet an Konzern CFO
IT-Dienstleister	k.A.
IT-Anwendungen	Microsoft Windows 10 / Office 365, SAP R/3, PTC Windchill, Siemens Teamcenter

Bewerbung als IT-Mitarbeiter unter www.knorr-bremse.com/de/karriere/stellenmarkt/

AUSRICHTUNG*

zentral	○●○○○	dezentral
standardisiert	○○●○○	best of breed
viel Outsourcing	○○○○●	wenig Outsourcing
sehr digitalisiert	○○○●○	weniger digitalisiert

Weitere Informationen unter:
www.cio.de/top500/detail/knorr-bremse-ag,118

*Schätzung der CIO-Redaktion

Agravis Raiffeisen AG

UNTERNEHMENSINFORMATIONEN

Im Oktober 2004 schlossen sich die Raiffeisen Central-Genossenschaft Nordwest eG in Münster und die Raiffeisen Hauptgenossenschaft Nord AG in Hannover zur **Agravis Raiffeisen AG** zusammen. Die Gesellschaft betreibt Agrar-, Handels- und Dienstleistungsunternehmen an mehr als 400 Standorten und exportiert ihre Produkte in mehr als 100 Länder.

Die Aktiengesellschaft, die sich noch immer der genossenschaftlichen Idee verpflichtet, produziert Agrarprodukte und Futtermittel. Als Partner im Agrarbereich legt Agravis besonderen Wert auf Ertragsstärke und auf die Zufriedenheit ihrer Kunden. Darüber hinaus ist das Unternehmen in der Agrartechnik aktiv. Weitere Geschäftsbereiche betreffen Energie-, Bauservice- und Raiffeisenmärkte.

Frank Dremmen

Hauptsitz	Münster
Website	www.agravis.de
Umsatz	6.578 Millionen Euro (2018)
EBIT	18 Millionen Euro (2018)
Mitarbeiter	6.528 (2018)
CIO	Frank Dremmen
IT-Mitarbeiter	k.A.
IT-Benutzer	k.A.
IT-Budget	k.A.
IT-Ziele	Die IT versteht sich als kompetenter Informationsverarbeitungs- und Kommunikationsdienstleister für die Bereiche, Betriebsstätten und Beteiligungen des Agravis-Konzerns. Durch die konsequente Digitalisierung interner und externer Abläufe werden Vorteile im Wettbewerb generiert und Marktchancen erschlossen.
IT-Organisationsstruktur	Der CIO ist Mitglied der Konzernleitung und berichtet an den Bereichsvorstand und den IT-Steuerungskreis. Gesteuert durch ein ITIL-Demand-Management liegt die Anforderungsverantwortung im Fachbereich.
IT-Dienstleister	Gesellschaft für Warenwirtschaftssysteme (GWS) Münster (für Individualentwicklungen und den IT-Verbund mit den angeschlossenen Primärgenossenschaften)
IT-Anwendungen	k.A.

Bewerbung als IT-Mitarbeiter unter www.agravis.de/de/ueber-agravis/jobs-karriere/

AUSRICHTUNG*

zentral	○●○○○ dezentral	
standardisiert	○○●○○ best of breed	
viel Outsourcing	○○○●○ wenig Outsourcing	
sehr digitalisiert	○●○○○ weniger digitalisiert	

Weitere Informationen unter:
www.cio.de/top500/detail/agravis-raiffeisen-ag,247

*Schätzung der CIO-Redaktion

Vonovia SE

UNTERNEHMENSINFORMATIONEN

Die **Vonovia SE** (ehemals Deutsche Annington Immobilien S.E.) ist eine Gesellschaft, die sich vorwiegend mit Immobilientransaktionen befasst. Der Unternehmenssitz befindet sich in Bochum. Als größtes privates Immobilienunternehmen (gemessen am Portfoliowert und an der Anzahl der Wohneinheiten) hat die Vonovia SE eine führende Position am Markt. Sie versteht sich nicht nur als Gesellschaft, die mit Immobilien handelt, sondern auch als Dienstleistungsunternehmen. In diesem Sinne unterstützt sie Kunden beim An- und Verkauf von Gebäuden beziehungsweise von Wohneigentum und handelt für Mieter unter anderem günstige Konditionen mit Energieversorgern und Telekommunikationsanbietern aus.

Karsten Rech

Hauptsitz	Bochum
Website	www.vonovia.de
Umsatz	6.514 Millionen Euro (2018)
EBIT	4.290 Millionen Euro (2018)
Mitarbeiter	9.923 (2018)
CIO	Karsten Rech
IT-Mitarbeiter	k.A.
IT-Benutzer	k.A.
IT-Budget	k.A.
IT-Ziele	k.A.
IT-Organisationsstruktur	k.A.
IT-Dienstleister	k.A.
IT-Anwendungen	k.A.

Bewerbung als IT-Mitarbeiter unter https://karriere.vonovia.de

AUSRICHTUNG*

zentral	○●○○○	dezentral
standardisiert	○○●○○	best of breed
viel Outsourcing	○○○●○	wenig Outsourcing
sehr digitalisiert	○○●○○	weniger digitalisiert

Weitere Informationen unter:
www.cio.de/top500/detail/vonovia-se,823

*Schätzung der CIO-Redaktion

Platz 94 / Konzerne 159

Bauhaus Gruppe

UNTERNEHMENSINFORMATIONEN

Im Frühjahr 1960 eröffnete **Bauhaus** sein erstes Fachzentrum in Mannheim. Durch die Bündelung verschiedenster Fachsortimente unter einem Dach – in Selbstbedienung – setzte Bauhaus damals Maßstäbe für den Handel. Große Auswahl, Qualität, günstige Preise und eine gute Erreichbarkeit gehörten von Anfang an zu den Grundprinzipien.

Das Angebot umfasst ein breites Spektrum an Serviceleistungen für Handwerker und Gewerbetreibende. Dazu gehören ein Top-Sortiment mit Preisvorteilen bei der Abnahme von Großmengen, eine fachlich kompetente Beratung sowie ein exklusives Serviceprogramm mit Kommissionierung und Lieferservice. Das Bonusprogramm „Plus Card" rundet die Leistungen für Handwerker und Gewerbetreibende ab. Bauhaus ist heute eine (nicht börsennotierte) Aktiengesellschaft und zählt zu den größten Baumarktketten Europas.

Hauptsitz	Mannheim
Website	www.bauhaus.info
Umsatz	6.300 Millionen Euro (2018)
EBIT	k.A.
Mitarbeiter	18.500 (2018)
CIO	k.A.
IT-Mitarbeiter	k.A.
IT-Benutzer	k.A.
IT-Budget	k.A.
IT-Ziele	k.A.
IT-Organisationsstruktur	k.A.
IT-Dienstleister	k.A.
IT-Anwendungen	k.A.

Bewerbung als IT-Mitarbeiter unter www.bauhaus.info/arbeitgeber-bauhaus

AUSRICHTUNG*

zentral	○●○○○	dezentral
standardisiert	●○○○○	best of breed
viel Outsourcing	○○●○○	wenig Outsourcing
sehr digitalisiert	○○●○○	weniger digitalisiert

Weitere Informationen unter:
www.cio.de/top500/detail/bauhaus-gruppe,923

*Schätzung der CIO-Redaktion

Brose Fahrzeugteile GmbH & Co. KG

UNTERNEHMENSINFORMATIONEN

Brose ist weltweit der fünftgrößte Automobilzulieferer in Familienbesitz. Das Unternehmen entwickelt und fertigt sowohl mechatronische Systeme für Fahrzeugtüren und -sitze als auch Elektromotoren und Elektronik, unter anderem für Lenkung, Bremsen, Getriebe und Motorkühlung. Jeder zweite Neuwagen weltweit ist mit mindestens einem Brose-Produkt ausgestattet.

Christian Ley

Hauptsitz	Coburg
Website	www.brose.com
Umsatz	6.263 Millionen Euro (2018)
EBIT	k.A.
Mitarbeiter	26.100 (2018)
CIO	Christian Ley
IT-Mitarbeiter	415
IT-Benutzer	17.000
IT-Budget	90 Millionen Euro
IT-Ziele	k.A.
IT-Organisationsstruktur	Der CIO berichtet an den CCO
IT-Dienstleister	k.A.
IT-Anwendungen	SAP, SharePoint, ENOVIA

Bewerbung als IT-Mitarbeiter unter www.brose.com/de-de/karriere/

AUSRICHTUNG

zentral	○●○○○	dezentral
standardisiert	○●○○○	best of breed
viel Outsourcing	○○○●○	wenig Outsourcing
sehr digitalisiert	○●○○○	weniger digitalisiert

Weitere Informationen unter:
www.cio.de/top500/detail/brose-fahrzeugteile-gmbh-und-co-kg,411

Platz 96 / Konzerne

Rheinmetall AG

UNTERNEHMENSINFORMATIONEN

Gegründet wurde die **Rheinmetall AG** mit Sitz in Düsseldorf 1889 als „Rheinische Metallwaren- und Maschinenfabrik Aktiengesellschaft". Das Unternehmen ist zugleich die Muttergesellschaft des dezentral organisierten Konzerns mit seinen operativen Unternehmensbereichen Rheinmetall Defence und Rheinmetall Automotive.

Achim Weber

Hauptsitz	Düsseldorf
Website	www.rheinmetall.com
Umsatz	6.148 Millionen Euro (2018)
EBIT	494 Millionen Euro (2018)
Mitarbeiter	24.949 (2018)
CIO	Achim Weber
IT-Mitarbeiter	k.A.
IT-Benutzer	k.A.
IT-Budget	k.A.
IT-Ziele	IT als Treiber der Digitalisierung und anerkannter Businesspartner
IT-Organisationsstruktur	k.A.
IT-Dienstleister	k.A.
IT-Anwendungen	k.A.

Bewerbung als IT-Mitarbeiter unter **www.rheinmetall.com/karriere**

AUSRICHTUNG*

zentral	○●○○○	dezentral
standardisiert	○○●○○	best of breed
viel Outsourcing	○●○○○	wenig Outsourcing
sehr digitalisiert	○○○●○	weniger digitalisiert

Weitere Informationen unter:
www.cio.de/top500/detail/ rheinmetall-ag,61

*Schätzung der CIO-Redaktion

Konzerne / Platz 97

Theo Müller S.e.c.s.
Unternehmensgruppe

UNTERNEHMENSINFORMATIONEN

Die **Unternehmensgruppe Theo Müller S.e.c.s.** zählt zu den europaweit größten Herstellern von Molkereiprodukten. 1896 gründete Ludwig Müller seine kleine Dorfmolkerei in Luxemburg. Heute steuert die Unternehmensgruppe Theo Müller im Molkerei-Segment die Geschäfte von Tochterunternehmen mit eigenständigen starken Marken: Müller, Müller Milk & Ingredients, Weihenstephan, Sachsenmilch und Käserei Loose. Handelsmarken und Basis-Milchprodukte wie Butter, H-Milch, Laktosepulver und Molkeprotein ergänzen das Portfolio.

Neben den Milch verarbeitenden Töchtern gehören das Verpackungsunternehmen Optipack, das firmeneigene Logistikunternehmen Culina, die Fahrzeugtechnik Aretsried und Müller Naturfarm, eines der größten Frucht verarbeitenden Unternehmen in Deutschland, zur Unternehmensgruppe. Auch im Bereich Convenience Food ist die Unternehmensgruppe aktiv – die Produktpalette umfasst etwa namhafte Marken im Segment gekühlte Feinkostsalate, Saucen und Fischspezialitäten wie Homann, Nadler, Lisner, Hamker, Pfennigs und Hopf sowie verschiedene Handelsmarkenprodukte.

Unter der Führung von Nordee bündelt die Unternehmensgruppe moderne Gastronomiekonzepte, die verschiedene Verbrauchergruppen mit vielfältigen Angeboten bedienen. Die Erfolgsbasis beruht auf drei Verkaufskanälen: Einzelhandel, Restaurant und Snacks zum Mitnehmen.

Hauptsitz	Luxemburg
Website	www.muellergroup.com
Umsatz	5.900 Millionen Euro (2018)
EBIT	k.A.
Mitarbeiter	25.000 (2018)
CIO	Thomas Pirlein
IT-Mitarbeiter	310
IT-Benutzer	k.A.
IT-Budget	k.A.
IT-Ziele	k.A.
IT-Organisationsstruktur	Der CIO berichtet an den CEO
IT-Dienstleister	k.A.
IT-Anwendungen	k.A.

Bewerbung als IT-Mitarbeiter unter **www.muellergroup.com/karriere**

AUSRICHTUNG

zentral	●○○○○	dezentral
standardisiert	○○○●○	best of breed
viel Outsourcing	○○●○○	wenig Outsourcing
sehr digitalisiert	○○●○○	weniger digitalisiert

Weitere Informationen unter:
www.cio.de/top500/detail/unternehmensgruppe-theo-mueller-s-e-c-s,589

Platz 98 / Konzerne

Carl Zeiss AG

UNTERNEHMENSINFORMATIONEN

Die **Carl Zeiss AG** ist ein Unternehmen der optischen und feinmechanischen Industrie. Sie wurde 1846 gegründet und hat heute ihren Stammsitz in Oberkochen und befindet sich im Eigentum der Carl-Zeiss-Stiftung. Carl Zeiss produziert an mehreren Standorten in Deutschland und weltweit.

Die Unternehmensbereiche gliedern sich in die Herstellung feinoptischer Erzeugnisse wie Mikroskope und Linsen, Apparate für die Halbleiterindustrie, Medizin- und Messtechnik sowie Unterhaltungselektronik. Darüber hinaus werden Ferngläser, Nachtsichtgeräte und Zieloptiken für den privaten wie militärischen Gebrauch und Ausstattungen für Planetarien gefertigt. Über die Tochterfirma Carl Zeiss Vision International GmbH ist das Unternehmen außerdem an einem der größten Brillenglashersteller der Welt beteiligt.

Hauptsitz	Oberkochen
Website	www.zeiss.de
Umsatz	5.817 Millionen Euro (2018)
EBIT	535 Millionen Euro (2018)
Mitarbeiter	29.309 (2018)
CIO	k.A.
IT-Mitarbeiter	k.A.
IT-Benutzer	k.A.
IT-Budget	k.A.
IT-Ziele	k.A.
IT-Organisationsstruktur	k.A.
IT-Dienstleister	k.A.
IT-Anwendungen	k.A.

Bewerbung als IT-Mitarbeiter unter **www.zeiss.de/corporate/home.html**

AUSRICHTUNG*

zentral	○○●○○	dezentral
standardisiert	○●○○○	best of breed
viel Outsourcing	○○●○○	wenig Outsourcing
sehr digitalisiert	○○●○○	weniger digitalisiert

Weitere Informationen unter:
www.cio.de/top500/detail/ carl-zeiss-ag,23

*Schätzung der CIO-Redaktion

EWE AG

UNTERNEHMENSINFORMATIONEN

Die **EWE AG** aus Oldenburg ist eines der größten kommunalen Unternehmen Deutschlands und unter den führenden Energieversorgungsunternehmen der Bundesrepublik. Aktiv ist der Konzern auch in Polen und der Türkei. Das Hauptgeschäftsfeld der EWE AG stellt die Versorgung ihrer Kunden mit Strom und Gas dar. Von der Energieproduktion bis zu den Verteilernetzen deckt die Firma die komplette Wertschöpfungskette in der Branche selbst ab. Die Gesellschaft legt Wert auf den Energiemix und die damit verbundene Nutzung erneuerbarer Energien.

Das Tochterunternehmen EWE TEL GmbH bietet außerdem Zugang zu Telekommunikationsdienstleistungen und die BTC dem Geschäftskunden darüber hinaus die Verbindung und Steuerung komplexer Informations- und Kommunikationssysteme für intelligente Energiesysteme.

Hauptsitz	Oldenburg
Website	www.ewe.de
Umsatz	5.704 Millionen Euro (2018)
EBIT	167 Millionen Euro (2018)
Mitarbeiter	8.508 (2018)
CIO	k.A.
IT-Mitarbeiter	k.A.
IT-Benutzer	k.A.
IT-Budget	k.A.
IT-Ziele	k.A.
IT-Organisationsstruktur	k.A.
IT-Dienstleister	k.A.
IT-Anwendungen	k.A.

Bewerbung als IT-Mitarbeiter unter **www.ewe.com/de/karriere**

AUSRICHTUNG*

zentral	○●○○○	dezentral
standardisiert	○○●○○	best of breed
viel Outsourcing	○○○●○	wenig Outsourcing
sehr digitalisiert	○○●○○	weniger digitalisiert

Weitere Informationen unter:
www.cio.de/top500/detail/ewe-ag,179

Schätzung der CIO-Redaktion

Platz 100 / Konzerne

Stadtwerke Köln GmbH

UNTERNEHMENSINFORMATIONEN

Die **Stadtwerke Köln GmbH** haben es sich zur Aufgabe gemacht, die Grundversorgung der Menschen in der Domstadt sicherzustellen. Der Experte für Energie und Rohstoffe wurde im Jahr 1960 vom Kölner Stadtrat gegründet und ist auch heute noch komplett im Besitz der Stadt.

Der Stadtwerke Köln gehören verschiedene Tochterunternehmen an. Über die Kölner Verkehrs-Betriebe AG (KVB) wird die Mobilität der Einwohner gewährleistet. Die Sauberkeit der Straßen und die Müllentsorgung werden durch die AWB GmbH garantiert und die RheinEnergie AG kümmert sich um die Versorgung mit Energie und Trinkwasser. Zudem ist die Stadt mit den vier von der Stadtwerke Köln GmbH betriebenen Häfen entlang des Rheins, einer der größten Standorte von Binnenhäfen innerhalb der Bundesrepublik.

Hauptsitz	Köln
Website	www.stadtwerkekoeln.de
Umsatz	5.646 Millionen Euro (2018)
EBIT	7 Millionen Euro (2018)
Mitarbeiter	12.700 (2018)
CIO	k.A.
IT-Mitarbeiter	k.A.
IT-Benutzer	k.A.
IT-Budget	k.A.
IT-Ziele	k.A.
IT-Organisationsstruktur	k.A.
IT-Dienstleister	NetCologne Gesellschaft für Telekommunikation mbH (Köln)
IT-Anwendungen	k.A.

Bewerbung als IT-Mitarbeiter unter www.stadtwerkekoeln.de/nc/service/stellenangebote

AUSRICHTUNG*

zentral	○○●○○	dezentral
standardisiert	○○●○○	best of breed
viel Outsourcing	○○○●○	wenig Outsourcing
sehr digitalisiert	○○●○○	weniger digitalisiert

Weitere Informationen unter:
www.cio.de/top500/detail/stadtwerke-koeln-gmbh,550

*Schätzung der CIO-Redaktion

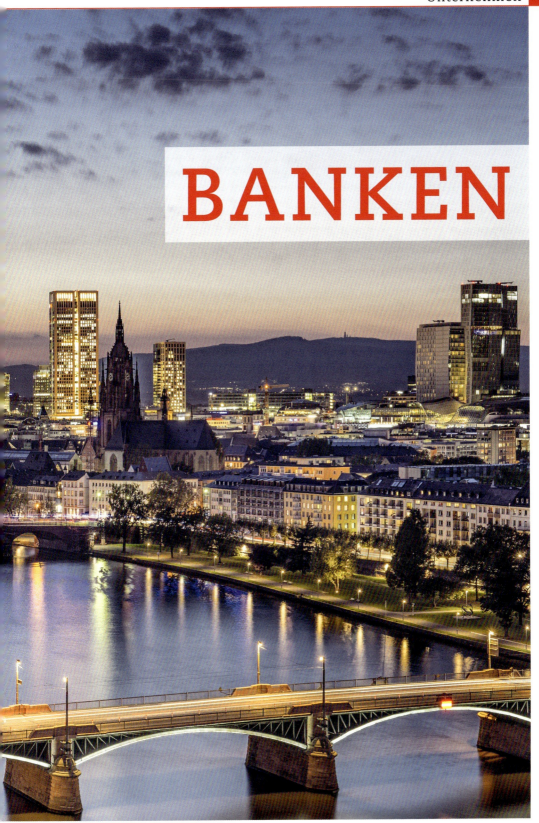

BANKEN

Deutsche Bank AG

UNTERNEHMENSINFORMATIONEN

Die **Deutsche Bank** ist Deutschlands führende Bank. Sie hat in Europa eine starke Marktposition und ist in Amerika und der Region Asien-Pazifik maßgeblich vertreten. Sie bietet vielfältige Finanzdienstleistungen an – für Privatkunden, mittelständische Unternehmen, Konzerne, die Öffentliche Hand und institutionelle Anleger.

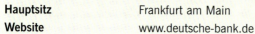

Neal Pawar

Hauptsitz	Frankfurt am Main
Website	www.deutsche-bank.de
Bilanzsumme	1.348.137 Millionen Euro (2018)
Mitarbeiter	91.737 (2018)
CIO	Neal Pawar
IT-Mitarbeiter	k.A.
IT-Benutzer	k.A.
IT-Budget	3.822 Millionen Euro (EDV-Aufwendungen 2018)
IT-Ziele	Stabilität, Effizienz (Standardisierung, Automatisierung, Komplexitätsreduzierung), Digitalisierung, Innovation
IT-Organisationsstruktur	k.A.
IT-Dienstleister	k.A.
IT-Anwendungen	k.A.

Bewerbung als IT-Mitarbeiter unter **www.db.com/careers**

AUSRICHTUNG

zentral	○○●○○	dezentral
standardisiert	○○●○○	best of breed
viel Outsourcing	○○●○○	wenig Outsourcing
sehr digitalisiert	○●○○○	weniger digitalisiert

Weitere Informationen unter:
www.cio.de/top500/detail/deutsche-bank-ag,17

Platz 2 / Banken 169

DZ Bank Gruppe

UNTERNEHMENSINFORMATIONEN

Die **DZ Bank Gruppe** ist Teil der Genossenschaftlichen FinanzGruppe Volksbanken Raiffeisenbanken, die mehr als 900 Genossenschaftsbanken umfasst und, gemessen an der Bilanzsumme, eine der größten privaten Finanzdienstleistungsorganisationen Deutschlands ist.

Innerhalb der Genossenschaftlichen FinanzGruppe fungiert die DZ Bank AG als Spitzeninstitut und Zentralbank und hat den Auftrag, die Geschäfte der Genossenschaftsbanken vor Ort zu unterstützen und ihre Position im Wettbewerb zu stärken. Sie ist zudem als Geschäftsbank aktiv und hat die Holdingfunktion für die DZ Bank Gruppe.

Christian Brauckmann

Zur DZ Bank Gruppe zählen die Bausparkasse Schwäbisch Hall, DZ HYP, DZ Privatbank, R+V Versicherung, TeamBank, Union Investment Gruppe, die VR Smart Finanz sowie verschiedene Spezialinstitute. Die Unternehmen der DZ Bank Gruppe mit deren starken Marken gehören damit zu den Eckpfeilern des Allfinanzangebots der Genossenschaftlichen FinanzGruppe.

Hauptsitz	Frankfurt am Main
Website	www.dzbank-gruppe.de
Bilanzsumme	518.733 Millionen Euro (2018)
Mitarbeiter	31.900 (2018)
CIO	Christian Brauckmann
IT-Mitarbeiter	zirka 2.800
IT-Benutzer	k.A.
IT-Budget	k.A.
IT-Ziele	k.A.
IT-Organisationsstruktur	k.A.
IT-Dienstleister	k.A.
IT-Anwendungen	k.A.

Bewerbung als IT-Mitarbeiter unter **www.karriere.dzbankgruppe.de/jobboersen**

AUSRICHTUNG*

zentral	○○●○○	dezentral
standardisiert	○●○○○	best of breed
viel Outsourcing	○●○○○	wenig Outsourcing
sehr digitalisiert	○○●○○	weniger digitalisiert

Weitere Informationen unter:
www.cio.de/top500/detail/dz-bank-gruppe,281

*Schätzung der CIO-Redaktion

KfW Bankengruppe AöR

UNTERNEHMENSINFORMATIONEN

Die **KfW Bankengruppe AöR** ist eine Anstalt des öffentlichen Rechts, die ihren Sitz in Frankfurt am Main hat. Es handelt sich bei der Gesellschaft um die weltweit größte nationale Förderbank. In Deutschland nimmt die Bank ebenfalls eine starke Marktposition ein – sie gehört laut Bilanzsumme zu den größten Bankunternehmen des Landes. Die KfW Bankengruppe AöR existiert bereits seit 1948 und unterliegt der rechtlichen Aufsicht und Kontrolle durch das Bundesfinanzministerium.

Andreas Fichelscher

Hauptsitz	Frankfurt am Main
Website	www.kfw.de
Bilanzsumme	485.800 Millionen Euro (2018)
Mitarbeiter	6.376 (2018)
CIO	Andreas Fichelscher
IT-Mitarbeiter	1.213
IT-Benutzer	8.272
IT-Budget	369.400 Millionen Euro
IT-Ziele	Sicherstellen der Stabilität, Sicherheit sowie Compliance im IT-Betrieb; Angemessenes und bedarfsgerechtes Bereitstellen von IT-Lösungen; Bereitstellen einer zukünftigen IT-Architektur; Einhalten des IT-Kostenrahmens
IT-Organisationsstruktur	Der Bereichsleiter IT berichtet an das für IT und Transaktionsmanagement zuständige Vorstandsmitglied
IT-Dienstleister	k.A.
IT-Anwendungen	Darlehensbuchhaltung, Meldewesen, Zahlungsverkehr, Kreditbearbeitung, Handel/Treasury

Bewerbung als IT-Mitarbeiter unter **www.kfw.de/KfW-Konzern/Karriere**

AUSRICHTUNG

zentral	●○○○○	dezentral
standardisiert	○○●○○	best of breed
viel Outsourcing	○○○○●	wenig Outsourcing
sehr digitalisiert	○●○○○	weniger digitalisiert

Weitere Informationen unter:
www.cio.de/top500/detail/kfw-bankengruppe-aoer,283

Commerzbank AG

UNTERNEHMENSINFORMATIONEN

Im Jahre 1870 wurde durch den Zusammenschluss mehrerer Kaufleute sowie Handels- und Privatbankiers die „Commerz- und Diskonto-Bank in Hamburg" gegründet. Im Laufe ihrer Geschichte verlagerte die Bank ihren Geschäftssitz über Berlin und Düsseldorf an ihren heutigen Standort in Frankfurt am Main. Heute ist sie unter dem Namen **Commerzbank AG** eine der führenden Banken in Deutschland und Polen. Ihr Filialnetz gehört zu den dichtesten der deutschen Privatbanken.

Alena Kretzberg

Hauptsitz	Frankfurt am Main
Website	www.commerzbank.de
Bilanzsumme	462.369 Millionen Euro (2018)
Mitarbeiter	49.410 (2018)
CIO	Alena Kretzberg (Key Area Lead Technology Foundation, kommissarisch)
IT-Mitarbeiter	zirka 3.500 (2018)
IT-Benutzer	50.000
IT-Budget	k.A.
IT-Ziele	Mit Commerzbank 4.0 konzentriert sich die Bank auf ihr Kerngeschäft und will wachsen und profitabler werden. Das Finanzinstitut strebt an, aus neuen Technologien bedarfsorientierte Lösungen für seine Kunden zu entwickeln.
IT-Organisationsstruktur	Seit 1. Juli 2019 Campus 2.0: Zentrale Geschäfts- und IT-Einheiten wurden neu organisiert: Fach- & IT-Experten arbeiten in einem Team und verantworten die für ein Produkt oder einen Service jeweils relevanten IT-Systeme. Übergreifende IT-Funktionen wie Cloud, API-Banking oder Operations & Monitoring werden in der sogenannten Key Area Technology Foundations verantwortet. Der Key Area Lead Technology Foundations berichtet direkt an den Vorstand.
IT-Dienstleister	k.A.
IT-Anwendungen	Diverse Individual- und Standardsoftware

Bewerbung als IT-Mitarbeiter unter www.jobs.commerzbank.com

AUSRICHTUNG

zentral	○○●○○	dezentral
standardisiert	○○●○○	best of breed
viel Outsourcing	○○○●○	wenig Outsourcing
sehr digitalisiert	○●○○○	weniger digitalisiert

Weitere Informationen unter:
www.cio.de/top500/detail/commerzbank-ag,16

Unicredit Bank AG

UNTERNEHMENSINFORMATIONEN

Die **Unicredit Bank AG** (Hypovereinsbank) ist eine der führenden privaten Banken in Deutschland und Teil der Unicredit, einer erfolgreichen paneuropäischen Geschäftsbank mit voll integriertem Corporate- & Investment-Banking, die ihrem breit gefächerten Kundenstamm von 26 Millionen Kunden ein großes Netzwerk in Westeuropa sowie in Zentral- und Osteuropa bietet.

Durch ihr internationales Bankennetzwerk, Repräsentanzen und Niederlassungen ermöglicht sie ihren Kunden den Zugang zu führenden Banken in 14 europäischen Kernmärkten und 18 weiteren Ländern weltweit. Als Universalbank bietet die Hypovereinsbank ihren Privat- und Geschäftskunden ein umfassendes Angebot an Finanzdienstleistungen.

Daniel Besse

Hauptsitz	München
Website	www.hypovereinsbank.de
Bilanzsumme	286.688 Millionen Euro (2018)
Mitarbeiter	12.252 (2018)
CIO	Daniel Besse
IT-Mitarbeiter	k.A.
IT-Benutzer	zirka 12.250
IT-Budget	k.A.
IT-Ziele	Die IT-Strategie der HypoVereinsbank unterstützt die Gesamtbank dabei, ihre Geschäfts- und Risikoziele zu erreichen. Im Zuge dessen unterstützt die IT Geschäftsfelder- und Konzernstrategien durch eine gemeinsame IT-Plattform, Architekturmanagement und klare Strukturprozesse sowie die Optimierung von Prozessen und IT-Ressourcen.
IT-Organisationsstruktur	Der IT-Verantwortliche berichtet direkt an den Chief Operating Officer (COO) der HypoVereinsbank
IT-Dienstleister	UniCredit Services S.C.p.A; Value Transformation Services und weitere externe Dienstleister
IT-Anwendungen	Gruppenplattformen für Commercial und Corporate sowie Investment-Banking basierend auf Standard- und Individuallösungen in den verschiedenen Funktionsbereichen

Bewerbung als IT-Mitarbeiter unter www.hypovereinsbank.de/hvb/ueber-uns/jobs-karriere

AUSRICHTUNG*

zentral	○●○○○	dezentral
standardisiert	○○●○○	best of breed
viel Outsourcing	○○○●○	wenig Outsourcing
sehr digitalisiert	○●○○○	weniger digitalisiert

Weitere Informationen unter:
www.cio.de/top500/detail/unicredit-bank-ag,551

Schätzung der CIO-Redaktion

LBBW Landesbank Baden-Württemberg AöR

UNTERNEHMENSINFORMATIONEN

Die **LBBW Landesbank Baden-Württemberg AöR** wurde im Jahr 1999 als Universal- und Geschäftsbank gegründet und hat ihren Hauptsitz in der Landeshauptstadt Stuttgart. Daneben hat sie jedoch noch weitere große Filialen in Karlsruhe, Mannheim oder Mainz. Sie gilt als eine der größten Banken im südwestdeutschen Raum und hat auch in der gesamten Bundesrepublik ein großes Gewicht, wo sie zu den zehn größten Kreditinstituten zählt.

Das Wirken der LBBW Landesbank Baden-Württemberg AöR beruht auf fünf Säulen: Privat- und Firmenkunden, Sparkassen, Immobilienfinanzierung und Financial Markets. Darüber hinaus besitzt die Bank mehrere Tochterunternehmen und Beteiligungen im In- und Ausland. In ihrem Wirken konzentriert sie sich jedoch vorwiegend auf die regionalen Kunden.

Christiane Vorspel

Hauptsitz	Stuttgart
Website	www.lbbw.de
Bilanzsumme	241.200 Millionen Euro (2018)
Mitarbeiter	10.000 (2018)
CIO	Christiane Vorspel
IT-Mitarbeiter	390
IT-Benutzer	k.A.
IT-Budget	zirka 340 Millionen Euro
IT-Töchter	targens GmbH
IT-Ziele	Ausbau der Digitalisierung, Erhöhen der Kosteneffizienz, Sicherstellung regulatorischer Anforderungen und eines hohen Sicherheitsniveaus
IT-Organisationsstruktur	Der Bereich wird von einer Bereichsvorständin geführt, die direkt an den Vorstandsvorsitzenden berichtet
IT-Dienstleister	Finanz Informatik (FI) mit ihren Töchtern FI-TS und FI-SP
IT-Anwendungen	OS Plus, Calypso, SAP, K3000, Abacus

Bewerbung als IT-Mitarbeiter unter **www.xing.com/company/lbbw**
oder **www.linkedin.com/company/lbbw**

AUSRICHTUNG

zentral	○●○○○	dezentral
standardisiert	○○●○○	best of breed
viel Outsourcing	○●○○○	wenig Outsourcing
sehr digitalisiert	○○●○○	weniger digitalisiert

Weitere Informationen unter:
www.cio.de/top500/detail/lbbw-landesbank-baden-wuerttemberg-aoer,328

Bayerische Landesbank AöR

UNTERNEHMENSINFORMATIONEN

Die **Bayerische Landesbank AöR** mit Hauptsitz in München ist eine führende Geschäftsbank für Kunden des Mittelstandes und für Großkunden in Deutschland. Sie bietet aber auch Lösungen für das Immobiliengeschäft sowie den Privatkundenbereich. Auch maßgeschneiderte Produkte für Kunden des öffentlichen Rechts (z.B. Kommunen) gehören zum Leistungsspektrum.

Wolfgang Ludwig

Hauptsitz	München
Website	www.bayernlb.de
Bilanzsumme	220.227 Millionen Euro (2018)
Mitarbeiter	7.700 (2018)
CIO	Wolfgang Ludwig
IT-Mitarbeiter	300 bis 400
IT-Benutzer	k.A.
IT-Budget	k.A.
IT-Ziele	Die strategische Weiterentwicklung und Profitabilisierung der BayernLB (Digitalisierung als Pflichtprogramm für Banken) erfordert einen zielgerichteten Einsatz von Informationstechnologie. Der Einsatz von IT ist stets auch mit Risiken bzw. aufsichtlichen Anforderungen und erheblichen Investitionen verbunden. Mit der IT-Strategie gibt die BayernLB eine verständliche und umsetzungsorientierte Richtung für die Erreichung der Ziele und den Umgang mit den damit verbundenen Herausforderungen vor. Maßgebliche Ziele sind dabei die gezielte Modernisierung der IT-Landschaft, die formelle und materielle Transparenz über IT-Risiken inkl. deren Management und Kontinuität der Kostendisziplin.
IT-Organisationsstruktur	Der CIO berichtet an den CFO/COO (Vorstand). Die Leistungserstellung (Run und Change) wird zentral durch die IT verantwortet. Die Freigabe von IT-Budgets zur Umsetzung von Anforderungen an die IT (Change) wird über ein für die Bank zentral aufgestelltes Board gesteuert.
IT-Dienstleister	Finanzinformatik Technologie Service FI-TS (Rechenzentrums-Provider) / Finanzinformatik FI (Provider Verbundanwendungen für Sparkassen)
IT-Anwendungen	k.A.

Bewerbung als IT-Mitarbeiter unter www.bayernlb.de

AUSRICHTUNG

zentral	○●○○○	dezentral
standardisiert	○○●○○	best of breed
viel Outsourcing	○○●○○	wenig Outsourcing
sehr digitalisiert	○○●○○	weniger digitalisiert

Weitere Informationen unter:
www.cio.de/top500/detail/bayerische-landesbank,25

ING-DiBa AG

UNTERNEHMENSINFORMATIONEN

Die **ING-DiBa AG** ist eine Direktbank mit Hauptsitz in Frankfurt am Main. Sie wurde im Jahr 1965 als Bank für Sparanlagen und Vermögensbildung gegründet und befindet sich zu 100 Prozent im Eigentum der niederländischen ING Groep. Neben den klassischen Angeboten von Banken bietet die ING-DiBa AG ein breites Portfolio an Onlinebanking sowie Dienstleistungen für private und gewerbliche Kunden.

Die Produkte umfassen Giro-, Tages und Festgeldkonten. Darüber hinaus verfügt die ING-DiBa AG über zahlreiche Angebote im Bereich Banking, Sparen und Wertpapierhandel sowie Altersvorsorge in Form von Riester-Rente und geplantem Vermögensaufbau. Da die Bank eine Direktbank ist, verfügt sie über kein eigenes Filialnetz.

Zeljko Kaurin

Hauptsitz	Frankfurt am Main
Website	www.ing-diba.de
Bilanzsumme	171.439 Millionen Euro (2018)
Mitarbeiter	4.800 (2018)
CIO	Zeljko Kaurin
IT-Mitarbeiter	k.A.
IT-Benutzer	k.A.
IT-Budget	k.A.
IT-Ziele	k.A.
IT-Organisationsstruktur	COO/CIO sind Mitglieder des Vorstands
IT-Dienstleister	k.A.
IT-Anwendungen	k.A.

Bewerbung als IT-Mitarbeiter unter **www.ing.jobs/Deutschland/home.htm**

AUSRICHTUNG*

zentral	●○○○○	dezentral
standardisiert	○●○○○	best of breed
viel Outsourcing	○○○●○	wenig Outsourcing
sehr digitalisiert	○○●○○	weniger digitalisiert

Weitere Informationen unter:
www.cio.de/top500/detail/ing-diba-ag,89

*Schätzung der CIO-Redaktion

Nord/LB Norddeutsche Landesbank

UNTERNEHMENSINFORMATIONEN

Die **Nord/LB** ist eine Universalbank im Herzen Norddeutschlands, die klar auf ihr Kerngeschäft ausgerichtet ist und den Fokus auf die Region legt. Die Firmensitze in Hannover, Braunschweig und Magdeburg markieren ihre Wurzeln in den Trägerländern Niedersachsen und Sachsen-Anhalt.

Als Geschäftsbank bietet die Nord/LB Privat-, Firmen- und institutionellen Kunden sowie Kunden der öffentlichen Hand eine umfangreiche Palette an Finanzdienstleistungen an. Im Bereich der strukturierten Finanzierungen engagiert sie sich in der Schiffs- und Flugzeugfinanzierung sowie in internationalen Projekten in den Branchen Energie, Infrastruktur, Industrie und Immobilien. Global ist die Nord/LB über Niederlassungen und Repräsentanzen an allen wichtigen Handelsplätzen wie London, New York, Shanghai und Singapur vertreten und als Landesbank für Niedersachsen und Sachsen-Anhalt tätig. In den Bundesländern Niedersachsen, Sachsen-Anhalt und Mecklenburg-Vorpommern übernimmt die Nord/LB außerdem die Aufgabe einer Sparkassenzentralbank. Durch die Braunschweigische Landessparkasse (AidA) verfügt die Nord/LB zudem über mehr als 100 Standorte im Braunschweiger Land.

Stephan Tillack

Hauptsitz	Hannover
Website	www.nordlb.de
Bilanzsumme	154.012 Millionen Euro (2018)
Mitarbeiter	zirka 5.800
CIO	Stephan Tillack
IT-Mitarbeiter	450
IT-Benutzer	circa 5.000
IT-Budget	240 Millionen Euro
IT-Ziele	Konsolidierung und Modernisierung der IT-Architektur, Ausbau der Digitalisierung, Standardisierung und Kostenoptimierung
IT-Organisationsstruktur	Der CIO berichtet direkt an den COO der NORD/LB
IT-Dienstleister	Finanz IT (Betrieb/Application Management Kernsysteme), Diebold Nixdorf (IT-Betrieb-Basis-Infrastruktur)
IT-Anwendungen	OS Plus Bankenkernsystem, SAP Systeme für Banksteuerung / Finanzen, Loan IQ Kreditsystem, Murex Handelssystem

Bewerbung als IT-Mitarbeiter unter www.nordlb.de/karriere

AUSRICHTUNG

zentral	○●○○○	dezentral
standardisiert	○○●○○	best of breed
viel Outsourcing	○●○○○	wenig Outsourcing
sehr digitalisiert	○○○●○	weniger digitalisiert

Weitere Informationen unter:
www.cio.de/top500/detail/nord-lb-norddeutsche-landesbank-girozentrale,183

NRW.Bank AöR

UNTERNEHMENSINFORMATIONEN

Die **NRW.Bank AöR** ist die Förderbank des Landes Nordrhein-Westfalen und hat ihren Sitz in dessen Landeshauptstadt Düsseldorf. Sie greift dem Bundesland bei seinen struktur- und wirtschaftspolitischen Aufgaben unter die Arme und gliedert sich in insgesamt drei Förderfelder: Wohnen und Leben, Gründen und Wachsen sowie Entwickeln und Schützen. Unter ersterem versteht man zum Beispiel das Schaffen von Wohnraum für Studenten oder Sanierungen im Rahmen der Mietwohnraumförderung.

Tobias Schmitt

Darüber hinaus unterstützt die NRW.Bank AöR Existenzgründer und stellt ihnen per Kredit Kapital zur Verfügung, welches benötigt wird, um ein neues Unternehmen aufzubauen. Das letzte Förderfeld soll unter anderem mit gezielten Förderungen zum nachhaltigen Bauen und somit zur Schonung der Umwelt beitragen. Kunden der NRW.Bank AöR sind hauptsächlich Hausbanken oder sonstige Fördermittler.

Hauptsitz	Düsseldorf
Website	www.nrwbank.de
Bilanzsumme	149.083 Millionen Euro (2018)
Mitarbeiter	1.400 (2018)
CIO	Tobias Schmitt
IT-Mitarbeiter	200
IT-Benutzer	1.350
IT-Budget	60 Millionen Euro (2018)
IT-Ziele	k.A.
IT-Organisationsstruktur	k.A.
IT-Dienstleister	Datagroup AG (Office- und RZ-Infrastruktur)
IT-Anwendungen	k.A.

Bewerbung als IT-Mitarbeiter unter **www.nrwbank.de/de/corporate/karriere/index.html**

AUSRICHTUNG

zentral	●○○○○	dezentral
standardisiert	○●○○○	best of breed
viel Outsourcing	○○●○○	wenig Outsourcing
sehr digitalisiert	○●○○○	weniger digitalisiert

Weitere Informationen unter:
www.cio.de/top500/detail/nrw-bank,425

Allianz Gruppe

UNTERNEHMENSINFORMATIONEN

Die **Allianz Gruppe** ist ein weltweit tätiger Versicherungskonzern aus Deutschland. Das Unternehmen wurde 1890 gegründet und hat seinen Hauptsitz in München. Der Konzern gliedert sich in die Geschäftsbereiche Versicherungsgeschäft und Asset Management.

Es werden Versicherungen für Privat- und Firmenkunden angeboten. Die Produktpalette umfasst Schadens- und Unfall- sowie Lebens- und Krankenversicherungen. Im Asset Management werden die Vermögenswerte von privaten und institutionellen Anlegern verwaltet. Die Allianz SE befindet sich im Streubesitz in- und ausländischer Aktionäre und verfügt selbst über zahlreiche Unternehmensbeteiligungen.

Ralf Schneider

Hauptsitz	München
Website	www.allianz.com/de
Bruttobeitragseinnahmen	130.557 Millionen Euro (2018)
EBIT	k.A.
Mitarbeiter	zirka 142.000 (2018)
CIO	Ralf Schneider
IT-Mitarbeiter	zirka 10.000
IT-Benutzer	zirka 142.000
IT-Budget	zirka 2,5% des Umsatzes
IT-Töchter	Allianz Technology
IT-Ziele	Digitale Transformation der Allianz-Gruppe
IT-Organisationsstruktur	Group CIO berichtet an Group CTO, Group CTO berichtet an Group COO
IT-Dienstleister	Allianz Technology
IT-Anwendungen	k.A.

Bewerbung als IT-Mitarbeiter unter unter www.careers.allianz.com

AUSRICHTUNG

zentral	○○●○○	dezentral
standardisiert	○●○○○	best of breed
viel Outsourcing	○○●○○	wenig Outsourcing
sehr digitalisiert	○●○○○	weniger digitalisiert

Weitere Informationen unter:
www.cio.de/top500/detail/allianz-se,367

Munich Re

UNTERNEHMENSINFORMATIONEN

Das Geschäftsmodell von **Munich Re** basiert auf der Kombination von Erst- und Rückversicherung unter einem Dach. Weltweit übernimmt Munich Re Risiken in unterschiedlicher Komplexität und Ausprägung.

Hauptsitz	München
Website	www.munichre.com
Bruttobeitragseinnahmen	49.100 Millionen Euro (2018)
EBIT	3.725 Millionen Euro (2018)
Mitarbeiter	41.410 (Konzern 2018)
CIO	Robin Johnson
IT-Mitarbeiter	920 (intern, 07/2019)
IT-Benutzer	16.100
IT-Budget	464 Millionen Euro
IT-Ziele	Etablieren einer gleichberechtigten Partnerschaft zwischen Business und IT; Verbessern von Projektperformances durch globale Transparenz; Fördern von Innovationen in allen Geschäftsbeziehungen; Steigern der IT-Effizienz
IT-Organisationsstruktur	Der CIO berichtet an den CEO des Segments Rückversicherung. Die IT-Organisation ist in sieben Tower aufgeteilt: Office of the CIO, Enterprise Architecture, Servicemanagement, Service Delivery, Business Solutions, Business Technology und IT Risk and Security. Das IT Investment Board und besonders die Global Process Owner repräsentieren die Demand-Seite.
IT-Dienstleister	Msg Systems; Larsen & Toubro; Capgemini; Microsoft; SAP; Wipro; Computacenter; NTT Data; CGI Group; SAS Institute
IT-Anwendungen	Underwriting-, Pricing-, Valuations- und Risikomanagementsysteme (.NET), Administrations- und Financial-Reporting-Systeme (SAP), Data Lake (SAS, Hadoopinform)

Bewerbung als IT-Mitarbeiter unter www.munichre.com/de/career/index.html

Robin Johnson

AUSRICHTUNG

zentral	○●○○○	dezentral
standardisiert	○○●○○	best of breed
viel Outsourcing	○●○○○	wenig Outsourcing
sehr digitalisiert	○●○○○	weniger digitalisiert

Weitere Informationen unter:
www.cio.de/top500/detail/munich-re,368

Talanx AG

UNTERNEHMENSINFORMATIONEN

Die **Talanx AG** ist nach Prämieneinnahmen die drittgrößte deutsche und eine der großen europäischen Versicherungsgruppen. Das Unternehmen ist in rund 150 Ländern, im In- und Ausland sowohl in der Industrieversicherung als auch in der Privat- und Firmenversicherung tätig. Zu den weiteren Marken des Konzerns zählen Hannover Rück als einer der größten Rückversicherer, die auf den Bankenvertrieb spezialisierten Targo Versicherungen, PB Versicherungen und Neue Leben, der polnische Versicherer Warta sowie der Finanzdienstleister Ampega. Die Talanx AG ist an der Frankfurter Börse im MDAX sowie an den Börsen in Hannover und Warschau gelistet.

Jan Wicke

Hauptsitz	Hannover
Website	www.talanx.com
Bruttobeitragseinnahmen	34.885 Millionen Euro (2018)
EBIT	k.A.
Mitarbeiter	22.600 (2018)
CIO	Jan Wicke
IT-Mitarbeiter	k.A.
IT-Benutzer	k.A.
IT-Budget	k.A.
IT-Ziele	Enabler für Innovation und Digitalisierung, Bereitstellen moderner Funktionalität auf zukunftsfähigen Plattformen zu wettbewerbsfähigen Kosten
IT-Organisationsstruktur	k.A.
IT-Dienstleister	k.A.
IT-Anwendungen	umfassende Nutzung von Standardsoftware

Bewerbung als IT-Mitarbeiter unter **www.talanx.com/karriere**

AUSRICHTUNG*

zentral	○●○○○	dezentral
standardisiert	○○●○○	best of breed
viel Outsourcing	○●○○○	wenig Outsourcing
sehr digitalisiert	○○●○○	weniger digitalisiert

Weitere Informationen unter:
www.cio.de/top500/detail/talanx-ag,561

*Schätzung der CIO-Redaktion

Platz 4 / Versicherungen

Hannover Rück SE

UNTERNEHMENSINFORMATIONEN

Die **Hannover Rück SE** wurde im Jahr 1966 gegründet und zählt heute zu den größten Rückversicherern der Welt. Hauptanteilseigner ist die Talanx AG, die wiederum zum HDI Haftpflichtverband der Deutschen Industrie gehört, der drittgrößten Versicherungsgruppe Deutschlands. Die Hannover Rück gliedert sich in zwei Tätigkeitsbereiche: Die Schadenrückversicherung stellt das älteste Geschäftsfeld dar und konzentriert sich auf Nordamerika und Deutschland. Beim zweiten Geschäftsfeld handelt es sich um die Personen-Rückversicherung. Dort sind die Kunden in erster Linie Lebensversicherer.

Jürgen Stoffel

Hauptsitz	Hannover
Website	www.hannover-re.com
Bruttobeitragseinnahmen	19.176 Millionen Euro (2018)
EBIT	1.596 Millionen Euro (2018)
Mitarbeiter	3.317 (2018)
CIO	Jürgen Stoffel
IT-Mitarbeiter	242
IT-Benutzer	3.650
IT-Budget	k.A.
IT-Ziele	Die aktuelle IT-Strategie basiert auf dem Prinzip „We support our business through efficient IT and take advantage of Digitalisation & Automation" und umfasst vor allem Standardisierungs- und Harmonisierungsprogramme sowie insbesondere die Entwicklung, Durchführung und Orchestrierung digitaler Initiativen und Innovationsprojekte und die Ausweitung des IT Service auf Kunden der Hannover Rück.
IT-Organisationsstruktur	Der CIO berichtet an den CFO. Es gibt ein IT Executive Committee (ITEC), bestehend aus Vorstandsmitgliedern und dem CIO, sowie ein IT Steering Committee (ITSC), bestehend aus Managing Directors, dem CIO sowie dem Leiter IT-GMO (Governance, Management, Organisation) zur Koordination von Demand und Supply.
IT-Dienstleister	msg systems, NTT, Computacenter, Zühlke, AWS
IT-Anwendungen	Risiko- und Pricing-Systeme, Bestandsführungs-, Finanz- und Reportingsysteme, BI, Automated Underwriting Systems für Erstversicherer

Bewerbung als IT-Mitarbeiter unter https://jobs.hannover-rueck.de/

AUSRICHTUNG

zentral	○●○○○	dezentral
standardisiert	○●○○○	best of breed
viel Outsourcing	○○○●○	wenig Outsourcing
sehr digitalisiert	○○●○○	weniger digitalisiert

Weitere Informationen unter:
www.cio.de/top500/detail/hannover-rueck-se,854

Ergo Group AG

UNTERNEHMENSINFORMATIONEN

Die **Ergo Group AG** mit Sitz in Düsseldorf bekam ihren Namen im April 2016 aus der Ergo Versicherungsgruppe AG. Der neue Name unterstreicht die Internationalisierung der Gruppe und flankiert die im Februar 2016 angekündigte neue Unternehmensstruktur. Ergo gehört zur Munich Re, einem weltweit führenden Rückversicherer und Risikoträger. Unter dem Dach der Ergo Group AG wird das deutsche, internationale sowie das Direkt- und Digitalgeschäft künftig in drei eigenen Einheiten gesteuert.

Mario Krause

Hauptsitz	Düsseldorf
Website	www.ergo.com/de
Bruttobeitragseinnahmen	17.778 Millionen Euro (2018)
EBIT	k.A.
Mitarbeiter	28.500 (2018)
CIO	Mario Krause
IT-Mitarbeiter	k.A.
IT-Benutzer	k.A.
IT-Budget	k.A.
IT-Töchter	ITErgo Informationstechnologie GmbH, Ergo Technology & Services Management AG
IT-Ziele	k.A.
IT-Organisationsstruktur	Der CIO verantwortet die IT gegenüber dem Vorstandsvorsitzenden der ERGO Group AG. Er ist Mitglied der Vorstände der Ergo Deutschland AG und Ergo Technology & Services Management AG
IT-Dienstleister	insbesondere Kooperation mit IBM
IT-Anwendungen	k.A.

Bewerbung als IT-Mitarbeiter unter www.ergo.com/de/karriere

AUSRICHTUNG

zentral	○○●○○	dezentral
standardisiert	○○●○○	best of breed
viel Outsourcing	○○○●○	wenig Outsourcing
sehr digitalisiert	○○●○○	weniger digitalisiert

Weitere Informationen unter:
www.cio.de/top500/detail/ergo-group-ag,432

R+V Versicherung AG

UNTERNEHMENSINFORMATIONEN

Die **R+V Versicherung AG** gehört zu den größten Versicherern in Deutschland. Das Unternehmen betreut sowohl private als auch Firmenkunden, wobei die Beratung in der Regel innerhalb von Bankstellen der Volks- und Raiffeisenbanken erfolgt. Privatkunden wird eine Vielzahl von Versicherungen geboten, beispielsweise Kfz- oder Unfallversicherung, Altersvorsorge oder auch Kranken- und Pflegeversicherungen. Firmenkunden erhalten etwa Versicherungen für Maschinen oder Fuhrparks, Rechtsschutzversicherungen sowie spezielle Versicherungen für agrarwirtschaftliche Betriebe. Über Servicegesellschaften werden weitere Leistungen angeboten.

Tillman Lukosch

Hauptsitz	Wiesbaden
Website	www.ruv.de
Bruttobeitragseinnahmen	16.133 Millionen Euro (2018, R+V-Konzern, IFRS)
EBIT	448 Millionen Euro (2018, vor Ertragssteuern R+V-Konzern, IFRS)
Mitarbeiter	15.795 (2018)
CIO	Tillman Lukosch
IT-Mitarbeiter	994 (Juni 2019)
IT-Benutzer	zirka 20.000
IT-Budget	345 Millionen Euro (Juni 2019)
IT-Ziele	In einer zunehmend digitalisierten R+V begeistert die IT der R+V als proaktiver Wegbereiter und kooperativer Partner unsere Geschäftsbereiche, Vertriebspartner und Kunden mit Business Enablement, Beratung, Entwicklung und Betrieb von modernen IT-Lösungen. Damit unterstützen wir nachhaltig die aktuellen und zukünftigen Anforderungen an die IT sowie die Digitale Transformation und bieten attraktive Arbeitsplätze für unsere motivierten und begeisterten Mitarbeiter.
IT-Organisationsstruktur	Der CIO ist Mitglied des Holdingvorstandes des R+V Konzerns
IT-Dienstleister	Verbundunternehmen wie Ratiodata IT-Lösungen & Services GmbH, Fiducia & GAD IT AG, diverse große Beratungs- und Softwarehäuser
IT-Anwendungen	Individualsoftware für das versicherungstechnische Kerngeschäft (Beratung, Verkauf, Bestandsführung, Schaden etc.) sowie Standardsoftware von z.B. SAP, Microsoft, IBM etc.

Bewerbung als IT-Mitarbeiter unter www.ruv.de/karriere

AUSRICHTUNG

zentral	●○○○○	dezentral
standardisiert	○●○○○	best of breed
viel Outsourcing	○○○○●	wenig Outsourcing
sehr digitalisiert	○○●○○	weniger digitalisiert

Weitere Informationen unter:
www.cio.de/top500/detail/r-v-versicherung-ag,304

Generali Deutschland AG

UNTERNEHMENSINFORMATIONEN

Die **Generali Deutschland AG** mit Sitz in Köln ist der zweitgrößte Erstversicherungskonzern auf dem deutschen Markt und Teil der internationalen Generali Group. In fast 200 Jahren hat Generali einen multinationalen Konzern aufgebaut. Zu Generali Deutschland gehören Generali Versicherungen, AachenMünchener, CosmosDirekt, Central Krankenversicherung, Advocard Rechtsschutzversicherung, Deutsche Bausparkasse Badenia und Dialog.

Thomas Liese

Hauptsitz	München
Website	www.generali.de
Bruttobeitragseinnahmen	13.577 Millionen Euro (2018)
EBIT	821 Millionen Euro (Operating Result 2018)
Mitarbeiter	circa 10.000 (2018)
CIO	Thomas Liese (CEO Generali Deutschland Informatik Services GmbH)
IT-Mitarbeiter	700
IT-Benutzer	circa 40.000
IT-Budget	circa 300 Millionen Euro
IT-Töchter	Generali Deutschland Informatik Services GmbH (GDIS)
IT-Ziele	Auch nach der Übertragung der Infrastruktur-Services an den internationalen Serviceprovider Generali Shared Services tritt die GDIS als der zentrale IT-Dienstleister im deutschen Konzernteil auf und übernimmt Aufgaben im Bereich der Systementwicklung und des Systembetriebs. Ihre Kernkompetenzen liegen in der Entwicklung von IT-Anwendungen, die auf der Multi-Plattform-Infrastruktur der GSS betrieben werden. Im Zuge der Digitalisierung stellt die GDIS neue Technologien sowohl in-house sowie über ein internationales Partner-Netzwerk bereit.
IT-Organisationsstruktur	Der CIO ist Vorsitzender der Geschäftsführung der GDIS. Er berichtet an den COO der Generali Deutschland AG.
IT-Dienstleister	Generali Shared Services S.c.a.r.l. (zentrale Infrastrukturservices)
IT-Anwendungen	Versicherungstechnische Kernsysteme (weitgehend selbst entwickelt), Außendienst-Systemwelt, Support-Systeme, Data-Warehouse-Anwendungslandschaft (weitgehend Standard-Lösungen, z.B. SAP)

Bewerbung als IT-Mitarbeiter unter https://karriere.generali-deutschland.de

AUSRICHTUNG

zentral	○●○○○	dezentral
standardisiert	○○●○○	best of breed
viel Outsourcing	○○●○○	wenig Outsourcing
sehr digitalisiert	○●○○○	weniger digitalisiert

Weitere Informationen unter:
www.cio.de/top500/detail/generali-deutschland-ag,475

Platz 8 / Versicherungen

Debeka-Gruppe

UNTERNEHMENSINFORMATIONEN

Die **Debeka-Gruppe** gehört mit ihrem Versicherungs- und Finanzdienstleistungsangebot zu den führenden Unternehmen der Versicherungs- und Bausparbranche. Sie bietet Versicherungsschutz für private Haushalte sowie kleine und mittelständische Betriebe. Gegründet 1905 hat sich das Unternehmen zu Beginn rein auf den Bereich der Krankenversicherung spezialisiert. In den Folgejahren entwickelte sich die Debeka zu einer Versicherungsgruppe, die Versicherungsschutz für sämtliche private Haushalte anbietet.

Roland Weber

Hauptsitz	Koblenz
Website	www.debeka.de
Bruttobeitragseinnahmen	13.103 Millionen Euro Umsatz (2018)
EBIT	k.A.
Mitarbeiter	16.000 (2018)
CIO	Roland Weber
IT-Mitarbeiter	k.A.
IT-Benutzer	k.A.
IT-Budget	k.A.
IT-Ziele	Einfacher Zugang und Nutzung von digitalen Serviceleistungen für Kunden, Bereitstellung von modernen Technologien, Fortsetzung der digitalen Transformation für Kunden und den Außendienst
IT-Organisationsstruktur	Der CIO ist Teil des Vorstands. IT-Management-Runden, bestehend aus Vorständen und Führungskräften für den regelmäßigen Austausch
IT-Dienstleister	Microsoft (Kollaboration intern wie extern), Camunda & Pega (Modernisierung von Geschäftsprozessen), Oracle (im Bereich der IT-Infrastruktur), Gartner (strategische Weiterentwicklung der IT), adesso (Bestandsführungssystem in der LV)
IT-Anwendungen	Portale und Apps für Mitglieder und Mitarbeiter, Bearbeitungs- und Auskunftssystem des Kerngeschäfts, Außendienstsystem

Bewerbung als IT-Mitarbeiter unter www.debeka.de/unternehmen/Karriere/index.html

AUSRICHTUNG

zentral	○●○○○	dezentral
standardisiert	○○●○○	best of breed
viel Outsourcing	○○○●○	wenig Outsourcing
sehr digitalisiert	○○●○○	weniger digitalisiert

Weitere Informationen unter:
www.cio.de/top500/detail/debeka-versicherungen,850

Axa Konzern AG

UNTERNEHMENSINFORMATIONEN

Die **Axa Konzern AG** ist einer der führenden Kapitalverwalter und Versicherungsdienstleister Deutschlands. Das Unternehmen wurde bereits im 19. Jahrhundert unter dem Namen Colonia-Versicherungsgruppe gegründet. Im Jahr 1997 wurde der Konzern von der französischen Axa-Gruppe übernommen und es entstand die Axa Konzern AG. Zu den Haupttätigkeitsfeldern des Unternehmens zählen seitdem Schaden- und Unfallversicherungen, Lebens- und Krankenversicherungen, Altersvorsorgelösungen und Kapitalanlagen. Zur Axa Konzern AG gehören zahlreiche Tochtergesellschaften, wie zum Beispiel die Axa Versicherung AG, die Deutsche Beamtenversicherung, die Pro bAV Pensionskasse oder auch die Axa Investment Managers Deutschland GmbH.

Stefan Lemke

Hauptsitz	Köln
Website	www.axa.de
Bruttobeitragseinnahmen	10.738 Millionen Euro (2018)
EBIT	k.A.
Mitarbeiter	9.100 (2018)
CIO	Stefan Lemke
IT-Mitarbeiter	k.A.
IT-Benutzer	k.A.
IT-Budget	k.A.
IT-Töchter	Axa Technology Services Germany GmbH (Köln)
IT-Ziele	Die IT soll die Strategie als Business-Enabler unterstützen und bedarfsgerechte IT-Services zu wettbewerbsfähigen Kosten anbieten. Aktuelle Entwicklungen in der Versicherungsbranche, technische Innovationen sowie die Anforderungen der Kunden und Anwender sind dabei zu berücksichtigen. Weitere wichtige Anforderung ist die Komplexitätsreduktion bei Technologien, Applikationen und Prozessen.
IT-Organisationsstruktur	Der CIO trägt die IT-Gesamtverantwortung des deutschen Axa Konzerns
IT-Dienstleister	Axa Technology Services Germany GmbH: Hardware und Betrieb des Rechenzentrums; Axa Group Solutions: SAP-Einrichtung und -Wartung
IT-Anwendungen	Versicherungskernanwendungen für alle Versicherungssparten, SAP für Finanzanwendungen und Kapitalanlagen

Bewerbung als IT-Mitarbeiter unter www.axa.de/karriere

AUSRICHTUNG

zentral	○●○○○	dezentral
standardisiert	○○●○○	best of breed
viel Outsourcing	○○○●○	wenig Outsourcing
sehr digitalisiert	○○●○○	weniger digitalisiert

Weitere Informationen unter:
www.cio.de/top500/detail/axa-konzern-ag,420

Platz 10 / Versicherungen

Versicherungskammer Bayern

UNTERNEHMENSINFORMATIONEN

Der Konzern **Versicherungskammer Bayern** ist ein Personen- und Sachversicherer. Er ist größter öffentlicher Versicherer und gehört zu den zehn größten Erstversicherern in Deutschland. Eingebunden in die Sparkassen-Finanzgruppe ist er Teil des führenden Finanzverbunds in Deutschland – gemeinsam mit den Sparkassen, Landesbanken, Landesbausparkassen und der Deka.

Seine Hauptgeschäftsgebiete sind Bayern und die Pfalz, das Saarland sowie Berlin und Brandenburg. Mit seinem Multikanalvertrieb unterhält er in seinen Geschäftsgebieten ein weitverzweigtes Vertriebsnetz, das allen Kunden und Zielgruppen adäquaten Versicherungsschutz bietet. Als Kommunal- und Landwirtschaftsversicherer ist der Konzern im Direktvertrieb aktiv. Als Kranken-, Pflege- und Reiseversicherer der Sparkassen-Finanzgruppe ist er bundesweit tätig. Der 2015 erfolgreich etablierte Direktversicherer BavariaDirekt komplettiert das Vertriebswegeportfolio.

Stephan Spieleder

Hauptsitz	München
Website	www.vkb.de
Bruttobeitragseinnahmen	8.229 Millionen Euro (2018)
EBIT	499 Millionen Euro (2018)
Mitarbeiter	6.577 (2018)
CIO	Stephan Spieleder
IT-Mitarbeiter	zirka 800
IT-Benutzer	zirka 17.000
IT-Budget	k.A.
IT-Töchter	VKBit Betrieb GmbH; Inverso Gesellschaft für innovative Versicherungssoftware mbH
IT-Ziele	Das IT-Ressort ist für seine Kunden kompetenter, marktfähiger und zuverlässiger Dienstleister. Mit seinen Dienstleistungen zahlt das Ressort auf die Erreichung der Konzernziele ein und treibt die Digitalisierung des Konzerns weiter voran.
IT-Organisationsstruktur	Der CIO ist Mitglied des Holdingsvorstands des Konzerns
IT-Dienstleister	k.A.
IT-Anwendungen	marktübliche Standardlösungen

Bewerbung als IT-Mitarbeiter unter www.vkb.de/content/ueber-uns/karriere/

AUSRICHTUNG*

zentral	●○○○○	dezentral
standardisiert	○○●○○	best of breed
viel Outsourcing	○○○○●	wenig Outsourcing
sehr digitalisiert	○○●○○	weniger digitalisiert

Weitere Informationen unter:
www.cio.de/top500/detail/versicherungskammer-bayern-vkb,364

*Schätzung der CIO-Redaktion

BERATER UND IT-ANBIETER

Hier stellen sich die Berater und IT-Anbieter der größten deutschen Unternehmen vor. Sie benennen ihre Branchen- und Beratungsschwerpunkte sowie ihre Referenzkunden.

accenture

Accenture ist ein weltweit führendes Dienstleistungsunternehmen, das ein breites Portfolio von Services und Lösungen in den Bereichen Strategie, Consulting, Digital, Technologie und Operations anbietet.

Mit umfassender Erfahrung und spezialisierten Fähigkeiten über mehr als 40 Branchen und alle Unternehmensfunktionen hinweg – gestützt auf das weltweit größte Delivery-Netzwerk – arbeitet Accenture an der Schnittstelle von Business und Technologie, um Kunden dabei zu unterstützen, ihre Leistungsfähigkeit zu verbessern und nachhaltigen Wert für ihre Stakeholder zu schaffen.

Mit rund 482.000 Mitarbeitern, die für Kunden in über 120 Ländern tätig sind, treibt Accenture Innovationen voran, um die Art und Weise, wie die Welt lebt und arbeitet, zu verbessern.

Besuchen Sie uns unter www.accenture.de

HAUPTSITZ	Dublin/Irland
NIEDERLASSUNGEN	Deutschland: Kronberg bei Frankfurt, München, Düsseldorf, Bonn, Dortmund, Hamburg, Kaiserslautern, Stuttgart, Jena, Berlin; Österreich: Wien; Schweiz: Zürich, Genf
GRÜNDUNG	1989
UMSATZ	41 Milliarden US-Dollar (2018)
MITARBEITER	482.000 (weltweit)

Frank Riemensperger
Vorsitzender der Geschäftsführung Deutschland, Österreich, Schweiz

»Um wettbewerbsfähig zu bleiben und neue Wachstumsperspektiven zu erschließen, müssen deutsche Unternehmen ihre Produkte mithilfe neuer Technologien ›digital‹ denken. Der Aufbau dafür notwendiger Infrastrukturen und Ökosysteme ist besonders eine CIO-Aufgabe.«

KONTAKT

Accenture
Campus 1, 61476 Kronberg
Telefon: +49 (0)6173 94 99
Fax: +49 (0)6173 94 98
accenture.direct.ela@accenture.com

REFERENZEN / PROJEKTE

Unsere Kunden sind
- 29 der DAX-30-Unternehmen
- 89 der Fortune-Global-100-Unternehmen
- Drei Viertel der Fortune-Global-500-Unternehmen
- 13 der 20 SMI-Unternehmen sowie über 4.000 öffentliche und privatwirtschaftliche Organisationen

Referenzprojekte auf Anfrage

BRANCHENSCHWERPUNKTE

★	Banken und Versicherungen	★	Öffentliche Hand, Behörden
★	Energieversorgung	★	Produktion und Verarbeitung
★	Informationstechnologie	★	Telekommunikation

BERATUNGSSCHWERPUNKTE

	schwach					stark
Geschäftsprozessberatung	schwach	●	●	●	●	stark
Infrastruktur und Technologie	schwach	●	●	●	●	stark
IT-Systembetrieb	schwach	●	●	●	●	stark
Strategieberatung	schwach	●	●	●	●	stark
Systemintegration	schwach	●	●	●	●	stark

www.accenture.de

Appian

Appian bietet eine Low-Code-Entwicklungsplattform, welche die Erstellung von wesentlichen Geschäftsanwendungen beschleunigt. Viele der weltweit größten Unternehmen nutzen Appian-Anwendungen, um die Kundenzufriedenheit zu verbessern, operative Exzellenz zu erreichen und das globale Risikomanagement sowie die Einhaltung der Compliance zu vereinfachen. Appian ist in der Cloud und On-Premises verfügbar und lässt sich leicht zwischen verschiedenen Umgebungen übertragen.

Weitere Informationen finden Sie unter: www.appian.de.

HAUPTSITZ	Tysons Corner, Virginia, USA
GRÜNDUNG	1999
MITARBEITER	1.200

Dirk Pohla
Managing Director DACH, Appian

»Der CIO des Jahres muss strategisch denken, Innovationen fördern sowie die Business-Ziele unterstützen. Dafür muss er neue Technologien implementieren und die Prozessautomatisierung im Griff haben – um so die Weichen für den Erfolg zu stellen.«

KONTAKT

Appian
Dirk Pohla
Mainzer Landstraße 50, 60325 Frankfurt
Telefon: +49 (0)69 274015412
dirk.pohla@appian.com

REFERENZEN / PROJEKTE

- **Addiko Bank**
  EINFACHERE, SCHNELLERE UND TRANSPARENTERE PROZESSE
  Der Darlehensprozess der Addiko Bank wurde vereinfacht, um den Kunden innerhalb von drei Arbeitstagen eine Kreditentscheidung zu liefern. Die durchschnittliche Wartezeit wurde dabei um die Hälfte reduziert.

- **Continental AG**
  WORKFLOW FÜR „EXPERIMENTAL TIRE PRODUCTION"
  Continental hat sich für Appian entschieden, um die Prozesse rund um die Entwicklung von neuen Reifentypen zu automatisieren und die Geschwindigkeit der Fertigung zu erhöhen.

- **Bayer AG**
  NEUE DIGITALE PHARMAKOVIGILANZ-BERICHTSLÖSUNG FÜR ERHÖHTE EFFIZIENZ
  Die Appian-Anwendungsplattform wurde von der Bayer AG ausgewählt, um Prozesse für die Anforderung interner Berichte über Pharmakovigilanz (PV)-Daten zu digitalisieren und zu optimieren.

- **Bank Vontobel**
  UMSETZUNG DER DIGITALEN TRANSFORMATIONSSTRATEGIE IN SÄMTLICHEN UNTERNEHMENSBEREICHEN
  Die Low-Code-Plattform von Appian optimiert das Kunden-Onboarding von Vontobel, leistet einen maßgeblichen Beitrag zur automatisierten Risikoanalyse und verwaltet Compliance-Aufgaben.

BRANCHENSCHWERPUNKTE

★	Banken und Versicherungen	★	Handel
★	Dienstleistung (allg.)	★	Öffentliche Hand, Behörden
★	Gesundheitswesen	★	Produktion und Verarbeitung

BERATUNGSSCHWERPUNKTE

	schwach					stark
Geschäftsprozessberatung	schwach		●	●	●	●	stark
Infrastruktur und Technologie	schwach		●	●	●	●	stark
IT-Systembetrieb	schwach		●	●	●	●	stark
Strategieberatung	schwach		●	●	●	●	stark
Systemintegration	schwach		●	●	●	●	stark

www.appian.de

Ihr starker IT-Partner.
Heute und morgen.

Der IT-Zukunftspartner: Bechtle ist mit 70 IT-Systemhäusern in Deutschland, Österreich und der Schweiz vertreten und zählt mit E-Commerce-Gesellschaften in 14 Ländern zu den führenden IT-Online-Händlern in Europa. Damit setzt Bechtle auf ein in dieser Größenordnung einzigartiges Geschäftsmodell, das Systemhausdienstleistungen mit dem Direktvertrieb von IT-Handelsprodukten verbindet. Mehr als 70.000 Kunden aus Industrie und öffentlichem Sektor vertrauen auf die Kompetenz der über 10.000 Bechtle-Mitarbeiter. Das größte IT-Systemhaus Deutschlands betreut Kunden von der IT-Strategieberatung über die Lieferung von Hard- und Software, die Projektplanung und -durchführung bis hin zum Komplettbetrieb der IT durch Managed Services. Bechtle bietet darüber hinaus ein eigenes Cloud-Service-Portal und mehr als 70.000 IT-Produkte in landesspezifischen Onlineshops. Zusammen mit zahlreichen globalen Partnern bedient Bechtle auch weltweit aufgestellte Kunden.

Mehr unter: www.bechtle.com

HAUPTSITZ	Neckarsulm
GRÜNDUNG	1983
UMSATZ	4,3 Milliarden Euro (2018)
MITARBEITER	über 10.000

Michael Guschlbauer
Vorstand
IT-Systemhaus & Managed Services,
Bechtle AG

»Erfolgreiche CIOs sehen herausfordernde IT-Projekte nicht als Bürde, sondern als Chance, moderne Arbeitsplatzkonzepte und neue Geschäftsideen zu ermöglichen, um die gesamte Organisation stark für die Zukunft zu machen.«

KONTAKT

Bechtle AG
Sabine Brand, Unternehmenskommunikation
Bechtle Platz 1, 74172 Neckarsulm
Telefon: +49 (0)7132 981-4115, Fax: +49 (0)7132 981-4116
presse@bechtle.com

REFERENZEN / PROJEKTE

Mit Branchenerfahrung und Technologiekompetenz aus Projekten für mehr als 70.000 Kunden optimiert Bechtle die IT im Mittelstand, bei großen Unternehmen und öffentlichen Auftraggebern.

Rund 170 Referenzen, selektierbar nach Technologie, Hersteller, Unternehmensgröße und Branche, finden Sie online unter:

www.bechtle.com/referenzen

BRANCHENSCHWERPUNKTE

★	Banken und Versicherungen	★	Handel
★	Dienstleistungen (allg.)	★	Öffentliche Hand, Behörden
★	Gesundheitswesen	★	Produktion und Verarbeitung

BERATUNGSSCHWERPUNKTE

Geschäftsprozessberatung	schwach	●	●	●	●	stark
Infrastruktur und Technologie	schwach	●	●	●	●	stark
IT-Systembetrieb	schwach	●	●	●	●	stark
Strategieberatung	schwach	●	●	●	●	stark
Systemintegration	schwach	●	●	●	●	stark

www.bechtle.com

BROCKHAUS AG

Als unabhängiger IT-Dienstleister mit über 30 Jahren Erfahrung sind wir für Sie deutschlandweit im Einsatz und seit über einem Jahrzehnt auf das Versicherungsumfeld spezialisiert.

Unsere 140 Mitarbeiter bündeln langjährige Erfahrung mit Microsoft-, Java- und anderen Web-Technologien wie HTML, CSS und JavaScript. Zu unseren Schwerpunkten zählen im Zuge der Digitalisierung die Optimierung von technologiegestützten Vertriebsprozessen, die Modernisierung von Anwendungsarchitekturen, das IT-Qualitätsmanagement und die Entwicklung von Portalen und Customer Self Services. Dabei berücksichtigen unsere Business-Analysten die Anforderungen der Next Generation User Experience, und unsere IT-Cosultants betreuen langjährig gewachsene Anwendungen auch im Enterprise-Umfeld.

Als Mitglied des BiPRO e.V. und des technischen sowie fachlichen Ausschusses (TAUS & FAUS) sind wir stetig an der Gestaltung von Normen und Prozessanpassungen in der Versicherungswirtschaft beteiligt und leiten mit dem Projekt »RNEXT« einen agilen Normierungsprozess und die Reduzierung der Implementierungsaufwände ein. So tragen wir dazu bei, dass der BiPRO-Standard an die aktuellen branchenspezifischen und technologischen Anforderungen angepasst wird.

HAUPTSITZ	Lünen
GRÜNDUNG	1988
UMSATZ	14,0 Millionen Euro
MITARBEITER	140

Matthias Besenfelder
Vorstand

»Wir verstehen uns als ganzheitlicher IT-Dienstleister, der Sie über die Beratung hinaus zuverlässig begleitet: von der Anforderungsanalyse und Technologiewahl über die Architekturgestaltung bis hin zur agilen Umsetzung und Wartung Ihrer Individualsoftware.«

KONTAKT

BROCKHAUS AG
Matthias Besenfelder
Pierbusch 17, 44536 Lünen
Telefon: +49 (0)231 9875-0, Fax: +49 (0)231 9875-540
info@brockhaus-ag.de

BROCKHAUS AG

REFERENZEN / PROJEKTE

– **ERGO**
ÜBERARBEITUNG DES VERTRIEBSAUSSENDIENST-SYSTEMS FÜR TABLETS UND SMARTPHONES

Eine überarbeitete Anwendungsarchitektur und optimierte Darstellung des Vertriebsaußendienstsystems für Tablets und Smartphones erlaubt es, die Anforderungen des Außendienstes zeitgemäß zu erfüllen.

– **Energieversorger**
CLOUD COMPUTING PLATFORM MICROSOFT AZURE / MIGRATION ON-PREMISES TO CLOUD

Durch die Bereitstellung der Infrastruktur mit Azure Automation wurde die Time-to-Market reduziert. Die Migration der Anwendung durch Replatforming sorgte für die Nutzung der Vorteile von Cloud Computing.

– **Versicherung**
MAKLERANBINDUNG BiPRO 420 TAA

Wir unterstützten bei der Umsetzung der BiPRO-Normen Version 2.5.0 im TAA-Prozess (Tarif-Angebot-Antrag, BiPRO Norm 420) in den Bereichen Business-Analyse, Softwarearchitektur und Implementierung.

– **Versicherung**
SMARTPHONE-APP FÜR KUNDEN

Im Rahmen einer Omni-Kanal-Strategie unterstützen wir bei der Integration, Entwicklung und beim Customizing einer App, die spartenübergreifende Basis-Services sowie spartenspezifische Mehrwert-Services bietet.

BRANCHENSCHWERPUNKTE

 Banken und Versicherungen

BERATUNGSSCHWERPUNKTE

Geschäftsprozessberatung	schwach	●	●	●	●	stark
Infrastruktur und Technologie	schwach	●	●	●	●	stark
IT-Systembetrieb	schwach	●	○	○	○	stark
Strategieberatung	schwach	●	●	●	○	stark
Systemintegration	schwach	●	●	●	●	stark

www.brockhaus-ag.de

Capgemini

Capgemini ist einer der weltweit führenden Anbieter von Management- und IT-Beratung, Technologie-Services und Digitaler Transformation. Als ein Wegbereiter für Innovation unterstützt das Unternehmen seine Kunden bei deren komplexen Herausforderungen rund um Cloud, Digital und Plattformen. Auf dem Fundament von 50 Jahren Erfahrung und umfangreichem branchenspezifischen Know-how hilft Capgemini seinen Kunden, ihre Geschäftsziele zu erreichen. Hierfür steht ein komplettes Leistungsspektrum von der Strategieentwicklung bis zum Geschäftsbetrieb zur Verfügung.

Capgemini ist überzeugt davon, dass der geschäftliche Wert von Technologie durch Menschen entsteht. Die Gruppe ist ein multikulturelles Unternehmen mit über 200.000 Mitarbeitern in mehr als 40 Ländern, das 2018 einen Umsatz von 13,2 Milliarden Euro erwirtschaftet hat.

Mehr unter www.capgemini.com/de

HAUPTSITZ	Paris
GRÜNDUNG	1967
UMSATZ	13,2 Milliarden Euro (weltweit)
MITARBEITER	> 200.000 (weltweit)

Dr. Michael Schulte
Sprecher der deutschen Geschäftsführung

»Die zunehmende digitale Reife lässt aus der Verbindung von physischen und digitalen Infrastrukturen die Intelligente Industrie entstehen. Neben der Technik spielt jedoch der Mensch die zentrale Rolle, sodass die nachhaltige Veränderung ein entsprechendes Change-Management erfordert.«

KONTAKT

Capgemini
Potsdamer Platz 5
10785 Berlin
Telefon: +49 (0)30 88703-0

Capgemini

REFERENZEN / PROJEKTE

- **BSH**
  ENTWICKLUNG EINER NEUEN B2B-PLATTFORM FÜR DIE HÄNDLER-INTERAKTION

  Capgemini hat den führenden Warenhersteller BSH Hausgeräte dabei unterstützt, ein Portal zu entwickeln, das mehr Nähe zum Kunden schafft und die Interaktion über digitale Kanäle stärkt.

- **DB Schenker**
  ENTWICKLUNG EINES NEUEN TRANSPORT-MANAGEMENT-SYSTEMS

  Das weltweit eingesetzte System erlaubt DB Schenker eine koordinierte Transportplanung und liefert jederzeit aktuelle und detaillierte Informationen über den Transportstatus für Kunden und Partner.

- **Land Schleswig-Holstein**
  E-GOVERNMENT-STRATEGIE

  Gemeinsam mit der Landesregierung Schleswig-Holstein wurde eine neue E-Government-Strategie für den Flächenstaat mit ambitionierten Digitalisierungszielen erarbeitet.

- **Daimler**
  DIGITALE TRANSFORMATION

  Unterstützung beim Aufsetzen der Strukturen und Prozesse für ein digitales Geschäftsmodell: u.a. Entkopplung der Nutzung digitaler Services und Fahrzeugkauf, Etablierung einer Digital-Commerce-Plattform.

BRANCHENSCHWERPUNKTE

- ★ Automobil
- ★ Banken und Versicherungen
- ★ Energieversorgung
- ★ Handel
- ★ Öffentliche Hand, Behörden
- ★ Produktion und Verarbeitung

BERATUNGSSCHWERPUNKTE

Bereich	schwach				stark
Geschäftsprozessberatung		●	●	●	●
Infrastruktur und Technologie		●	●	●	●
IT-Systembetrieb		●	●	●	●
Strategieberatung		●	●	●	●
Systemintegration		●	●	●	●

www.capgemini.com/de

Berater und IT-Anbieter

Die CHG-MERIDIAN-Gruppe zählt zu den weltweit führenden hersteller- und bankenunabhängigen Anbietern von Technologiemanagement in den Bereichen IT, Industrie und Healthcare. Mit rund 1.000 Mitarbeitern bietet die CHG-MERIDIAN-Gruppe eine ganzheitliche Betreuung der Technologieinfrastruktur ihrer Kunden – vom Consulting über Financial- und Operational-Services bis zu den Remarketing-Services für die genutzten Geräte in zwei eigenen Technologie- und Servicezentren in Deutschland und Norwegen.

Die CHG-MERIDIAN-Gruppe bietet effizientes Technologiemanagement für Großunternehmen, den Mittelstand und die öffentliche Verwaltung und betreut weltweit über 10.000 Kunden mit Technologieinvestitionen von mehr als 6,13 Milliarden Euro. Mit mehr als 15.000 Nutzern sorgt das online-basierte Technologie- und Servicemanagementsystem TESMA® für maximale Transparenz im Technologie-Controlling. Die CHG-MERIDIAN-Gruppe verfügt über eine weltweite Präsenz in 25 Ländern. Hauptsitz ist Weingarten, Deutschland.

Efficient Technology Management®

HAUPTSITZ	Weingarten, Deutschland
GRÜNDUNG	1979
UMSATZ	1.511,4 Millionen Euro
MITARBEITER	1.000 weltweit

Dr. Mathias Wagner
Vorsitzender des Vorstands

»Wer heute in modernste Technologie investiert, weiß, dass er sich auf uns verlassen kann. Wir sind unabhängiger Berater, agiler Ideengeber, verlässlicher Projektmanager und erfahrener Sparringspartner.«

KONTAKT

CHG-MERIDIAN-Gruppe
Matthias Steybe (Head of Communications and Marketing)
Franz-Beer-Straße 111, 88250 Weingarten
Telefon: +49 (0)751 503 248, Fax: +49 (0)751 503 7248
matthias.steybe@chg-meridian.com

CHG-MERIDIAN-Gruppe

REFERENZEN / PROJEKTE

- **Haufe Group**
  DIGITAL WORKPLACE

  Um die Arbeitsweise mit neusten Technologien innovativ zu gestalten, unterstützt CHG-MERIDIAN die Haufe Group bei der Gestaltung digitaler Arbeitsplatzprozesse entlang des IT-Lebenszyklus.

- **MAN Truck & Bus Schweiz AG**
  ENTERPRISE MOBILITY SOLUTIONS

  CHG-MERIDIAN unterstützt MAN dabei, die mobile Arbeitswelt an die Bedürfnisse der Mitarbeiter anzupassen. Gleichzeitig werden operative Aufwände in der IT-Abteilung minimiert.

- **Universitätsklinikum Jena**
  MANAGED PRINT SERVICES

  Zusammen mit CHG-MERIDIAN hat das Universitätsklinikum Jena die Drucker-Infrastruktur neu organisiert und modernisiert sowie die Dokumentenverarbeitung optimiert.

- **Mondi Group**
  FLEET ANALYSIS

  CHG-MERIDIAN hat für Mondi eine Flotten- und TCO-Analyse realisiert, um die Investitionsentscheidung bei der Beschaffung von Flurförderzeugen transparenter und effizienter zu gestalten.

BRANCHENSCHWERPUNKTE

★	Banken und Versicherungen	★	Industrie
★	Dienstleistungen (allg.)	★	Informationstechnologie
★	Gesundheitswesen	★	Öffentliche Hand, Behörden

BERATUNGSSCHWERPUNKTE

Geschäftsprozessberatung	schwach	●	●	●	●	stark
Infrastruktur und Technologie	schwach	●	●	●	●	stark
IT-Systembetrieb	schwach	●	●	●	○	stark
Strategieberatung	schwach	●	●	●	○	stark
Systemintegration	schwach	●	●	●	●	stark

www.chg-meridian.de

Das Bestreben von Computacenter ist, der bevorzugte Anbieter für eine Informationstechnologie zu sein, die Anwender und deren Geschäft in einer digitalen Welt erfolgreich macht. Wir beraten Organisationen hinsichtlich ihrer IT-Strategie, implementieren die am besten geeigneten Technologien, optimieren ihre Performance oder managen die IT-Infrastruktur unserer Kunden. Damit unterstützen wir CIOs und IT-Abteilungen in großen Unternehmen und Behörden darin, die Produktivität sowie den Wert der IT für ihre internen und externen Kunden zu erhöhen.

Verwurzelt in europäischen Kernländern, verbindet Computacenter globale Reichweite mit lokaler Kompetenz. Wir betreiben Infrastructure Operations Center und globale Service Desks an verschiedenen Standorten in Europa, im südlichen Afrika und in Asien.

Im Jahr 2018 erwirtschaftete Computacenter mit rund 15.000 Beschäftigten einen Umsatz von rund 4,35 Milliarden Britischen Pfund. In Deutschland beschäftigt Computacenter rund 6.700 Mitarbeiterinnen und Mitarbeiter und erzielte 2018 einen Umsatz von 2,1 Milliarden Euro.

HAUPTSITZ	Kerpen
GRÜNDUNG	1981
UMSATZ	2,1 Milliarden Euro
MITARBEITER	6.700

Reiner Louis
Sprecher der Geschäftsführung

»Mehr denn je verändern IT-Technologien das Business. Wir unterstützen große Unternehmen und Behörden dabei, die richtigen Lösungen für ihre digitalen Geschäftsmodelle zu finden und zu implementieren – ob Cloud, Security, Workplace, Netzwerk oder Industrie 4.0.«

KONTAKT

Computacenter AG & Co. oHG
Thorsten Düchting
Computacenter Park 1, 50170 Kerpen
Telefon: +49 (0)2273 597-0, Fax: +49 (0)2273 597-111
communications.germany@computacenter.com

Computacenter AG & Co. oHG

REFERENZEN / PROJEKTE

- **Koelnmesse GmbH**
  DIGITAL WORKPLACE

  Computacenter setzt für die Koelnmesse GmbH ein zeitgemäßes Digital-Workplace-Konzept um. Anwendungen sind damit nicht mehr an eine Endgeräteinfrastruktur gebunden, sondern lassen sich flexibel nutzen.

- **HUK-Coburg**
  CLOUD MATURITY ASSESSMENT

  Bei der HUK-Coburg Versicherung führte Computacenter ein Cloud Maturity Assessment durch. Nicht zuletzt, weil Cloud-Technologie als wesentlicher Business-Enabler im Fokus der Digitalisierung steht.

- **BMW Group**
  VENDING MACHINE

  Die BMW Group wollte die Ausgabe von IT-Verbrauchsmaterialien vereinfachen. Computacenter hat dafür ein Pilotkonzept auf Basis einer klassischen Vending-Maschine entworfen.

BRANCHENSCHWERPUNKTE

★	Automobil	★	Öffentliche Hand, Behörden
★	Banken und Versicherungen	★	Produktion und Verarbeitung

BERATUNGSSCHWERPUNKTE

Geschäftsprozessberatung	schwach	●	●	●	●	stark
Infrastruktur und Technologie	schwach	●	●	●	●	stark
IT-Systembetrieb	schwach	●	●	●	●	stark
Strategieberatung	schwach	●	●	●	○	stark
Systemintegration	schwach	●	●	●	●	stark

www.computacenter.com/de

controlware

Controlware – seit 40 Jahren mit ganzheitlichen Lösungen einen Schritt voraus

Eine leistungsstarke IT-Infrastruktur ist mehr als die Summe ihrer Teile. Bei Controlware denken wir digitale Prozesse deshalb integriert und planen vorausschauend unter Berücksichtigung geschäftlicher Notwendigkeiten, technischer Möglichkeiten und kommerzieller Rahmenbedingungen.

Diese umfassende Philosophie macht uns zu einem der führenden unabhängigen Systemintegratoren und Managed Service Provider. Für unsere Kunden entwickeln, implementieren und betreiben wir anspruchsvolle IT-Lösungen: für Data-Center-, Enterprise- und Campus-Umgebungen sowie Public Cloud. Dabei unterstützen wir unsere Kunden in allen Projektphasen. Unser ISO 27001-zertifiziertes Customer Service Center übernimmt das Management, die Überwachung und den Betrieb von IT-Infrastrukturen. Die Experten für Managed Cyber Defense identifizieren und analysieren Angriffe frühzeitig, und die Kunden erhalten detaillierte Reports und Handlungsempfehlungen.

Mit rund 840 Mitarbeitern, 16 Standorten in der DACH-Region und einem internationalen Partnernetzwerk sind wir immer da, wenn wir gebraucht werden – weltweit und rund um die Uhr.

HAUPTSITZ	Dietzenbach bei Frankfurt/Main
GRÜNDUNG	1980
UMSATZ	rund 300 Millionen Euro
MITARBEITER	ca. 840

Bernd Schwefing
Geschäftsführer (CEO)

»Als vertrauensvoller Partner erhöhen wir Wirtschaftlichkeit, Nutzbarkeit und Sicherheitsniveau von IT-Infrastrukturen – und damit auch die Zukunftsfähigkeit unserer Kunden. Denn die Integration digitaler Prozesse ist heute entscheidend für den Geschäftserfolg.«

KONTAKT

Controlware GmbH
Stefanie Zender
Waldstraße 92, 63128 Dietzenbach
Telefon: +49 (0)6074 858-246, Fax: +49 (0)6074 858-220
stefanie.zender@controlware.de

Berater und IT-Anbieter — 207

Controlware GmbH

REFERENZEN / PROJEKTE

- **Filmuniversität Babelsberg KONRAD WOLF**
  Modernisierung Voice-over-IP-Kommunikationssystem. Errichtung einer modernen Unified Communications-Anlage durch den Einsatz von Cisco-Produkten. Zukünftige Netzwerkveränderungen oder -erweiterungen lassen sich durch das modulare Konzept optimal anpassen.

- **ASAP Gruppe**
  Mit der Einführung und Zertifizierung eines Information Security Management Systems (ISMS) nach ISO 27001 konnte ein noch höherer Sicherheitsstandard erreicht werden. Darüber hinaus lässt sich durch die Aufstellung von Verfahren und Regeln die Informationssicherheit gezielt steuern, kontrollieren und fortlaufend anpassen.

- **München Klinik (vormals Städt. Klinikum München)**
  Erneuerung des Metropolitan Area Network (MAN) im laufenden Betrieb. Controlware bietet in den geforderten Technologiebereichen umfassendes Know-how – von der Konzeption über die unterbrechungsfreie Migration bis hin zum Service während der Betriebsphase.

- **XXXLutz**
  Mit der neuen Network-Access-Control (NAC)-Lösung wird der Schutz vor unberechtigten Zugriffen erhöht, die Netzwerkadministration optimiert und die Durchsetzung von Sicherheitsrichtlinien deutlich verbessert.

BRANCHENSCHWERPUNKTE

- ★ Banken und Versicherungen
- ★ Öffentliche Hand, Behörden
- ★ Energieversorgung
- ★ Produktion und Verarbeitung
- ★ Handel und e-Commerce
- ★ Forschung und Lehre

BERATUNGSSCHWERPUNKTE

Geschäftsprozessberatung	schwach	●	●	○	○	stark
Infrastruktur und Technologie	schwach	●	●	●	●	stark
IT-Systembetrieb	schwach	●	●	●	●	stark
Strategieberatung	schwach	●	●	●	○	stark
Systemintegration	schwach	●	●	●	●	stark

www.controlware.de

Deloitte.

Deloitte erbringt Dienstleistungen in den Bereichen Wirtschaftsprüfung, Risk Advisory, Steuerberatung, Financial Advisory und Consulting für Unternehmen und Institutionen aus allen Wirtschaftszweigen; Rechtsberatung wird in Deutschland von Deloitte Legal erbracht. Mit einem weltweiten Netzwerk von Mitgliedsgesellschaften in mehr als 150 Ländern verbindet Deloitte herausragende Kompetenz mit erstklassigen Leistungen und unterstützt Kunden bei der Lösung ihrer komplexen unternehmerischen Herausforderungen. Making an impact that matters – für rund 286.000 Mitarbeiter von Deloitte ist dies gemeinsames Leitbild und individueller Anspruch zugleich.

Deloitte-Technology-Experten führen erfolgreich global- und technologiegetriebene Transformation von Unternehmen durch. Dabei nutzen sie das globale Deloitte-Netzwerk und Plattformen – stets mit klarem Business-Fokus für unsere Kunden. In enger Zusammenarbeit mit unseren Alliance- und Ecosystem-Partnern entwickeln wir innovative Geschäftslösungen und prägen den Markt.

HAUPTSITZ	New York, Vereinigte Staaten
GRÜNDUNG	1845
UMSATZ	43,2 Milliarden US-Dollar weltweit
MITARBEITER	286.000 weltweit

Peter Ratzer
Leiter Technology,
Deloitte Consulting,
Deutschland

»Business Creativity and Technology enabled Business Transformation – dafür steht Deloitte im Technology-Bereich. Mit einem klaren Business-Fokus beraten wir unsere Kunden und implementieren auf globaler Ebene innovativste IT-Lösungen.«

KONTAKT

Deloitte
Peter Ratzer
Rosenheimer Platz 4, 81669 München
Telefon: +49 (0)89 29036 7970, Fax: +49 (0)89 29036 8108
kontakt@deloitte.de

REFERENZEN / PROJEKTE

– **E.ON SE**
CUSTOMER DATA INTEGRATION INTO SALES BI
Aufbau einer integrierten Analytics-Plattform zur Schaffung einer holistischen Kundensicht zur Optimierung des Kampagnenmanagements, von Profitabilitätsanalysen und Erschließung neuer Vertriebskanäle.

– **Allianz SE**
GLOBAL DELIVERY FACTORY
Unterstützung beim Aufbau einer Global Digital Factory und Entwicklung 12 digitaler Assets mit innovativem, kundenfokussiertem, wiederverwendbarem und weltweit skalierbarem Charakter in acht Ländern.

– **Volkswagen**
DIGITALE TRANSFORMATION MIT SALESFORCE
Unterstützung der digitalen Transformation über den gesamten »Customer Engagement Lifecycle«. Umfassende Salesforce-Einführung als Teil der globalen digitalen Plattform mit durchgehenden B2C-Interaktionen.

– **Brenntag**
S/4HANA GREENFIELD TRANSFORMATION
Unterstützung der Brenntag-EMEA-Organisation bei der digitalen Transformation der Kerngeschäftsprozesse durch Design, Bau und Pilotierung einer neuen ERP-Plattform, basierend auf S/4HANA.

BRANCHENSCHWERPUNKTE

⭐	Automotive	⭐	Gesundheitswesen
⭐	Banken und Versicherungen	⭐	Handel
⭐	Energieversorgung	⭐	Telekommunikation

BERATUNGSSCHWERPUNKTE

Geschäftsprozessberatung	schwach	●	●	●	●	stark
Infrastruktur und Technologie	schwach	●	●	●	●	stark
IT-Systembetrieb	schwach	●	●	○	○	stark
Strategieberatung	schwach	●	●	●	●	stark
Systemintegration	schwach	●	●	●	●	stark

www.deloitte.de

DXC Technology, der weltweit führende, unabhängige End-to-End-IT-Dienstleister, managt und modernisiert geschäftskritische Systeme und integriert sie mit neuen digitalen Lösungen, um bessere Geschäftsergebnisse zu erzielen. Die weltweite Präsenz und der globale Talent-Pool, die Innovationsplattformen, die Technologieunabhängigkeit und das umfangreiche Partnernetzwerk des Unternehmens ermöglichen es mehr als 6.000 Kunden aus der Privatwirtschaft und dem öffentlichen Sektor in 70 Ländern, vom Wandel zu profitieren.

Weitere Informationen finden Sie unter www.dxc.technology/de.

HAUPTSITZ	Tysons, USA
GRÜNDUNG	01.04.2017
UMSATZ	~ 20 Milliarden US-Dollar
MITARBEITER	138.000

Dirk Schürmann
Vorsitzender der Geschäftsführung von DXC Technology in Deutschland

»Auf der digitalen Reise transferieren CIOs neueste Business-Visionen in praxistaugliche Wirklichkeit. In diesem Change-Prozess kommt es entscheidend darauf an, die technologische Klaviatur zu spielen und gleichzeitig alle Stakeholder zu orchestrieren.«

KONTAKT

DXC Technology
Julia Buß
Schickardstraße 32, 71034 Böblingen
jbuss@dxc.com

Berater und IT-Anbieter | 211

DXC Technology

REFERENZEN / PROJEKTE

- **Scandinavian Airlines**
  SCANDINAVIAN AIRLINES (SAS) VERÄNDERT DIE CUSTOMER JOURNEY

  DXC hat mit SAS die Wichtigkeit der Datenanalyse im Unternehmen geschaffen. Ergebnis ist die Entwicklung einer Analyseplattform, die die Grundlage für bessere Kundenerlebnisse und betriebliche Effizienz bildet.

- **UNIPER**
  MIT DIGITALER IT FIT FÜR DIE ZUKUNFT

  Durch die Implementierung eines von DXC entworfenen SIAM-Moduls für ServiceNow konnte Uniper die Servicequalität verbessern, Kosten senken und die Services der Lieferanten aufeinander abstimmen.

- **Lufthansa**
  EINFÜHRUNG EINER OPEN API

  Durch die Implementierung einer open API ermöglicht Lufthansa Entwicklern aus aller Welt den Zugriff auf Lufthansa-eigene Daten und Funktionen und steigert so die Sichtbarkeit des Unternehmens.

- **Universitätsspital Zürich**
  MEDIZINISCHES CODIEREN MITHILFE VON MACHINE LEARNING

  Das Universitätsspital Zürich automatisiert gemeinsam mit DXC die medizinische Kodierung mithilfe von Machine Learning, um die auftretenden Codierungsfehler zu reduzieren.

BRANCHENSCHWERPUNKTE

★	Automobil	★	Handel
★	Banken und Versicherungen	★	Öffentliche Hand, Behörden
★	Energieversorgung	★	Produktion und Verarbeitung

BERATUNGSSCHWERPUNKTE

Geschäftsprozessberatung	schwach	●	●	●	○	stark
Infrastruktur und Technologie	schwach	●	●	●	●	stark
IT-Systembetrieb	schwach	●	●	●	●	stark
Strategieberatung	schwach	●	●	●	●	stark
Systemintegration	schwach	●	●	●	●	stark

www.dxc.technology/de

RunMyProcess.
a Fujitsu company

Fujitsu RunMyProcess unterstützt weltweit führende Unternehmen dabei, eine Agenda für ihren digitalen Wandel zu entwickeln und umzusetzen.

Gemäß unserem Credo »Integrate. Automate. Co-Create.« entwickeln wir gemeinsam mit unseren Kunden maßgeschneiderte Anwendungen, die Geschäftsprozesse und Workflows automatisieren und Enterprise-Systeme und Datensilos integrieren. Wir machen kritische Unternehmensanwendungen auf flexible, sichere und kosteneffiziente Weise beherrschbar und sorgen für einen nahtlosen Übergang zu neuen digitalen Geschäftsmodellen in neuen Ökosystemen. Als Basis für all dies verwenden wir RunMyProcess DigitalSuite, unsere Cloud-Plattform für universelle und skalierbare Unternehmenslösungen.

Wir setzen auf Vertrauen als Grundlage für unsere Arbeit und betreuen unsere Kunden vom ersten Kontakt bis hin zur Inbetriebnahme ihrer neuen Geschäftsprozesse und Lösungen.

HAUPTSITZ	Paris
GRÜNDUNG	2007
MITARBEITER	60

Hiroshi Yazawa
CEO,
Fujitsu RunMyProcess

»Today, the digital world is giving us unlimited business opportunities to develop new values that had previously been unimaginable. If you want to make use of the digital ecosystem, Fujitsu RunMyProcess offers the platform that enables your business success.«

KONTAKT

Fujitsu RunMyProcess
Dr. Wolfgang Ries
Schwanthalerstraße 75a, 80336 München
Telefon: +49 (0)89 360908 540
wolfgang.ries@est.fujitsu.com

Berater und IT-Anbieter 213

Fujitsu RunMyProcess

REFERENZEN / PROJEKTE

- **AISIN AUTOMOTIVE LTDA., Brasilien**
  AUTOMATISIERUNG PRODUKTVORBEREITUNGSPROZESSE

  Mit RunMyProcess DigitalSuite automatisiert AISIN AUTOMOTIVE die Prozesse in der Produktionsvorbereitung und erhöht damit die Transparenz, Produktivität und Effizienz.

- **Clínica General del Caribe S.A., Kolumbien**
  MANAGEMENT MEDIZINISCHER AUFTRÄGE

  SICOM, eine digitale Lösung auf Basis von RunMyProcess DigitalSuite, sorgt auf Intensivstationen für die schnelle, fehlerfreie Verarbeitung medizinischer Aufträge, z.B. für Labore oder Medikationen.

- **Berendsen Fluid Power, Australien**
  AUTOMATISIERUNG ZYLINDER-REPARATURPROZESSE

  Berendsen Fluid Power optimiert Kernprozesse der Reparaturabwicklung für Hydraulikzylinder durch Migration auf RunMyProcess DigitalSuite und erzielt Effizienzsteigerungen von 40%.

BRANCHENSCHWERPUNKTE

★	Banken und Versicherungen	★	Gesundheitswesen
★	Dienstleistungen (allg.)	★	Handel
★	Energieversorgung	★	Produktion und Verarbeitung

BERATUNGSSCHWERPUNKTE

Geschäftsprozessberatung	schwach	●	●	●	○	stark
Infrastruktur und Technologie	schwach	●	●	●	●	stark
IT-Systembetrieb	schwach	●	●	○	○	stark
Strategieberatung	schwach	●	●	●	●	stark
Systemintegration	schwach	●	●	●	●	stark

www.runmyprocess.com

Google Cloud

Google Cloud ist ein weltweiter Anbieter einer sicheren, offenen und intelligenten Cloud-Plattform für Unternehmen. Im Mittelpunkt steht die Entwicklung von zuverlässigen Lösungen und Technologien in den fünf wichtigen Bereichen IT-Infrastruktur, Datenverwaltung, intelligente Geschäftsanalysen, künstliche Intelligenz und maschinelles Lernen sowie New Work.

Heute vertrauen tausende Kunden, darunter viele der größten Konzerne der Welt, aus über 150 Ländern bereits auf die Dienste von Google Cloud bei der Modernisierung ihrer Computing-Umgebung und der digitalen Transformation ihres Business.

HAUPTSITZ	Mountain View, California, USA
GRÜNDUNG	September 1998
UMSATZ	38,9 Milliarden US-Dollar (Q2 2019)
MITARBEITER	107.646 (Q2 2019)

Annette Maier
Managing Director
Google Cloud DACH

»Cloud ist für jedes Unternehmen der wichtigste Baustein für eine zukunftsgerichtete Digitalstrategie. Erst die Infrastruktur der Cloud eröffnet die Möglichkeit, aktuellste Technologien wie künstliche Intelligenz und maschinelles Lernen einzusetzen. Beides können echte Game Changer für das Geschäft sein.«

KONTAKT

Google Cloud
Lilian Randzio-Niedermeier
Erika-Mann-Straße 33
80636 München

Google Cloud

REFERENZEN / PROJEKTE

- **HSBC**
  CLOUD-FIRST-STRATEGIE MIT GOOGLE CLOUD

  Das Ziel des internationalen Bankinstituts HSBC: schneller Data Insights verarbeiten, das Nutzererlebnis der HSBC-Kunden persönlicher gestalten und Finanzverbrechen besser bekämpfen.

- **Universitätsklinik Balgrist**
  SPITZENMEDIZIN MIT GOOGLE CLOUD

  Für die Erforschung von Krankheitsbildern bedarf es einer großen Datenmenge. Die Züricher Klinik setzt auf Google Cloud, um Ergebnisse künftig besser zu quantifizieren.

- **MediaMarktSaturn**
  VERBESSERUNG DES EINKAUFSERLEBNISSES

  Die MediaMarktSaturn Retail Group nutzt Google Cloud, um Verbrauchern ein personalisiertes Einkaufserlebnis zu bieten und ihre Supply Chain stetig zu optimieren.

- **Viessmann**
  INTERNATIONALE KOMMUNIKATION ZWISCHEN MITARBEITERN VERBESSERN UND EFFIZIENTER GESTALTEN

  Innerhalb eines halben Jahres konnte Viessmann fast alle seine Daten und Anwendungen in die Cloud migrieren und allen Mitarbeitern weltweit zur Verfügung stellen.

BRANCHENSCHWERPUNKTE

- ★ Banken und Versicherungen
- ★ Dienstleistung (allg.)
- ★ Handel
- ★ Informationstechnologie
- ★ Produktion und Verarbeitung
- ★ Telekommunikation

BERATUNGSSCHWERPUNKTE

Geschäftsprozessberatung	schwach	●	●	●	●	stark
Infrastruktur und Technologie	schwach	●	●	●	●	stark
IT-Systembetrieb	schwach	●	●	●	●	stark
Strategieberatung	schwach	●	●	●	●	stark
Systemintegration	schwach	●	●	●	○	stark

www.google.com

HORVÁTH & PARTNERS
MANAGEMENT CONSULTANTS

Digitalisierung, Robotics, Artifical Intelligence, die Notwendigkeit einer stärkeren Flexibilität und einer höheren Geschwindigkeit verändern die Rolle der IT im Unternehmen nachhaltig.

Die Positionierung des CIOs als Treiber der digitalen Transformation erfordert eine engere Integration der IT in die strategische Steuerung des Unternehmens. Innovationen und Investitionen sind zielgerichtet auf die Anforderungen des Geschäfts auszurichten. Die Steuerungsfähigkeit, Architektur und Kosteneffizienz der IT ist dabei kontinuierlich zu optimieren.

Durch Einsatz agiler Methoden, den Ausbau von Geschäftsprozess-Know-how sowie die verstärkte Nutzung von Sourcing wird die IT zum Business Enabler. Sie wird flexibler, schneller und ist dabei stabil und sicher. Wir gestalten mit Ihnen das Zielbild und begleiten Sie umfassend bei der Transformation.

Horváth & Partners als führende Beratung für Performance-Management und Performance-Optimierung bietet Ihrem Unternehmen tief greifende Expertise rund um die Themen IT-Strategie, IT-Steuerung, IT-Organisation, Sourcing, Enterprise Architecture Management, Robotics und Transformationsmanagement.

HAUPTSITZ	Stuttgart
GRÜNDUNG	1981
UMSATZ	> 200 Millionen Euro
MITARBEITER	> 1.000

Rainer Zierhofer,
Dr. Igor Radisic (im Bild)
Partner,
Competence Center
IT Management &
Transformation

»Horváth & Partners begleitet den CIO als Treiber der Digitalen Transformation. Gemeinsam mit unseren Kunden gestalten wir eine flexible, schnelle und robuste IT, steigern die betriebswirtschaftliche Performance der IT und setzen Transformationen erfolgreich um.«

KONTAKT

Horváth & Partners
Dr. Igor Radisic
Ganghoferstraße 39, 80339 München
Telefon: +49 89 544625-0
muenchen@horvath-partners.com

Berater und IT-Anbieter

Horváth & Partners

REFERENZEN / PROJEKTE

- **Finanzinstitut**
  REVIEW IT-STRATEGIE UND ENTWICKLUNG IT TARGET OPERATING MODEL
  360°-Assessment der IT
  Best-Practice-Spiegelung mit IT Excellence Framework, u.a.
  - IT-Strategie & Governance
  - IT-Steuerung & Managementprozesse
  - Digitale Plattform & Architektur
  - Organisation, Personal, Change

  Entwicklung Heatmap, Improvement-Portfolio, Business Case & Transformation Roadmap

- **Führender IT-Dienstleister**
  REORGANISATION UND NEUAUSRICHTUNG DER BETRIEBSWIRTSCHAFTLICHEN STEUERUNG
  Konzeption sowie organisatorische und systemseitige Implementierung der gesamten Unternehmenssteuerung.

- **Internationale Geschäftsbank**
  DIGITALE PLATTFORM UND PROZESSAUTOMATION
  Etablierung strategische Workflow-Lösung als kanalübergreifende digitale Plattform. Zielbild für digitale Prozess- und Servicearchitektur, ganzheitliche Prozessautomation und Integration von Robotics in die Ressourcensteuerung der Operations.

- **Führender Automobilhersteller**
  AGILES TRANSFORMATIONS- UND PROJEKTMANAGEMENT
  Beratung und Begleitung beim Einsatz von agilem Projektmanagement zur Einführung einer einheitlichen Kostensteuerung; agile Methodik als Haupttreiber für die zeitgerechte erfolgreiche Umsetzung.

BRANCHENSCHWERPUNKTE

★	Automotive	★	Informationstechnologie
★	Banken und Versicherungen	★	Öffentliche Hand, Behörden
★	Energieversorgung	★	Produktion und Verarbeitung

BERATUNGSSCHWERPUNKTE

Strategieberatung	schwach	●	●	●	●	stark
Geschäftsprozessberatung	schwach	●	●	●	●	stark
Infrastruktur und Technologie	schwach	●	●	●	●	stark
Systemintegration	schwach	●	●	●	○	stark

www.horvath-partners.com

HP Inc. entwickelt Technologien, die das Leben überall und für jeden verbessern. Mit dem branchenführenden, umfassenden Portfolio von Computing, Druckern und 3-D-Druck-lösungen realisiert das Unternehmen außergewöhnliche Anwendungserlebnisse und sichere Produkte, die ein breites Spektrum an Kreation und Produktion ermöglichen. Das Hardwareangebot wird abgerundet durch innovative Services, Solutions und Security.

Von ultradünnen Laptops über Drucker im Taschenformat bis hin zu 3-D-Druck – HP ist ein Unternehmen, das sich für Neuerfindung begeistert und mit seinem Angebot Trends wie Digitalisierung oder die Vierte Industrielle Revolution vorantreibt. HP beschäftigt aktuell rund 55.000 Mitarbeiter in 170 Ländern. Derzeit vertrauen mehr als 80 Prozent der deutschen Fortune-500-Unternehmen auf Hardware von HP.

HAUPTSITZ	Palo Alto, USA
GRÜNDUNG	01.01.1939
UMSATZ	~ 58,5 Milliarden US-Dollar (netto, in 2018)
MITARBEITER	~ 55.000

Bernhard Fauser
Geschäftsführer

»Die digitale Transformation kann Branchen und Geschäftsmodelle, aber auch Arbeitsweisen revolutionieren. HP steht Unternehmen als Trusted Advisor bei: Mit innovativen Produkten, Technologien und Services stellen wir sie zukunftssicher auf.«

KONTAKT

HP Deutschland GmbH
Schickardstraße 32
71034 Böblingen

Berater und IT-Anbieter

HP Inc.

REFERENZEN / PROJEKTE

- **SIX**
  STANDARDISIERUNG DER GLOBALEN DRUCKERFLOTTE
  Standardisierung der globalen Druckerflotte und Optimierung der Sicherheit mit HP als globalem Dienstleister sorgt für einfachere Verwaltung/mehr Zuverlässigkeit bei der Hardware und senkt Wartungskosten.

- **JT International**
  MOBILITÄT UND SICHERHEIT FÜR DEN DIGITALEN ARBEITSPLATZ
  HP ermöglicht Mitarbeitern und externen mobilen Handelsvertretern Mobilität, Flexibilität, operative Effizienz und Sicherheit für ihren digitalen Arbeitsplatz durch smarte Produkte und Technologien.

- **Merck KGaA**
  GLOBALES MANAGED-PRINT-SERVICES-PROJEKT
  HP Managed Print Services steigern Effizienz und Sicherheit der globalen Imaging- und Druckumgebung und ermöglichen Kosten- und Umweltvorteile sowie Kontrolle über die Sicherheit in der Druckumgebung.

- **Amann Girrbach AG**
  HOHER DURCHSATZ DANK INDIVIDUELL ZUGESCHNITTENER HARDWARE
  Der Full-Service-Anbieter basiert seine leistungsfähigen CAD-CAM-Lösung für Zahnlabors auf schnellen und zuverlässigen HP-Z-Workstations und erreicht somit Performance-Gewinne von bis zu 40%.

BRANCHENSCHWERPUNKTE

- Banken und Versicherungen
- Gesundheitswesen
- Handel
- Öffentliche Hand, Behörden
- Produktion und Verarbeitung
- Telekommunikation

BERATUNGSSCHWERPUNKTE

Geschäftsprozessberatung	schwach	●	●	○	○	stark
Infrastruktur und Technologie	schwach	●	●	●	●	stark
IT-Systembetrieb	schwach	●	●	●	●	stark
Systemintegration	schwach	●	●	●	●	stark

www.hp.com

kaspersky

Kaspersky ist weltweit eines der größten privat geführten Unternehmen für Cyber-Sicherheit. In Großbritannien registriert, verstehen wir uns als globales Unternehmen mit einer globalen Vision, das in knapp 200 Ländern tätig ist und 35 Niederlassungen in über 30 Ländern hat.

Unsere Unabhängigkeit erlaubt uns, agiler zu sein, anders zu denken und schneller zu handeln. Wir sind stolz darauf, weltweit anerkannte, führende Sicherheit zu entwickeln, mit der wir unsere 400 Millionen Nutzer und 270.000 Unternehmenskunden jeglicher Größe vor Cyber-Bedrohungen schützen, egal woher diese Bedrohungen stammen oder welchem Zweck sie dienen.

Wir sind technologiegetrieben und investieren viel in Forschung und Entwicklung (F&E). Daher sind mehr als ein Drittel unserer über 4.000 Mitarbeiter F&E-Spezialisten, die all unsere Lösungen firmenintern entwickeln.

Unsere Globale Transparenzinitiative hat das Ziel, die IT-Community sowie weitere Interessengruppen in die Validierung und Verifizierung der Vertrauenswürdigkeit unserer Produkte, internen Prozesse und Geschäftsabläufe einzubeziehen.

HAUPTSITZ	Großbritannien
GRÜNDUNG	1997
UMSATZ	726 Millionen US-Dollar (2018. Ungeprüfte Zahlen nach International Financial Reporting Standards)
MITARBEITER	> 4.000

Ilijana Vavan
Geschäftsführerin

»Unser Ziel ist es, unsere führende Security Intelligence in realen Schutz gegen Cyber-Gefahren umzumünzen. Zusammenarbeit ist dabei der effektivste Weg. Deshalb teilen wir unsere Expertise und Erkenntnisse mit der Sicherheitsgemeinschaft der Welt.«

KONTAKT

Kaspersky
Despag Straße 3, 85055 Ingolstadt
Telefon: +49 (0)841 981 89 0
Fax: +49 (0)841 981 89 100
info@kaspersky.de

Kaspersky

REFERENZEN / PROJEKTE

Weltweit vertrauen 270.000 Unternehmenskunden auf den Schutz von Kaspersky-Lösungen. Darunter befinden sich Unternehmen aller Größen und Branchen. Zu unseren Kunden zählen auch staatliche Organisationen und bekannte Marken.

Unsere offiziellen Referenzen und Erfolgsgeschichten finden Sie unter:
https://www.kaspersky.de/enterprise-security/resources/case-studies

BRANCHENSCHWERPUNKTE

Banken und Versicherungen	Informationstechnologie
Energieversorgung	Öffentliche Hand, Behörden
Gesundheitswesen	Produktion und Verarbeitung

BERATUNGSSCHWERPUNKTE

Infrastruktur und Technologie	schwach	●	●	●	●	stark
IT-Systembetrieb	schwach	●	●	●	●	stark
Strategieberatung	schwach	●	●	●	●	stark
Systemintegration	schwach	●	●	●	●	stark

www.kaspersky.de

Lufthansa Industry Solutions

Lufthansa Industry Solutions ist ein Dienstleistungsunternehmen für IT-Beratung und Systemintegration. Ob es darum geht, eine unternehmensweite Digitalisierungsstrategie zu entwickeln, mithilfe von IT-Services Maschinen miteinander zu vernetzen oder mobile Plattformen für unternehmensübergreifende Kollaboration bereitzustellen: Immer wenn Unternehmen die digitale Transformation angehen wollen, ist Lufthansa Industry Solutions der richtige Partner.

Die Kundenbasis umfasst sowohl Gesellschaften innerhalb des Lufthansa-Konzerns als auch mehr als 200 Unternehmen in unterschiedlichen Branchen. Mit vielen unserer Kunden verbindet uns eine langjährige Zusammenarbeit. Die daraus entstandene Projekterfahrung und Branchenkenntnis kombinieren wir mit unserem umfangreichen Service- und Technologieportfolio. Lufthansa Industry Solutions deckt dabei das gesamte Spektrum der IT-Dienstleistungen ab.

Lufthansa Industry Solutions mit Hauptsitz in Norderstedt beschäftigt über 1.800 Mitarbeiter an mehreren Niederlassungen in Deutschland, Albanien, der Schweiz und den USA.

HAUPTSITZ	Norderstedt
UMSATZ	241 Millionen Euro
MITARBEITER	1.800

Bernd Appel
Managing Director, Lufthansa Industry Solutions

»Jeder hat verstanden, welches Potenzial Technologien wie KI und IoT bieten. In der nächsten Phase muss dieses Potenzial ins eigene Business einfließen. Wir verbinden Technologie-Know-how mit Branchenwissen und stehen unseren Kunden als Partner zur Seite.«

KONTAKT

Lufthansa Industry Solutions
Heiko Packwitz
Schützenwall 1, 22844 Norderstedt
Telefon: +49 (0)40 5070 6716, Fax: +49 (0)40 5070 7880
heiko.packwitz@lhind.dlh.de

Lufthansa Industry Solutions

REFERENZEN / PROJEKTE

- **Volkswagen AG**
  MODERNISIERUNG DES CAR CONFIGURATOR
  Volkswagen hat seinen Car Configurator, der seit 2004 zur Verfügung steht, sowohl technisch als auch im Design neu aufgesetzt und mit einem integrierten Kontaktcenter zum Händler verknüpft.

- **Hamburg Südamerikanische Dampfschiff-fahrts-Gesellschaft (HSDG)**
  GLOBE (GLOBAL LOGISTICS ORGANIZATION BUSINESS ENVIRONMENT)
  Die Hamburg Süd-Gruppe standardisierte ihr Produktangebot und konsolidierte sämtliche Prozesse. Kern des Großprojekts war die Neuentwicklung eines weltweit integrierten, einheitlichen IT-Systems.

- **Lufthansa Cargo**
  E-ANALYTICS
  Die entwickelte Analytics-Lösung ermöglicht Lufthansa Cargo, auf Basis der zur Verfügung stehenden Daten mithilfe von Big-Data-Technologien eine proaktive Steuerung ihres Geschäfts durchzuführen.

- **Forschungsprojekt im Verbund unter der Leitung von AIRBUS**
  OVERALL MANAGEMENT ARCHITECTURE FOR HEALTH ANALYSIS (OMAHA)
  Entwickelt wird eine ganzheitliche Informationsarchitektur für die Systemzustandsüberwachung von Flugzeugen, die eine nahtlose Datenverarbeitung für eine optimierte Flugzeugwartungsplanung ermöglicht.

BRANCHENSCHWERPUNKTE

★ Automotive	★ Medien
★ Industrie	★ Produktion und Verarbeitung
★ Luftfahrt	★ Transport und Logistik

BERATUNGSSCHWERPUNKTE

	schwach					stark
Geschäftsprozessberatung		●	●	●	●	
Infrastruktur und Technologie		●	●	●	●	
IT-Systembetrieb		●	●	●	○	
Strategieberatung		●	●	●	○	
Systemintegration		●	●	●	●	

www.lhind.de

Materna ist ein Full-Service-Dienstleister im Premiumsegment und realisiert seit fast 40 Jahren sehr erfolgreich IT- und Digitalisierungsprojekte. Zu unseren Kunden gehört das „Who is Who" der deutschen Unternehmens- und Behördenlandschaft. Weltweit arbeiten mehr als 2.170 Mitarbeiter für Materna.

Materna begleitet Unternehmen und Behörden entlang der gesamten Wertschöpfungskette von IT- und Digitalisierungsprojekten: von der Beratung zur Digitalisierung der Prozesse über Entwicklung und Implementierung bis zum Managed Service der Applikation in der Cloud oder On-Premises. In allen Projektphasen liefern wir auf Basis marktführender Technologien innovative Ideen und lösungsorientiertes Fachwissen für Ihre digitale Welt.

Wir realisieren mit standardisierten und markterprobten Werkzeugen die individuellen Anforderungen unserer Kunden. Unsere Experten bilden dabei die Brücke zwischen den Werkzeugen und Technologien sowie den Kundenanforderungen. Wir liefern Lösungsstrategien für erfolgreiche Projekte und können technologische, organisationspolitische und nutzenbasierte Anforderungen passgenau umsetzen.

HAUPTSITZ	Dortmund
GRÜNDUNG	1980
UMSATZ	288,6 Millionen Euro (Geschäftsjahr 2018)
MITARBEITER	2.200

Michael Knopp
Vorstand

»Materna begegnet den Herausforderungen des IT-Marktes mit ausgeprägter Kundenorientierung und technologischem Fachwissen.«

KONTAKT

Materna Information & Communications SE
Christine Siepe
Voßkuhle 37, 44141 Dortmund
Telefon: +49 (0)231 55 99-168, Fax: +49 (0)231 55 99-100
marketing@materna.de

Materna Information & Communications SE

REFERENZEN / PROJEKTE

- **SSI SCHÄFER**
  PROFESSIONELLE BUSINESS-WEBSEITEN
  Für viele Unternehmen bilden Business-Anwender die primäre Zielgruppe für die digitale Produktkommunikation. Die Entwicklungsplattform CoreMedia Blueprint ermöglicht eine schnelle Umsetzung komplexer und globaler Internetauftritte. So wurde auch die neue Website von SSI SCHÄFER über CoreMedia Blueprint gemeinsam mit Materna realisiert.

- **MAN Truck & Bus**
  SCHNELL WIEDER AUF TOUR
  Der Nutzfahrzeughersteller MAN Truck & Bus AG führte ein Verfahren zur Optimierung von technischen Serviceprozessen im weltweiten After-Sales-Bereich ein. Anfragen lassen sich deutlich schneller beantworten und die Standzeiten der Fahrzeuge in den Werkstätten verringern.

- **Kanzlei Voigt Rechtsanwälte**
  VIRTUELLER ASSISTENT
  Der Chatbot »Sofort-Helfer« der Kanzlei Voigt steht Verkehrssündern auf der Webseite www.bussgeldprofi.de rund um die Uhr zur Verfügung und beantwortet automatisiert wiederkehrende Fragen bei Verkehrsdelikten. Materna hat den Chatbot auf Basis von IBM Watson AI umgesetzt.

- **Finanzverwaltung NRW**
  TRANSFORMATION DER IT-ORGANISATION
  Wie gelingt es, 1.200 auf ein Rechenzentrum und circa 140 Dienststellen verteilte IT-Beschäftigte so zu organisieren, dass einheitliche und steuerbare IT-Services für 28.000 Mitarbeiter entstehen? Die Finanzverwaltung NRW stellt ihre IT-Organisation im Projekt zur Prozesstransformation mit Materna neu auf und orientiert sich dabei an ITIL.

BRANCHENSCHWERPUNKTE

- Automotive
- Aviation
- Dienstleistungen (allg.)
- Informationstechnologie
- Öffentliche Hand, Behörden
- Telekommunikation

BERATUNGSSCHWERPUNKTE

Bereich	schwach					stark
Geschäftsprozessberatung		●	●	●	○	
Infrastruktur und Technologie		●	●	●	●	
IT-Systembetrieb		●	●	●	●	
Strategieberatung		●	●	●	○	
Systemintegration		●	●	●	●	

www.materna.de

MATRIX42

Matrix42 ist ein deutscher Softwarehersteller und bietet Lösungen für das IT-gestützte Management von integrierten, sicheren und richtlinienkonformen Arbeitsumgebungen.

Technische, organisatorische und lizenzrechtliche Bereitstellungs- und Serviceprozesse sind dabei so ineinander verzahnt und automatisiert, dass Mitarbeiter die für sie richtigen Services und Applikationen via Self Service mit 1-2 Klicks auf ihr gewünschtes Endgerät beziehen und von überall sicher auf ihre gewünschte Arbeitsumgebung zugreifen können. Das Ergebnis: eine hocheffiziente und profitable IT, eine noch bessere Optimierung von IT-Ausgaben für Hard- und Software durch einen 360-Grad-Blick auf alle Arbeitsumgebungen sowie eine signifikant höhere Produktivität der Anwender.

Durch die Übernahme des deutschen Security-Herstellers EgoSecure erweitert Matrix42 seine Lösungen für Endpoint Security um Applikations- und Gerätekontrolle sowie Security Monitoring.

HAUPTSITZ	Frankfurt am Main
GRÜNDUNG	1992
MITARBEITER	350

Oliver Bendig
Geschäftsführer

»CIOs müssen die Automatisierung ihrer IT-Prozesse voranbringen, sich um die Sicherheit und Modernisierung ihrer Systeme kümmern und digitale Workspaces für hohe Produktivität bei gleichzeitiger Kostenoptimierung umsetzen. Dafür brauchen sie innovative, sichere und einfache digitale Lösungen.«

KONTAKT

Matrix42
Elbinger Straße 7, 60487 Frankfurt am Main
Telefon: +49 (0)69 6677 3838-0
Fax: +49 (0)69 6677 8865-7
info@matrix42.com

Matrix42

REFERENZEN / PROJEKTE

Referenzprojekte erhalten Sie gerne auf Anfrage.

BRANCHENSCHWERPUNKTE

- ★ Banken und Versicherungen
- ★ Dienstleistung (allg.)
- ★ Handel
- ★ Informationstechnologie
- ★ Öffentliche Hand, Behörden
- ★ Produktion und Verarbeitung

BERATUNGSSCHWERPUNKTE

Schwerpunkt	schwach					stark
Geschäftsprozessberatung	schwach	●	●	●	○	stark
Infrastruktur und Technologie	schwach	●	●	●	●	stark
IT-Systembetrieb	schwach	●	●	●	○	stark
Strategieberatung	schwach	●	●	●	○	stark
Systemintegration	schwach	●	●	●	●	stark

www.matrix42.com

Die Ratiodata GmbH zählt mit rund 1.300 MitarbeiterInnen an bundesweit 13 Standorten und Außenstellen zu den größten Systemhäusern und Dienstleistern für Bankentechnologie und Dokumentendigitalisierung in Deutschland. In Luxemburg ist die Tochtergesellschaft Ratiodata Luxemburg S.à. r.l. ansässig. Als 100-Prozent-Tochter der Fiducia & GAD IT AG ist Ratiodata der Systemhauspartner in der Genossenschaftlichen FinanzGruppe. Darüber hinaus ist sie Partner für Sparkassen, andere Bankengruppen, Finanzdienstleistungsunternehmen und spezialisiert auf mittelständische und große Unternehmen in regulierten bzw. IT-intensiven Branchen. Im Segment Banken-SB ist die Ratiodata Marktführer für herstellerunabhängige Dienstleistungen.

Die Ratiodata GmbH liefert zertifizierte Qualität und Sicherheit für ihre Kunden. Mit einem bundesweiten Netz von über 250 ServicetechnikerInnen, 33 Stützpunkten sowie 9 leistungsstarken Kompetenzzentren für Managed Services, IMAC/R, Logistik, Rollout, Reparatur sowie Scan- & Dokumenten-Services bietet sie hochverfügbare, maßgeschneiderte, zuverlässige Dienstleistungen.

HAUPTSITZ	Frankfurt a. M.
GRÜNDUNG	1972
UMSATZ	296,1 Millionen Euro (Geschäftsjahr 2018)
MITARBEITER	rund 1.300

Martin Greiwe
Sprecher der Geschäftsführung

»Unsere Systemhaus- und Scan-Lösungen und Services erfüllen höchste zertifizierte Qualitäts- und Sicherheitsanforderungen und überzeugen durch klaren Mehrwert sowie messbare wirtschaftliche Vorteile.«

KONTAKT

Ratiodata GmbH
Judith Frenz
Gustav-Stresemann-Weg 29, 48155 Münster
Telefon: +49 (0)69 38076-1300
judith.frenz@ratiodata.de

REFERENZEN / PROJEKTE

- **R+V Versicherung AG**
  NEUAUSSTATTUNG VON 18.000 ARBEITSPLÄTZEN

  Rollout von circa 18.000 Arbeitsplätzen: neue Arbeitsplatzhardware, inkl. Zubehör und Softwareausstattung, Installation und Inbetriebnahme am jeweiligen Standort und sachgerechter Entsorgung der Altgeräte.

- **Union Investment**
  UI MOVE

  Umzug, Weiterentwicklung und Neuaufbau der Netzwerkinfrastruktur in verschiedenen Gebäuden von Union Investment sowie Dienstleistungen in den Bereichen Telefonie, Security und Compliance.

- **Debeka-Gruppe**
  AUSSTATTUNG VON 950 SERVICEBÜROS

  Umstellung von 1.400 Arbeitsplätzen in 950 Servicebüros von PCs auf Thin Clients, inkl. Installation und Inbetriebnahme am jeweiligen Standort und sachgerechter Entsorgung bzw. Rückführung der Altgeräte.

- **TARGOBANK AG**
  EINGANGSPOSTMANAGEMENT / DIGITALE POSTSTELLE

  Auslagerung des Postein- und Postausgangs und der Bearbeitungsprozesse zu Ratiodata. Hochleistungs-Scanning von 60.000 Dokumenten pro Tag und Online-Integration in die Kundenprozesse der TARGOBANK.

BRANCHENSCHWERPUNKTE

★	Banken und Versicherungen	★	Handel
★	Energieversorgung	★	Öffentliche Hand, Behörden
★	Gesundheitswesen	★	Sonstige Finanzdienstleister

BERATUNGSSCHWERPUNKTE

	schwach					stark
Geschäftsprozessberatung		●	●	●	○	
Infrastruktur und Technologie		●	●	●	●	
IT-Systembetrieb		●	●	●	●	
Strategieberatung		●	●	●	○	
Systemintegration		●	●	●	●	

www.ratiodata.de

Rittal mit Sitz in Herborn, Hessen, ist ein weltweit führender Systemanbieter für Schaltschränke, Stromverteilung, Klimatisierung, IT-Infrastruktur sowie Software & Service. Systemlösungen von Rittal sind in über 90 Prozent aller Branchen weltweit zu finden.

Gemeinsam mit Partnern liefert das »Rittal Ecosystem IT« Komponenten, Systeme und Lösungen für alle Anforderungen einer skalierbaren und wirtschaftlichen IT-Umgebung für Edge- und Cloud-Szenarien. Das Portfolio reicht vom Datacenter-Standort über das einzelne Rack und schlüsselfertige Rechenzentrum im Container bis hin zum Datacenter as a Service (DCaaS). Private Cloud-Plattformen und Managed Services kommen von Innovo Cloud.

Rittal wurde im Jahr 1961 gegründet und ist das größte Unternehmen der inhabergeführten Friedhelm Loh Group. Die Friedhelm Loh Group ist mit 18 Produktionsstätten und 80 Tochtergesellschaften international erfolgreich. Die Unternehmensgruppe beschäftigt 12.000 Mitarbeiter und erzielte im Jahr 2018 einen Umsatz von 2,6 Milliarden Euro.

Weitere Informationen finden Sie unter www.rittal.de.

HAUPTSITZ	Herborn
GRÜNDUNG	1961
MITARBEITER	9.300

Dr.-Ing. Karl-Ulrich Köhler
Vorsitzender der Geschäftsführung,
Rittal GmbH & Co. KG

»Die digitale Transformation ist ein Paradigmenwechsel – kein Trend. Er erfordert Pioniergeist, Mut und Ausdauer. Auch das Mitgestalten neuer Standards und vertrauensvolle Partnerschaften sind wichtige Elemente für beständige Wettbewerbsfähigkeit.«

KONTAKT

Rittal GmbH & Co. KG
Christian Abels
Auf dem Stützelberg, 35745 Herborn
Telefon: +49 (0)2772 505-0, Fax: +49 (0)2772 505-2319
info@rittal.de

REFERENZEN / PROJEKTE

- **thyssenkrupp Steel**
  EDGE-RECHENZENTREN FÜR DIGITALISIERUNG DER STAHLINDUSTRIE

  Mit Edge-RZ von Rittal baut thyssenkrupp Steel an den Produktionsstandorten schnell die benötigten IT-Kapazitäten auf, um die Digitalisierung von Abläufen rund um die Stahlproduktion voranzutreiben.

- **B. Braun**
  SICHERES RECHENZENTRUM FÜR INDUSTRIE-4.0-ANFORDERUNGEN

  Eine neue hochmoderne Fertigung verlangte den schnellen Ausbau der IT-Infrastruktur bei B.Braun. Rittal lieferte hierfür ein sicheres und redundantes Rechenzentrum für den Betrieb der IT-Systeme.

- **ChinData**
  RECHENZENTRUM IN NUR SIEBEN MONATEN

  Der Datacenter-Markt in China wächst jährlich. Neubauten müssen in kürzester Zeit entstehen. Dem Cloud-Anbieter Chindata gelang es mit Rittal, in sieben Monaten ein 16-MW-Rechenzentrum zu errichten.

- **IFZ Smart-City Kontrollzentrum, Songdo/Korea**
  SCHLÜSSELFERTIGES RECHENZENTRUM FÜR SMART CITY

  Im südkoreanischen Songdo wurde eine Smart City geschaffen, die das Leben ihrer Einwohner bequemer und sicherer macht. Alle Daten aus der Stadt laufen in einem Rechenzentrum von Rittal zusammen.

BRANCHENSCHWERPUNKTE

- Gesundheitswesen
- Handel
- Informationstechnologie
- Öffentliche Hand, Behörden
- Produktion und Verarbeitung
- Telekommunikation

BERATUNGSSCHWERPUNKTE

	schwach					stark
Geschäftsprozessberatung	schwach	●	●	●	○	stark
Infrastruktur und Technologie	schwach	●	●	●	●	stark
IT-Systembetrieb	schwach	●	●	●	●	stark
Strategieberatung	schwach	●	●	●	●	stark

www.rittal.de

Als die Experience-Company powered by the Intelligent Enterprise ist SAP Marktführer für Geschäftssoftware und unterstützt Unternehmen jeder Größe und Branche dabei, ihre Ziele bestmöglich zu erreichen: 77 Prozent der weltweiten Transaktionserlöse durchlaufen SAP-Systeme. Unsere Technologien für maschinelles Lernen, das Internet der Dinge und fortschrittliche Analyseverfahren helfen unseren Kunden auf dem Weg zum Intelligenten Unternehmen.

SAP unterstützt Menschen und Unternehmen dabei, fundiertes Wissen über ihre Organisationen zu gewinnen, fördert die Zusammenarbeit und hilft so, dem Wettbewerb einen Schritt voraus zu sein. Wir vereinfachen Technologie für Unternehmen, damit sie unsere Software einfach und nach ihren eigenen Vorstellungen nutzen können. Unsere End-to-End-Suite aus Anwendungen und Services ermöglicht es mehr als 437.000 Kunden, profitabel zu sein, sich stets neu und flexibel anzupassen und etwas zu bewegen.

Mit einem globalen Netzwerk aus Kunden, Partnern, Mitarbeitern und Vordenkern hilft SAP, die Abläufe der weltweiten Wirtschaft und das Leben von Menschen zu verbessern. Weitere Informationen unter www.sap.de.

HAUPTSITZ	Walldorf
GRÜNDUNG	01.04.1972
UMSATZ	24,74 Milliarden Euro Umsatzerlöse 2018 (Non-IFRS)
MITARBEITER	98.000

Bill McDermott
Vorstandssprecher

»Das Konzept des Intelligenten Unternehmens erlaubt es, eingefahrene Strukturen innerhalb und außerhalb der Unternehmensgrenzen zu überbrücken. CEOs gewinnen dadurch eine einheitliche Sicht auf ihre Kunden.«

KONTAKT

SAP SE
Dietmar-Hopp-Allee 16
69190 Walldorf
Telefon: +49 (0)62277-47474
info.germany@sap.com

REFERENZEN / PROJEKTE

- **dormakaba**
  SICHERHEITSSYSTEME DIGITALISIEREN

  dormakaba, ein führendes Unternehmen für physische Zutritts- und Sicherheitslösungen, erweitert sein Portfolio mit einer IoT-Lösung auf Basis der SAP Cloud Platform.

- **Endress+Hauser**
  DIGITALER FERTIGUNGSPROZESS

  Endress+Hauser Conducta digitalisiert die Fertigungsprozesse und bindet das vorhandene SAP-ERP-System nahtlos ein, um die Fertigungsabläufe und die Shopfloor-Managementsysteme zu harmonisieren.

- **Kaiserwetter**
  GEGEN DEN KLIMAWANDEL

  Mit der Hilfe von SAP will das Enertech-Unternehmen Kaiserwetter Investitionen in erneuerbare Energien maximieren und so dabei helfen, die Ziele des Pariser Klimaabkommens zu erreichen.

BRANCHENSCHWERPUNKTE

★	Banken und Versicherungen	★	Handel
★	Dienstleistung (allg.)	★	Öffentliche Hand, Behörden
★	Energieversorgung	★	Produktion und Verarbeitung

BERATUNGSSCHWERPUNKTE

	schwach					stark
Geschäftsprozessberatung		●	●	●	●	
Infrastruktur und Technologie		●	●	●	●	
IT-Systembetrieb		●	●	●	○	
Strategieberatung		●	●	●	○	
Systemintegration		●	●	●	●	

www.sap.de

software AG
Freedom as a Service

Über Software AG

Die Software AG bietet ihren Kunden »Freedom as a Service«. Wir denken Integration weiter, stoßen Unternehmenstransformation an und ermöglichen schnelle Innovationen für das Internet der Dinge, damit Unternehmen sich mit Geschäftsmodellen von ihren Mitbewerbern abheben können. Wir geben ihnen die Freiheit, jede Technologie – von der App bis zum Edge – zu verknüpfen und zu integrieren. Wir öffnen Datensilos und machen Daten teilbar, nutzbar und wertvoll, sodass unsere Kunden die besten Entscheidungen treffen und neue Wachstumschancen erschließen können.

Weitere Informationen erhalten Sie unter www.softwareag.de.

Ausführliche Presseinformationen zur Software AG sowie eine Bild- und Multimedia-Datenbank finden Sie online unter: www.softwareag.com/de_presse

Folgen Sie uns auf Twitter:
Software AG Germany | Software AG Global

HAUPTSITZ	Darmstadt
GRÜNDUNG	1969
UMSATZ	866 Millionen Euro (in 2018)
MITARBEITER	4.700

Werner Rieche
President DACH
Software AG
Deutschland

»Integrationssoftware ermöglicht Unternehmens-IT ›aus einem Guss‹. Sie überbrückt Informations-, Prozess- und Anwendungssilos, vom Mainframe bis zum IoT-Device. Sie macht Unternehmen bereit für die digitale Transformation und die Herausforderungen der Zukunft.«

KONTAKT

Software AG
Gabriele Müller-Steinhagen
Uhlandstraße 9, 64297 Darmstadt
Telefon: +49 (0)176 1592 3157
Gabriele.Mueller-Steinhagen@SoftwareAG.com

Software AG

REFERENZEN / PROJEKTE

- **DHL**
  INTEGRATION-SERVICE-PLATTFORM IN DER LOGISTIK

  Systeme, Geschäftsprozesse, Kundenschnittstellen und Daten werden zusammengeführt, konsolidiert und verteilt. Internationale Niederlassungen werden in die zentralen Applikationen integriert.

- **Siemens**
  AUSBAU DES IOT-BETRIEBSSYSTEMS MINDSPHERE MIT SOFTWARE AG

  Siemens MindSphere verwendet die hochskalierbaren Komponenten unserer Cumulocity IoT Platform. Unsere Expertise im IoT- und Integrationsumfeld sorgt beispielsweise für die Vernetzung von Millionen von Endgeräten.

- **Bundeswehr**
  PROZESSMANAGEMENT IM BUNDESMINISTERIUM DER VERTEIDIGUNG

  Mit ARIS und Alfabet realisiert die Bundeswehr die Herausforderungen der Digitalisierung. Sie stellt die erforderlichen IT-Services zur Verfügung und unterstützt dabei, das IT-Portfolio zu managen.

- **Dell IoT2GO**
  CUMULOCITY IOT EDGE POWERED BY DELL TECHNOLOGIES

  Dell Technologies bündelt unser Cumulocity IoT Edge mit Dell-Servern: Komplexe IoT-Lösungen lassen sich schnell und reibungslos umsetzen, und Kunden können ihr IoT-Projekt sofort starten und anbinden.

BRANCHENSCHWERPUNKTE

★	Banken und Versicherungen	★	Öffentliche Hand, Behörden
★	Handel	★	Produktion und Verarbeitung
★	Informationstechnologie	★	Telekommunikation

BERATUNGSSCHWERPUNKTE

	schwach					stark
Geschäftsprozessberatung	schwach	●	●	●	●	stark
Infrastruktur und Technologie	schwach	●	●	●	●	stark
Strategieberatung	schwach	●	●	●	○	stark
Systemintegration	schwach	●	●	●	●	stark

www.softwareag.com/de

Die think about IT GmbH ist ein stark wachsendes IT-Systemhaus mit Hauptsitz in Bochum und Niederlassungen in Hamburg, Frankfurt am Main und Münster.

Zum Leistungsspektrum von think about IT gehören der Vertrieb hochwertiger Hardware und Software sowie die ganzheitliche Betreuung der IT-Infrastruktur von Unternehmen, öffentlichen Institutionen und Schulen, vom Konzept über die Realisation bis hin zum Betrieb der Lösung. Zu den Kunden des Systemhauses zählen Unternehmen aller Branchen und Größen, vom regional ansässigen Mittelständler bis hin zum global operierenden Großkonzern. Darüber hinaus werden auch öffentliche Auftraggeber wie Behörden, Bildungseinrichtungen und Institutionen des Gesundheitswesens betreut.

Zu den Kernkompetenzen gehört die punktgenaue Abwicklung von nationalen und internationalen Großaufträgen. Die Projektexperten übernehmen entweder die ganzheitliche Planung und Steuerung des Projekts oder unterstützen in Teilbereichen mit ihrem aktuellen und umfangreichen IT-Know-how. Im Team arbeiten Spezialisten in den Bereichen IT-Security, Backup, Cloud und Managed Services.

HAUPTSITZ	Bochum
GRÜNDUNG	2007
UMSATZ	62,3 Millionen Euro (Geschäftsjahr 2018)
MITARBEITER	über 100

Peter Rados
Geschäftsführer

»Zukunftsfähige IT-Konzepte werden für Unternehmen immer wichtiger. Als Experte für innovative IT-Lösungen und professionelle IT-Services sorgen wir dafür, dass sich unsere Kunden auf ihre Systeme verlassen können – heute und in der Zukunft. Dazu widmen wir uns speziellen Themen wie der Spracherkennung.«

KONTAKT

think about IT GmbH
Lise-Meitner-Allee 6, 44801 Bochum
Telefon: +49 (0)234 333 67 210
Fax: +49 (0)234 32 53 432
info@think-about.it

REFERENZEN / PROJEKTE

– **Krankenkasse**
HARMONISIERUNG DER IT-INFRASTRUKTUR

Erneuerung von 26.000 PC-Arbeitsplätzen an 600 Standorten ohne Einschränkung für den laufenden Betrieb. Konfiguration aller Geräte, Lizenzierung der Software und interne Vernetzung im Gesamtsystem.

– **Rechenzentrum**
PROJEKTPLANUNG UND STEUERUNG

Im Rahmen des Projekts wurden innerhalb eines Jahres über 10.000 Thin Clients geliefert und inventarisiert. Wir übernahmen die Projektplanung, Steuerung und Unterstützung im Servicebereich.

– **Capgemini**
WELTWEITE LIEFERUNG

Wir übernehmen bereits im achten Jahr das laufende Warenkorbgeschäft über Global Contract und liefern jährlich zwischen 3.000 und 6.000 Assets inklusive Bevorratung, Imaging und Labeling.

– **Krankenhaus**
ROLLOUT UND SERVICEKONZEPT

Termingenaue Lieferung, Konfiguration und Installation von 800 Diktier- und Spracherkennungsarbeitsplätzen innerhalb von sieben Tagen auf 30 Stationen des Krankenhausverbundes inklusive eines individuellen Servicekonzepts.

BRANCHENSCHWERPUNKTE

★	Dienstleistung (allg.)	★	Informationstechnologie
★	Gesundheitswesen	★	Öffentliche Hand, Behörden
★	Handel	★	Produktion und Verarbeitung

BERATUNGSSCHWERPUNKTE

	schwach					stark
Geschäftsprozessberatung		●	●	●	○	
Infrastruktur und Technologie		●	●	●	●	
IT-Systembetrieb		●	●	●	●	
Strategieberatung		●	●	●	○	
Systemintegration		●	●	●	●	

www.think-about.it

Die zetVisions AG entwickelt und implementiert State-of-the-Art-IT-Lösungen für das Beteiligungs- und Stammdatenmanagement. Nutzer profitieren dabei gleichermaßen vom langjährigen Erfahrungsschatz sowie vom starken Kundenfokus der zetVisions AG und von einer Vielzahl an Best Practices, die in den Lösungen abgebildet sind. Heute nutzen 200 Kunden in Europa, darunter zahlreiche DAX- und MDAX-Konzerne und mittelständische Unternehmen, Lösungen von zetVisions.

Seit 2001 entwickeln wir als zetVisions SAP-basierte Anwendungen und konnten eine Vielzahl an Projekten im Umfeld von Stammdaten erfolgreich durchführen. Zwei Geschäftsbereiche bilden dabei das Rückgrat unseres Erfolgs: Beteiligungsmanagement und Stammdatenmanagement. Die flexibel und einfach anpassbaren Lösungen in beiden Geschäftsbereichen ermöglichen es Ihnen nicht nur, die Datenqualität und Datenaktualität zu verbessern, sondern auch Ihre Ziele rund um Data Governance und Transparenz zu erreichen.

HAUPTSITZ	Heidelberg
GRÜNDUNG	2001
UMSATZ	9.1 Millionen Euro
MITARBEITER	83

Monika Pürsing
CEO der
zetVisions AG

»Die zetVisions AG bietet Lösungen für unterschiedliche Systemumfelder und entwickelt Software gemeinsam mit Kunden. Sie stechen durch schnelle Implementierung und einfache Bedienung hervor; zudem können sie an individuelle Anforderungen leicht angepasst werden.«

KONTAKT

zetVisions AG
Martina Dippel
Speyerer Straße 4, 69115 Heidelberg
Telefon: +49 (0)6221 339 38-321, Fax: +49 (0)6221 339 38-922
info@zetvisions.com

REFERENZEN / PROJEKTE

Mehr als 200 Kunden in Europa aus unterschiedlichsten Branchen vertrauen auf unsere Lösungen und unseren umfassenden Erfahrungsschatz. Zu unsere Referenzen zählen u.a. folgende Unternehmen:

- Merck KGaA
- BASF SE
- Freudenberg & Co. KG
- TÜV Rheinland AG

BRANCHENSCHWERPUNKTE

- ★ Automobilindustrie
- ★ Banken und Versicherungen
- ★ Energieversorgung
- ★ Handel
- ★ Produktion und Verarbeitung
- ★ Telekommunikation

BERATUNGSSCHWERPUNKTE

	schwach					stark
Geschäftsprozessberatung	schwach	●	●	●	●	stark
Infrastruktur und Technologie	schwach	●	●	●	○	stark
IT-Systembetrieb	schwach	●	●	○	○	stark
Strategieberatung	schwach	●	○	○	●	stark
Systemintegration	schwach	●	●	●	○	stark

www.zetvisions.de

Zscaler unterstützt Organisationen weltweit bei der sicheren Transformation ihrer Netzwerke und Applikationen in eine moderne Arbeitsumgebung, in der Mobilität und die Cloud an erster Stelle stehen. Mithilfe der Services Zscaler Internet Access und Zscaler Private Access werden schnelle und sichere Verbindungen zwischen Anwendern und ihren Applikationen hergestellt, unabhängig vom Gerät, Standort oder Netzwerk.

Die Zscaler-Services basieren zu 100 Prozent auf der Cloud und bieten höhere Sicherheit und einfache Benutzerführung für den Anwender und damit Vorteile gegenüber traditionellen Appliances. Zscaler betreibt eine multi-mandantenfähige Cloud-Security-Plattform, die in mehr als 185 Ländern mit über 100 Rechenzentren Kunden vor Cyber-Angriffen und Datenverlust schützt und den sicheren Zugriff der Mitarbeiter auf ihre Anwendungen im Netzwerk oder in der Cloud ermöglicht.

Weitere Informationen unter: www.zscaler.de

HAUPTSITZ	San Jose
GRÜNDUNG	2008
UMSATZ	ca. 300 Millionen US-Dollar (financial outlook Fy19)
MITARBEITER	1.050 (31. Juli 2018)

Mathias Widler
Geschäftsführer

»Durch Anwendungen in der Cloud und User, die sich von überall aus verbinden, ist der klassische Perimeter verbunden. Es wird Zeit, auch die Sicherheit losgelöst vom Netzwerk zu betrachten und dafür zu sorgen, dass Security Policies überall umgesetzt werden.«

KONTAKT

Zscaler
Aleksandra Verhoeve
Landshuter Allee 8, 80637 München
Telefon: +49 (0)89 54558358
germany-info@zscaler.com

REFERENZEN / PROJEKTE

Zscaler Kunden sind:
- 300 der Forbes Global 2000
- 2 der Top-3-Mischkonzerne
- 4 der Top-8-Öl- und Gasunternehmen
- 5 der Top-7-Getränkekonzerne
- 3 der Top-4-Bekleidungs- und Accessoiresfirmen
- 6 der Top-12-Lebensmitteleinzelhändler

Referenzprojekte auf Anfrage

BRANCHENSCHWERPUNKTE

Dienstleistung (allg.)	Informationstechnologie

BERATUNGSSCHWERPUNKTE

	schwach					stark
Geschäftsprozessberatung	schwach	●	●	○	○	stark
Infrastruktur und Technologie	schwach	●	●	●	●	stark
IT-Systembetrieb	schwach	●	●	●	●	stark
Strategieberatung	schwach	●	●	●	●	stark
Systemintegration	schwach	●	●	●	●	stark

www.zscaler.de